AF746884

AFRIQUE, POURQUOI ?
Un continent en mode pillage

Jérôme KABLAN BROU

AFRIQUE, POURQUOI ?

Un continent en mode pillage

L'Harmattan
Côte d'Ivoire

© L'HARMATTAN,
5-7, rue de l'École-Polytechnique ; 75005 Paris

www.editions-harmattan.fr

ISBN : 978-2-336-42202-2
EAN : 9782336422022

DÉDICACES

ooo

- Aux jeunes générations d'Afrique, qui manquent souvent de repères pour se situer face à leurs prochains défis.
- À la paysannerie africaine.
- À la femme Africaine.
- Aux associations de jeunes nationalistes : *"Y'en a marre", "Le Balai citoyen", "Urgence panafricaniste", "Aghirin'man"*, ainsi que tant d'autres attendus...
- Aux Africains de la diaspora.
- Aux futurs Chefs d'État Africains...
- À tous mes parents.
- À Marie-France.
- À nos enfants, petits-enfants et arrière-petits-enfants.

Je dédie cette réflexion.

Sommaire

AVANT PROPOS

ooo

Dans les écoles coloniales d'Afrique, l'on faisait indifféremment chanter "*La Marseillaise*", ou "*God save the Queen*"[1], en même temps qu'on inculquait aux écoliers que leurs ancêtres étaient Gaulois ou Calédoniens. C'était de mise et cela ne dépendait que du colon. Mais en plus de ces rengaines, courait dans les écoles françaises, une comptine autrement plus populaire, qui s'incrustait davantage dans les mémoires, parce que plus proche des traditions africaines. Cela commençait ainsi :

« Le coq chante, le jour paraît,
Tout s'éveille dans le village.
Pour que le bon couscous soit prêt
Femmes debout et du courage !
Pilons pan ! pan ! Pilons pan ! Pan ! Pilons pan ! Pan !
Pilons gaiement ».

Ces quelques paroles d'incitation[2], contenaient déjà l'essentiel, à savoir le rôle primordial de la femme dans les sociétés africaines originelles, comme nous le verrons plus loin. Longtemps après, l'Africain en est toujours et encore à ce même air, bien que trouvant de moins en moins de substance à piler dans des mortiers de bois, réduits au silence par des pénuries de toutes sortes et remplacés par des mortiers d'acier...

Et dire que nous connûmes nous aussi un moment d'espoir qui devait rapidement tourner en une "grande désillusion". L'on se souvient en effet de ces années soixante, lorsqu'une pseudo-autonomie de gestion politique fut semée un peu partout sur le continent. De cette période folle pendant laquelle il y eut comme un tollé général dans une arène comble.

Dans la surprise et la liesse, l'on fit même un temps reparler les tam-tams ; d'autres refrains, plus traditionnalistes, refirent surface ; et l'on dansa et festoya beaucoup. La spontanéité

---

[1] L'Afrique noire est majoritairement francophone et anglophone, plutôt qu'autre chose !
[2] Qui avaient tendance à faire du couscous un "plat national africain"...

africaine reprenait quelque peu son souffle (pour être sans doute mieux étouffée !), sans que nous ne réalisions que le bébé que l'on nous refilait avec autant de désinvolture était malade et méritait déjà des soins d'urgence.

Aujourd'hui, plus de soixante ans après, il est devenu un adulte moribond, laissé à l'abandon, faute d'une médication efficace. Et à bien des égards, l'Afrique entière en porte déjà le deuil, dans un élan de pessimisme fatal. L'Africain a perdu son enthousiasme et sa joie de vivre, à cause de cet indéfectible bâillon qu'on lui appliqua fermement sur la bouche, au lendemain des festivités, avant même qu'il n'eût retrouvé ses esprits et en même temps qu'on lui jetait la poudre aux yeux.

Longtemps après ce chou colossal, la généreuse Afrique est réduite à constater son impuissance, dont elle fait l'aveu face aux autres continents ; aux autres nations. De ses gestes du passé, elle ne conserve qu'un seul réflexe : celui de la main tendue. Car voilà que cette même Afrique qui a toujours su tant donner sans compter, est actuellement la championne toutes catégories de la mendicité. La main toujours tendue ; donner ou recevoir : le réflexe d'un même geste qui l'a laissée dans l'ambiguïté.

Dans son agonie, le malade mourra ainsi, après avoir tout donné : son sang, sa sueur, son hospitalité, ses richesses et sa négation. Telle une épave dérivant dans le tumultueux décours de l'Histoire de l'humanité, un continent périra bâillonné, noyé dans son sang, la main vainement tendue vers l'espoir. Drôle d'orphelinat, il faut en convenir ; surtout quand l'on sait que l'espoir en question s'appelle paradoxalement "civilisation", progrès technologiques et grandeur de l'Homme dans l'Univers.

N'ayant plus rien à donner dans cette évolution restrictive, l'Afrique se contente désormais de se prêter à des compétitions en tous genres, devenant cet autre terrain où l'on a plaisir à venir prendre conscience de la dimension de ses propres fortunes, la plupart du temps tirées des mêmes lieux. Des fortunes extraites de ce lamentable tiers-monde qui, malgré ses tares, contribue inlassablement à ériger la puissance d'insatiables nations fardées de préjugés et de complexes, sur lesquels elles fondent certainement la notion de "civilisation".

Pour de multiples raisons, sauver cette Afrique-là tombe insidieusement dans le domaine de l'impossible, tant les misères y débordent de toutes parts, incitant à jouer les grands cœurs et les empereurs de missions de bons offices, en pratiquant des actions ponctuelles non négligeables certes, mais qui sont, à la vérité, loin de constituer de bonnes solutions ; c'est-à-dire des solutions durables et souhaitables[3].

Sauver l'Afrique voudrait d'abord que l'on situe avec beaucoup de sérieux l'origine de ses maux, avant même que de vouloir prendre des dispositions utiles, s'il en est. La chose en soi paraît d'un abord relativement aisé, puisque sommes toutes, ces maux ne relèvent que d'un simple marasme de comportement. Car en effet, longtemps après que l'on lui ait laissé les mains "libres", l'Africain agissant ne fait que s'en voiler la face (comme s'il avait à cœur d'ignorer l'existence de ses problèmes), et de s'émerveiller devant les immenses progrès dont il se fait la lointaine et pitoyable caisse de résonance.

L'Afrique d'aujourd'hui fait encore trop penser à ces cours de récréation des écoles coloniales, dans l'enceinte desquelles l'on était contraint d'observer des tabous ; de redouter des "symboles", dans le respect et la crainte des dominants. Parler étranger, penser étranger, gérer et consommer étranger et pour l'étranger, fouler aux pieds ses valeurs les plus sûres...

Le tout baignant dans l'intarissable litanie de terminologies en "*isme*", ainsi que de toutes ces choses archaïques, excuses trop facilement brandies dans les pays africains pour dissimuler l'immense désert de patriotisme et de nationalisme que l'on y laisse en désuétude. Aujourd'hui, certains de leurs responsables poussent le ridicule jusqu'à confier à des experts et à des techniciens étrangers, le soin de la conduite à tenir face au moindre projet de développement.

Au-delà de la simple aliénation, il faut croire qu'il existe deux Afriques : celle des parvenus sociaux qui, bien que minoritaire, prime trop lourdement sur la vraie, l'Afrique profonde des traditions, qui ne demande que d'être débarrassée de ses chaînes, pour pouvoir s'exprimer. À bien observer ces deux camps, force est d'admettre que nos "hauts responsables politiques", dans leur

---

3 Dans bien des cas, certaines formes d'aide ne sont pas souhaitables (aides alimentaires ou médicales riches en produits périssables), parce qu'elles exposent à termes les populations à des dangers beaucoup plus graves...

ensemble, constituent le premier maillon moteur de ce grand échec continental...

Nous ne nous sentons pas pour autant l'âme d'un "révolutionnaire", du moins au sens conventionnel de ce terme. Plus s'en faut ! À travers cette réflexion, nous voudrions contribuer à populariser certains de nos problèmes ; c'est-à-dire, le cas échéant, à les mettre à la portée du commun de l'Africain, plutôt que de les laisser continuellement végéter dans des tractations politiciennes de plus en plus obscures et obsolètes. Encourager les jeunes générations et les inciter à se prendre vigoureusement en main ! Telle est notre motivation première, dans une nouvelle ère d'ores et déjà impitoyable pour tout le tiers-monde.

Aux yeux des tiers-mondistes avérés et des "africanistes" de tous bords, il est incontestable que la plupart de nos propos ne manqueront pas de paraître prétentieux, en même temps qu'ils seront entachés d'un certain nombre de maladresses. Nous sommes convaincu de ce qu'ils ne nous en feront nullement le grief, fort de ce que les premiers, ils devraient reconnaître qu'il est grand temps que des Africains parlent, dans le langage qui leur est le plus accessible, de leurs propres problèmes. C'est donc sciemment que nous avons choisi le ton de la satire, pour effectuer cette réflexion, quitte à la priver d'entrée de ce sérieux cher aux experts.

Nous le reconnaissons d'autant plus volontiers qu'en sus, nombreux sont les passages que l'on pourrait juger empreints d'un "lyrisme académique" susceptible de banaliser la teneur des problèmes soulevés. Cependant, si le point de vue n'est pas faux, il devrait quand même tenir compte de ce qu'en chaque Africain sommeille une âme de conteur, qui n'entame en rien l'importance de problèmes qui, est-il besoin de le souligner, vont actuellement chercher leur sérieux ailleurs que dans la seule manière de les poser.

À tous les potentiels lecteurs de cette réflexion, nous demandons donc une grande indulgence pour tous ces détails qui plombent un peu plus un discours au demeurant peu commode à tenir par un non-expert. Nous voudrions leur dire que nos propos ne sont que ceux du cœur, face à des problèmes et à des situations vécus de l'intérieur[4]. Ils ne se veulent en conséquence, que le seul reflet d'une certaine pensée populaire africaine, du moins au niveau des couches sociales soucieuses de leur devenir, sur lequel elles n'ont jamais droit de citer. C'est sans nul doute pour cette unique raison que ces propos pourraient également paraître par moments provocateurs et arrogants.

Nous les avons situés aux trois niveaux de la pyramide sociale africaine si mal édifiée, à savoir :

- La base, le magma populaire, cette masse de "plébéiens" supportant tout le poids de nos misères ; le poids de la déchéance, mais aussi celui de l'opulence, de la richesse et d'un bien-être social usurpés ; l'acquisition de biens mal acquis. Ce peuple de prolétaires difficiles à situer, d'autant que toutes les informations vitales lui glissent dessus, sans vraiment l'atteindre pour le concerner.

- Le corps "actif" de la pyramide : c'est-à-dire cette pléthore "d'intellos" d'un genre nouveau, officiellement reconnus comme des serviteurs patentés de nations qu'ils desservent dans les faits. Ces intellos déjantés que l'on jette par fournées entières dans des bureaux, sans leur confier de véritables responsabilités, sinon que de souscrire sous dictée ; et encore ! Des exécutants qui seuls pourtant, sont encore susceptibles d'établir une liaison sûre entre nos racines profondes et les cultures des autres civilisations qui nous écrasent.

- Le sommet enfin, où des décideurs de toutes sortes se comportent comme des fossoyeurs intéressés, qui sacrifient l'essentiel de "leurs pays" à leur seul profit...

Ce schéma simplifié de la graduation des valeurs acquises dans les sociétés africaines, résume clairement à lui tout seul l'inégalité existant au niveau de la répartition des richesses nationales : trop peu de gens en jouissent effectivement. S'il est vrai que la pratique est commune à la Planète et plus particulièrement au tiers-monde, il n'en demeure pas moins qu'en Afrique, cela fait déjà belle lurette que le vase a débordé, mettant le paroxysme aux prévarications. Sans vouloir l'expliquer, nous n'espérons pas moins arriver à donner quelques

---

[4] En aucune manière, les citations et références bibliographiques mentionnées dans cet ouvrage, ne sauraient être considérées comme des éléments directeurs de notre raisonnement...

repères précis, quant au "pourquoi" et au "comment" de certains de nos problèmes en Afrique, dont les solutions commencent, en toute logique, par un changement d'état d'esprit chez les Africains eux-mêmes.

Au demeurant, que l'on ne considère pas cette démarche comme une quelconque preuve de courage ou de témérité. Tout au plus, souhaiterions-nous que l'on la perçoive comme un cri du cœur difficile à contenir, et que l'on éprouve un jour l'irrésistible besoin de laisser échapper pour se soulager. Un cri que nous poussons depuis des décennies ; d'où la vétusté apparente de certaines de nos références, que nous n'avons eu nul besoin d'actualiser...

Enfin, le plus gros reproche que l'on ne manquera pas de nous faire, sera de "ressasser des choses déjà dites". Cela ne devrait toutefois pas mener à perdre de vue que la diversité de langage ne saurait nuire dans le cadre précis de ces problèmes, bien au contraire. Au bout de cette réflexion, nous avons bon espoir qu'elle contribuera à la reconstitution d'un patrimoine unique et irremplaçable. /...

PREMIÈRE PARTIE

LA RUÉE VERS L'AFRIQUE

I

MAIN-BASSE SUR UN CONTINENT

ooo

I - L'AFRIQUE AU ROYAUME D'HADÈS

À bien l'observer, le Monde actuel fait penser à quelque fresque extraite de la mythologie grecque. Les experts de cette discipline nous enseignent qu'au commencement, Chronos, le Maître absolu du Temps et de l'Univers, eut trois fils avec Éra son épouse. Dans l'ordre de leur apparition, ce furent Zeus, Poséidon et Hadès, à qui il confia une part significative de son héritage. À Zeus, il légua le monde matériel, sur la surface de la Terre et dans les cieux. Un monde que lui contestèrent sans cesse les nombreux autres Dieux de l'Olympe. À Poséidon, il attribua la maîtrise des Océans et des Mers. Hadès enfin, hérita de l'Enfer et de l'univers sous-terrain de l'au-delà...

Ce schéma se superpose parfaitement au monde actuel, où Zeus a choisi le continent américain (du Nord !) pour régner sur Terre, avec pour émules quelques velléités venant d'Orient. Poséidon s'exprime à travers l'Europe, pour aller à la conquête du reste du monde, par la voie des eaux. Quant à l'Afrique, domaine privilégié d'Hadès, elle reste dans les profondeurs, condamnée aux affres de l'Enfer. L'Afrique, terre des ténèbres et c'est peu de le dire ! Un royaume condamné à ne jamais savoir utiliser ses nombreuses richesses, pour émerger à son bénéfice. Au risque d'offenser les Dieux de tous les horizons, il s'agit clairement d'exorciser cette Afrique-là.

Au demeurant, que représente concrètement ce continent ?

En lui ajoutant toutes ses îles, l'Afrique a une superficie de 30 415 873 km², soit 6% de la surface du Globe, ou encore, 20% de la surface des terres émergées ; au troisième rang après l'Asie et toutes les Amériques confondues ! De plus, l'Afrique compte 1,1 milliard d'habitants (16% de la population mondiale), qui en font le deuxième continent le plus peuplé au monde. À son actif, 53 nations officiellement reconnues, en attendant la RASD (République Arabe Sahraouie Démocratique) et le Somaliland...

Suffisamment équipée pour se faire entendre et participer aux prises de décisions, là où il se doit. Dès lors, que faut-il à un tel contient pour émerger, dans tous les sens de ce terme ? Ne vient-il pas de fournir un monarque au royaume de Zeus ?

De surcroît et malgré toutes les tentatives pour démontrer le contraire, les investigations anthropologiques du moment démontrent que l'Afrique demeure bel et bien le berceau de l'humanité. En effet, aussi loin que l'on remonte dans le temps, l'Homme Africain est le doyen de la Planète, comme peuvent l'attester des résultats radiométriques. En effet, concèdent-ils, il y a sept millions d'années avant notre ère, tout près de *Lucy*, existait le *Sahelanthropus tchadensis*, autrement appelé *Toumaï*. À 6 millions d'années vivait *Orrorin tugenensis*. À 4 millions d'années, *Ardi* signait la présence de l'espèce *Ardipithecus ramidus*. Entre 3,9 et 3 millions d'années, l'*Australopithecus afarensis*. Entre 2,3 et 1,4 millions d'années, le *Paranthropus boisei*. De 1,9 à 600 000 ans, l'*Homo ergaster*...

Bref, autant d'ancêtres illustres, qui précèdent d'autres, plus proches de nous, qu'étaient *Homo sapiens*, il y a de cela seulement 200 à 100 000 ans, pour ainsi dire. À sa suite, l'on connaît encore mieux *Homo habilis* ou *Homo erectus*, ces premiers aventuriers qui allèrent enclencher la notion de migration vers des lieux plus lointains, en se frayant des passages, soit par la Mer Rouge, soit par l'isthme de Suez, soit encore par le détroit de Gibraltar...

Sous des cieux nouveaux et confrontés à des conditions climatiques inhabituelles, ils allèrent devenir de véritables mutants : une peau de plus en plus claire, faute de soleil et de mélanine ; des cheveux plus longs pour les protéger du froid ; des yeux délavés et plus clairs... Ils devinrent les Hommes du *Cro-Magnon* ou du *Neandertal*. Voilà ce que nous apprennent les anthropologues. Autrement dit, à l'origine, l'idée et l'envie d'aller explorer d'autres territoires que les siens d'origine, a été l'initiative de l'Africain.

Ainsi présentée, la situation pourrait se résumer d'une manière très simple : à l'origine, des éléments se sont échappés de l'enfer d'Hadès, fuyant la chaleur africaine, pour aller se réfugier sur les terres de Poséidon, en Europe. Bien des millions d'années plus tard, ce sont leurs descendants qui partirent sur les eaux, à la conquête du reste du monde. Zeus pour sa part, ne s'embarrassa nullement de conquêtes coloniales, l'Amérique se contentant de jouer les gendarmes du monde, sur l'ensemble de la Planète.

Dès lors, pourquoi tant de tremblements autour de ces élans migratoires ? Les Africains qui se font jeter en pâture aux requins, ou refouler sans ménagement des jungles de Calais, de Sangatte Blériot, d'Espagne, d'Italie, d'Angleterre, d'Allemagne..., ne font que suivre les traces de leurs ancêtres. Quant aux ressortissants des autres nations qui viennent peupler l'Afrique, ils ne font qu'opérer un retour aux sources. Là-dessus, il ne devrait logiquement n'y avoir rien à redire, sinon que la loi des nombres devient effrayante. Comment l'appliquer sans trop de casse ? Telle est la question à laquelle il faut trouver des réponses rapides, bonnes et durables. L'équilibre du monde en dépend.

D'entrée de jeu, les choses se compliquent en effet, en raison de concepts incontournables et de plus en plus obscurs. Désormais, ils ont des noms ; et l'on devrait rayer du langage des hommes certains mots, tels "étrangers, xénophobie, islamophobie, antisémitisme, argent, frontière, richesse, pauvreté, faim, maladie, guerre, armement, ostracisme, racisme, ailleurs, moi, je...". Autant dire, supprimer la quintessence de la pensée humaine moderne.

Dès lors, comment s'y prendre honnêtement et efficacement ? À travers cette réflexion, nous invitons le lecteur à se débarrasser de ses préjugés, de ses complexes ; de tout ce qui l'oblige à vouloir être différent de l'autre. Cela devrait consister à se mieux regarder dans une glace, à apprendre à se connaître, pour tirer des conclusions réalistes.

Cependant, étant donné qu'il est humainement impossible de raisonner dans l'absolu, il lui revient de le faire dans le relatif, selon cinq étapes : s'en donner l'énergie nécessaire ; se mettre en action ; communiquer plus sainement avec autrui ; chercher à comprendre ses problèmes dans un esprit de groupe ; et tirer les bonnes conclusions. Dans ce relatif, il se rapprocherait d'un certain bonheur à mettre en partage entre tous les vivants de la Terre. Comme point d'ancrage, nous avons choisi la grande ère coloniale, c'est-à-dire, ce moment où des Européens se mettaient en branle pour initier la dégradation des termes de tous les échanges entre les vivants sur terre.

II - EXPANSION DES EMPIRES EUROPÉENS

Lorsque l'on feuillette le "*Larousse*" et qu'on s'attarde sur le terme "*colonie*" appliqué aux êtres humains, on trouve entre autres, les deux définitions suivantes :

1/ *« Territoire occupé et administré par une puissance étrangère et dont il dépend sur le plan politique, économique, culturel, etc. »*

2/ *« Population qui s'expatriait et allait s'établir dans un autre pays »*.

Ces deux définitions établissent clairement certains rapports : en effet, énoncée au temps présent, la première met en évidence des rapports de force : occupation, puissance, dépendance ; alors que la seconde, à l'imparfait, relèverait donc du passé. Apparemment anodins, ces deux faits sont en réalité très importants et doivent retenir toute notre attention ; nous verrons pourquoi.

La "colonisation" a, pour ainsi dire, été une préoccupation permanente pour l'humanité depuis l'aube des temps, soit par nécessité, soit par obligation. L'Ancien Testament ne relate-t-il pas avec une émotion certaine cette incroyable errance menée par Moïse, quarante années durant, au pied du Sinaï ? Cette forme de colonisation diffère sensiblement de celles que l'on devait connaître par la suite, avec notamment les Phéniciens, les Grecs et les Romains, dont les mouvements vers l'extérieur furent motivés par des intentions assez divergentes, vu que si les premiers étaient spécialement marins, les autres étaient foncièrement commerçants ou singulièrement conquérants.

À leur suite et surtout à partir du XVe siècle[5], la colonisation allait prendre un essor nouveau grâce aux deux faits clés que sont les découvertes des Indes et de l'Amérique. La notion de colonie devient dès lors acquisitive et fait désormais partie intégrante des préoccupations des peuples « dominants », dont nous ne citerons que les plus actifs.

---

[5] Il s'agissait en réalité de voyages d'exploration, car dans les faits et jusqu'en 1870, les seules puissances à posséder des colonies étaient : la France, l'Angleterre, l'Espagne, le Portugal, la Hollande, le Danemark et la Russie, auxquelles viendront s'ajouter l'Italie et la Belgique.

1. LES PORTUGAIS

Les premiers, ils découvrirent la route des Indes, grâce notamment à l'expédition Vasco De Gama en 1497, qui devait aboutir à la naissance de l'Empire portugais des Indes.

L'influence portugaise en général s'étendait également en Chine, au Japon, aux Îles de la Sonde, aux Moluques, en Amérique et en Afrique. Fondamentalement commerçants, les Portugais s'assurèrent la maîtrise des mers et des océans, afin de conserver le monopole du commerce des épices.

2. LES HOLLANDAIS

Ils marchèrent fidèlement sur les traces des Portugais et fondèrent la Compagnie hollandaise des Indes Orientales en 1602, avant de prendre possession des Îles de la Sonde, des Moluques, des Célèbes, de Bornéo, de la Nouvelle-Guinée, de Ceylan[6] et du Cap en Afrique.

En Amérique, ils fondèrent la Nouvelle-Amsterdam (1609) qui, avec les Anglais et Peter Stuyvesant, allait devenir New-York en 1667. Plus au sud, ils prirent possession de Curaçao, ainsi que d'une partie de la Guyane.

3. LES ANGLAIS

Ils s'intéressèrent à l'Amérique du Nord dès 1584 (Walter Raleigh en Virginie), puis ils fondèrent à leur tour la Compagnie britannique des Indes Orientales (1599). Commerçants au départ, ils se mirent plus tard à conquérir l'Inde tout entière[7]. Leurs intérêts en Afrique sont plus tardifs et se déclarent seulement au XIXe siècle, juste à temps pour profiter du partage de ce continent.

4. LES ESPAGNOLS

Sur les traces de Christophe Colomb (découvertes de 1492 à 1502), les "Conquistadores" (Cortez, Pizarro, Almagro...) mirent la majeure partie du Nouveau-Monde sous domination espagnole. Leur influence s'exerça très peu sur le continent africain dans son ensemble.

---

[6] Actuel Sri Lanka.

[7] C'est pour cette raison qu'il est curieux de constater qu'au XVIIe siècle, ils n'y possédaient que deux établissements à caractère militaire (Madras et Bombay), et seulement quelques comptoirs de peu d'importance (Calcutta)...

5. LES FRANÇAIS

C'est en 1534 que François Ier envoie Jacques Cartier en Amérique du Nord ; expédition qui donna le jour à la "Colonie" du Canada (Nouvelle-France), dont l'annexion définitive ne commence qu'avec Champlain, fondateur du Québec en 1608.

Louis XIV fait annexer la Louisiane par Cavelier De La Salle en 1682.

De 1624 à 1642 (Ministère Richelieu), la France crée des établissements aux Antilles, en Guyane, à l'Ile Bourbon (Réunion) et en Afrique noire (Saint-Louis du Sénégal).

Colbert fait créer la Compagnie Française des Indes Orientales en 1664 ; et enfin, l'Île de France (Île Maurice) est annexée en 1721.

Telle était approximativement la situation établie par les puissances coloniales européennes au début du XVIIIe siècle, c'est-à-dire au moment même où certains conflits majeurs éclataient précisément entre ces mêmes puissances[8]. Des conflits qui allèrent s'intensifiant, suscitant le nouage d'alliances nouvelles et donc l'apparition de nouveaux dominants sur le grand échiquier colonial...

En ce qui concerne l'Afrique noire, retenons seulement que c'est au milieu du XIXe siècle qu'intervient le partage effectif des territoires entre colonisateurs. Sans entrer dans des détails chronologiques désormais inutiles, nous survolerons seulement les différentes influences subies par chacun de ces territoires.

Mais avant d'y arriver, revenons un instant sur les définitions du vocable "*colonie*". Le bref rappel que nous venons de faire permet de les mieux cerner et de comprendre les points suivants :

a) De purement commerciale qu'elle était au départ, la notion de colonie a rapidement évolué aux yeux des pays européens, pour se poser comme un simple rapport entre éléments dominants et éléments dominés ; un rapport de force. L'Africain doit constamment avoir conscience de ce qu'en ce qui le concerne, il n'est partie intégrante que du seul second élément.

---

[8] Guerre entre la Grande Bretagne et la France, de 1700 à 1815, relayée par la guerre de Crimée, entre la France et la Prusse...

b) Ces définitions du *Larousse* laissent entrevoir qu'à l'origine, il existait diverses formes de colonies. De fait, on peut en retenir deux : les colonies de peuplement et les colonies d'exploitation.

* **Les colonies de peuplement**, ainsi appelées parce qu'elles intéressaient des territoires où migraient des gens qui savaient y trouver, à peu de détails près, les mêmes conditions de vie que dans leur écosystème d'origine. Pour les Européens, cela équivalait généralement au secteur nord-américain[9].

Cette première forme indique par ailleurs que de tels mouvements pouvaient être internes à un même lieu géographique (voire à un seul pays). Ainsi, les Prussiens colonisèrent-ils l'Allemagne ; les Russes, la Plaine de la Volga ; les États-Unis, le Far-West... Plus près de nous, en Afrique noire, les exemples sont nombreux dans ce sens ; et l'on peut, entre autres, relever que grâce aux Ashante du Ghana, les Agni de la Côte d'Ivoire et les Tchokossi du Togo pratiquent la même langue. Dans le nord-est ivoirien, les Abron ont colonisé le territoire koulango, dont ils ont néanmoins adopté la langue. On trouve de même des Bamiléké au Gabon et au Cameroun ; des Yoruba au Nigeria comme au Niger ; des Bambara, des Soussou, des Peuhls, des Malinké..., aussi bien en Guinée (Conakry), qu'au Sénégal, en Côte d'Ivoire, au Burkina-Faso, au Mali, ou au Niger[10]...

On comprend dès lors que l'établissement de ces types de colonies requerrait davantage de respect, de souplesse et de négociation. À moins de n'être préalablement en conflit ouvert, pour parler de conquête et d'annexion.

* **Les colonies d'exploitation**, dont l'appellation indique qu'il s'agit de territoires sur lesquels l'on vient chercher les matières premières indispensables pour édifier des fortunes ailleurs que sur les lieux qui les ont générées. Leur mise en exergue s'est considérablement accrue, notamment après les deux guerres mondiales, lorsque certains pays belligérants ont eu recours aux matières premières africaines pour se reconstruire...

---

[9] L'Afrique du Sud constitue de ce fait une exception sur le continent.
[10] Résultats également de frontières arbitrairement mises en place par les puissances coloniales.

De ces deux formes, la première n'a plus cours, ou si peu ; alors que la seconde est très fortement actuelle[11]. Il se trouve que, pour diverses raisons, les pays africains appartiennent à cette dernière et qu'aujourd'hui, avec les progrès technologiques, les exploiteurs n'ont même plus besoin d'être physiquement présents en Afrique pour la subjuguer à leurs fins.

C'est cette évolution conceptuelle de la colonie d'exploitation qui, grâce à la complicité de certains dirigeants africains, a engendré ce que l'on a pris coutume d'appeler le "néocolonialisme". De ce fait, le concept est purement laxiste, puisqu'il n'y a pour ainsi dire jamais eu de rupture entre ces deux phénomènes. En effet, qu'il s'agisse d'assurer le maintien des acquis par l'intermédiaire d'autres hommes (Africains), ou d'acheminer dans ce lamentable tiers-monde les outils et les appareils symboles de la domination étrangère, il existe seulement une filiation coloniale.

La notion de colonie, on le voit, est très mouvante et se module même avec l'évolution des peuples. L'essence de cette filiation réside profondément dans ce que des gens se sont un jour investis de pouvoirs dominants, et que d'autres gens continuent d'exister pour cautionner sans rechigner cet arbitraire.

L'une des clés de tout développement dans les pays africains impose donc que l'on arrive à supprimer ce complexe ; à refuser enfin la contingence et se dire avec conviction que l'Africain, quelle que soit sa condition est, en tous les cas, semblable aux autres hommes.

c) Enfin, il est primordial de se rappeler que ces colonies d'exploitation ont vu le jour sur le continent africain en une période doublement trouble : il existait sur place de graves conflits tribaux et des guerres de conquêtes, auxquels sont venus s'ajouter ceux des colonisateurs.

Ces trois axes de réflexion se voudraient un peu la preuve que le colon, quels que fussent ses dispositions et ses états d'âme de départ, ne pouvait intervenir en Afrique que sous le masque d'un conquérant, à l'esprit surchauffé, de surcroît.

---

[11] Au plan conceptuel, les mouvements migratoires internationaux actuels constituent une forme hybride entre ces deux formes de colonies : les migrants cherchent tout à la fois une nouvelle terre d'asile et du travail pour s'y fixer durablement...

Quelles furent donc les différentes influences étrangères en Afrique ?

III - EXPANSION COLONIALE EN AFRIQUE

Tout bien considéré, le marasme africain ne remonte pas à très loin, puisqu'il a coïncidé avec ce XIXe siècle assassin ; avec cette sombre période à laquelle l'Europe industrielle et commerçante éprouva le besoin d'avoir d'autres débouchés pour écouler ses produits ; c'est-à-dire aussi, à mesure que ses financiers, devenus plus ambitieux, cherchèrent à aller faire fructifier leurs capitaux dans des entreprises étrangères ; ou plus exactement, dans des entreprises à l'étranger, en ce qui concerne l'Afrique et le tiers-monde.

Le marasme est né de cet ignoble partage du continent, qui provoqua instantanément l'éclatement de ses organisations sociales et de ses valeurs d'origine, non pas seulement du fait des transferts de normes de civilisations nouvelles, mais surtout en raison de la diversité même des horizons colonisateurs venus de si loin s'abattre sur lui. Quels étaient donc ces horizons ?

1. L'INFLUENCE FRANÇAISE

Elle commence effectivement avec la reddition d'Abd-El-Khader et l'annexion de l'Algérie en 1847. La conquête du reste du Maghreb suivit rapidement, avec l'annexion de la Tunisie et du Maroc. Après quoi, les expéditions s'intéressèrent davantage à l'intérieur des terres, vers le sud.

Géographiquement, l'on pouvait distinguer :

a/ L'Afrique Occidentale Française (A.O.F.), de 1895 à 1958

S'étendant du Rio de Oro et du Sahara algérien au nord, au golfe de Guinée au sud et à la Libye à l'est, elle comprenait : le Sénégal, la Guinée (Conakry), la Côte d'Ivoire, le Dahomey (Bénin), le Soudan Français (Mali), la Haute-Volta (Burkina-Faso), le Niger et la Mauritanie[12].

[12] Le Togo n'a pas été une colonie à proprement parler : il fut successivement un protectorat allemand, un condominium franco-britannique, un territoire sous tutelle française...

b/ L'Afrique Équatoriale Française (A.E.F.), de 1910 à 1958.

Elle comprenait : le Gabon, le Congo (Moyen-Congo ou Congo Brazzaville), l'Oubangui-Chari (République Centrafricaine) et le Tchad.

c/ L 'Afrique Française.

Beaucoup plus modeste, elle englobait : les territoires des Afars et des lssas (Djibouti), les Comores, l'Île de la Réunion et Madagascar.

2. L'INFLUENCE BRITANNIQUE

Très dispersée, elle s'exerçait sur :

a/ L'Afrique Britannique (The British Africa), c'est-à-dire : les colonies de Sainte-Hélène et des Seychelles, l'Île Maurice, le protectorat de Socotra, le territoire du Swaziland, la Gambie, la Sierra Leone, la Gold Coast (Ghana) et le Nigeria.

b/ L'Afrique Orientale Britannique (The British East Africa)

S'étendant de l'Éthiopie au Mozambique et de l'Océan indien au Congo Belge, elle comprenait : le sultanat de Zanzibar, le protectorat de l'Ouganda, le territoire sous tutelle de Tanganyika (Tanzanie), la colonie du Kenya, la Rhodésie, c'est-à-dire : le Zimbabwe, la Zambie et le Malawi.

3. LES AUTRES HORIZONS COLONISATEURS

a/ La Belgique

L'influence belge se limita presque exclusivement aux rivages du fleuve Congo, avec l'actuel RDC (République Démographique du Congo). Plus tard seulement, la Belgique se voyait confier les territoires du Rwanda et de l'Urundi (Burundi), retirés à l'Allemagne.

b/ L'Allemagne

Il faut se rappeler qu'il n'existait alors qu'une seule Allemagne, dont la domination tronquée s'exerçait sur :

- ***L'Afrique Occidentale Allemande***

De 1880 à la fin de la première guerre mondiale, elle comprenait essentiellement : le Cameroun, le Togo, ainsi qu'une très large partie du sud-ouest africain : Namibie.

- ***L 'Afrique Orientale Allemande, de 1889 à 1919.***

Elle se confondait avec : le Tanganyika (majeure partie de la Tanzanie), âprement disputé aux Anglais, le Rwanda et l'Urundi.

c/ Le Portugal : À savoir :

- ***L 'Afrique Occidentale Portugaise.***

Elle comprenait : la Guinée portugaise (Guinée Bissau), l'Angola, les Iles du Cap-Vert, les Iles de Sao Tomé et de Principe.

- ***L 'Afrique Orientale Portugaise.***

Avec exclusivement le Mozambique.

d/ L'Espagne

En raison de certains événements en cours dans le Sahraoui, il serait incommode de considérer que l'influence espagnole sur le RIF marocain relève de faits coloniaux du passé. Pour cette raison, nous dirons que cette influence se limita à la Guinée espagnole (Guinée Équatoriale).

e/ Les U.S.A.

Bien que précoce, l'influence américaine est restreinte elle aussi et ne concerna que le Liberia.

f/ L'Italie

L'influence italienne ne concerna que l'Afrique Orientale, avec : l'Éthiopie, l'Érythrée et la Somalie.

g/ Les Pays-Bas

Leur intervention se limita à la région du Cap et de l'Afrique du Sud.

h/ Le monde arabe

II faut enfin signaler que, bien que ne bénéficiant pas directement du partage de l'Afrique noire, le monde arabe, par le biais de l'Islam[13], s'était déjà octroyé une bonne part de l'essentiel, en s'incrustant profondément dans les mœurs. Seules certaines zones forestières, jugées trop « inaccessibles », échappèrent à cette autre invasion, dont le plus fort se situa en Libye et en Égypte...

Ainsi fut morcelé le continent africain, dans la confusion des intérêts. Aucune parcelle de terre n'échappa à la domination extérieure ; et au lendemain de ce partage, l'on ne pouvait retenir

[13] Nous verrons plus loin l'impact réel de l'Islam sur nos sociétés actuelles.

que l'existence de deux "États" à peu près autonomes quant à la gestion de leurs propres affaires : le Liberia et l'Éthiopie[14].

De nos jours, cette portion de l'histoire africaine fait penser à une sorte de maternité mal assumée, ayant laissé derrière elle une famille nombreuse à l'abandon. Le colon d'antan a astucieusement passé sa succession et les pleins pouvoirs à celui plus distant d'aujourd'hui, qui ne fait que récolter l'usufruit d'un héritage usurpé.

Il serait dès lors difficile – voire utopique – de chercher à convaincre ce dernier de ce qu'il est redevable de quelque chose et pis encore, qu'il a le devoir de contribuer effectivement à un quelconque développement de nos nations.

Aussi, l'évidence nous échoit-elle de relever que la tutelle d'alors était mauvaise, qui n'a laissé à ces lointains enfants "adoptifs", qu'un prévisible désarroi, qui nous rend impardonnables à notre tour, dans notre naïveté. Car comment concevoir aussi simplement que des nations telles que la France et l'Angleterre, se permettent l'impossible luxe d'accorder une préférence ou une priorité de développement à l'une ou l'autre de leurs anciennes colonies ! Être "mauvaise mère" n'enlève rien à l'honnêteté.

De ce fait, nous débouchons logiquement sur l'insuffisance, faute d'exception ; et ce, d'autant plus clairement qu'en l'occurrence, la France et l'Angleterre, à l'instar des autres puissances coloniales, n'ont jamais été des mères pour personne et qu'en fait d'héritage, les nations dominantes ne font qu'assurer la mainmise sur les matières premières indispensables à leur propre développement.

Souvenons-nous surtout de ce qu'au départ, l'Afrique éclata sous leur pression, pour devenir cet immense puzzle, dont la reconstitution semble à l'heure actuelle inenvisageable. Toutes ces influences extérieures n'ont même pas eu le mérite de nous faire oublier nos querelles intestines, que des marchands de canons savent trop facilement attiser pour nous maintenir dans

---

[14] Le premier le devait à des colons Américains, qui n'avaient pas trop de raison de l'exploiter abusivement ; le second, parce qu'il savait tenir en respect, par les armes, l'envahisseur Italien. Deux moyens sûrs de parvenir à une autonomie ?

la division, à leur seul bénéfice. C'est cela, bien régner sur l'Afrique d'aujourd'hui.

Sournoisement, ce continent est ainsi devenu cet autre terrain de compétitions, par respect d'une certaine filiation coloniale ; d'un choix involontaire et aliénant. Et c'est précisément là que réside le mal, dans ce complexe d'infériorité que, dans une unanime faiblesse, dans la surprise et pour des raisons purement mercantiles, l'Africain a consenti en faveur de l'étranger, en préférant d'emblée des concepts de vie extérieurs à son essence originelle. Il permit à l'Étranger d'asseoir son pouvoir en trois étapes :

- "civiliser" des sauvages ;
- alphabétiser sommairement une partie des populations afin de se mieux faire comprendre et imposer l'infaillible outil qu'est le langage ;
- placer des hommes de main au sommet de sociétés nouvelles, afin de les mieux asservir et les exploiter.

Quitte à le ressasser, il faut insister sur le fait que ce sont à ces trois niveaux fondamentaux (qui ont aléatoirement engendré le politique, les masses salariales et les masses paysannes), que nous devons conjuguer l'essentiel de nos efforts d'éducation et d'information. Ils sont indissociables, et le devoir consiste d'abord à les mettre en cause dans un même élan. Pour ce faire, il convient donc de situer nos problèmes à chacun de ces niveaux.

II

LA NOTION DE CIVILISATION : UNE DÉRISION

ooo

Chez les Agni de la Côte d'Ivoire[15], la petite histoire raconte que l'on trancha la langue au premier homme venu dire à la Cour d'un Roi, qu'il avait aperçu, au cours d'une partie de chasse, un être humain à la peau entièrement blanche...

Le Roi fit preuve de beaucoup de mansuétude, en laissant la vie sauve à ce mécréant, qui profanait de la sorte l'esprit du grand génie de la forêt. *« Un être humain à la peau entièrement blanche ! »*, cela défiait en effet les imaginations, même des plus fertiles ; nos albinos ayant la peau parsemée de taches de... noirceur, comme de juste. Dans l'esprit du Roi, il ne faisait aucun doute que le malheureux venait de rencontrer le redoutable génie ; mais de là à forcer l'exagération, il y avait des limites à observer.

La chose manquait d'égard et de convenance. Ce qui n'empêcha nullement la notabilité, davantage respectueuse de ses traditions, d'aller dès le lendemain procéder au sacrifice du bélier blanc sur les lieux supposés de l'étrange apparition. Ce fut sans doute aussi, afin de pouvoir avec précision localiser ceux-ci, que le monarque se montra aussi clément.

Quelle ne fut donc la stupeur des sacrificateurs, lorsqu'en y arrivant à leur tour, ils découvrirent l'être "non conforme", grelottant de froid parce que certainement victime de la "fièvre blanche"[16], et qui de surcroît, se mit à leur baragouiner un "*chôcôbi*" auquel ils ne comprenaient un traitre mot. Dans leur panique et mus par ce même réflexe qui provoqua la mutilation de leur congénère, ils s'emparèrent de l'étrange apparition et le décapitèrent sur-le-champ. De la sorte, le Roi avait toujours raison et eux, la langue – et peut-être même la vie ! – sauve.

Telle aurait été, dans cette partie de forêt et sans doute dans de nombreuses autres contrées d'Afrique noire, le tout premier

---

[15] Peuple du Sud-Est de la Côte d'Ivoire, à la frontière du Ghana.

[16] La malaria, ainsi appelée, parce qu'au cours des poussées fébriles, le malade a l'impression de voir des chandelles...

contact physique d'avec la "civilisation" ; avec celui que plus tard, les Agni appelleront à juste raison, le "*blôfwê*" (l'homme de la forêt, ou l'homme qui rougit), et que le parler "*chôcôbi*" désignera sous l'appellation "*d'explorateur*". Ainsi, à l'origine, le sauvage, ce fut fort justement l'Homme blanc ...

Cette anecdote n'est à retenir que pour une seule raison : de ce temps-là, nos Rois étaient très redoutés et le Blanc, quelqu'un de très mal perçu et dont la dissemblance ou la ressemblance d'avec certains attributs sacrés, condamnait irrémédiablement à la décapitation. C'est par conséquent pour cette insécurité qu'il rencontra d'emblée, que l'on pourrait féliciter l'explorateur et avec lui le colon et le missionnaire, pour avoir su persister à leur corps défendant dans l'impossible, pour finalement inverser les tendances.

Cependant, il ne faut pas oublier que l'arrivant avait pour lui un goût prononcé de l'aventure, ainsi qu'un esprit conquérant très fort, doublés d'un sens aigu des faits guerriers, et donc du sacrifice de vies humaines, pour arriver à ses fins. C'étaient là de solides atouts qui lui firent rapidement comprendre que malgré la précarité de sa survie, la situation d'ensemble lui deviendrait un jour favorable. Et il ne se trompa guère.

À ce stade du raisonnement, la question est : *qu'a donc réellement trouvé l'étranger sur place ?* Elle est majeure, dans la mesure où, dans l'esprit de beaucoup (et de manière péjorative), il n'a jamais existé de civilisations d'aucune sorte en Afrique noire, avant l'ère coloniale. Pourtant, il n'y a qu'à consulter les mémoires de certains explorateurs, ou les écrits d'historiens arabes, pour se convaincre du contraire, dont on peut se souvenir de l'essentiel.

I - DANS L'ANTIQUITÉ

Avant les conquêtes arabes et nonobstant la petite anecdote ci-dessus, les Blancs ont peuplé l'Afrique depuis la nuit des temps, et ont donc toujours été confrontés à des rivalités sur le terrain. Arrivés d'Abyssinie, ils colonisèrent d'abord le pourtour méditerranéen, avant de migrer vers l'intérieur des terres. Sur l'ensemble continental, on pouvait alors dénombrer les peuplements ci-après :

- les Bantous, dans les zones forestières ;
- les peuples guinéens, composés de Bantous et de Négrilles ;

- les peuples soudanais, mélanges de Négrilles et de Blancs.

Toutes ces peuplades étaient organisées en tribus constituées ; vivaient sur des territoires dont elles savaient elles-mêmes établir les frontières ; avaient leurs règles de vie qui, chez certaines d'entre elles, permettaient même d'élaborer des États, au sens étranger du terme.

Certaines de ces peuplades ont une histoire qui se confond avec la nuit des temps. Ainsi, les Akan (actuel Ghana et Côte d'Ivoire), seraient originaires du territoire de MU dans l'Est de la Chine[17] ; s'identifieraient avec les Achéens de l'Ancien Testament ; auraient laissé de nombreux pharaons en Égypte, parmi lesquels le plus célèbre, Toutankhamon[18]...

De même plus tard, les Français trouvèrent ce même peuple si évolué, qu'ils n'hésitèrent pas à introduire à la Cour de Louis XIV, deux princes d'Assinie en Côte d'Ivoire (Aniaba et Banga), où ils devinrent des Chevaliers du Roi. Aniaba y fut baptisé par Bossuet, avec pour parrain, le Duc de Lagny... Toute une prémonition !

Cependant, il faut savoir qu'à la même période, d'autres Européens exhibaient des Africains, telles des bêtes curieuses, dans des zoos humains. Ce furent le cas pour Madison Grant et le Pygmée Ota Benga au zoo du Bronx, et des femmes Hottentot dans des cirques en Europe, pour leurs formes généreuses... Et puis, peut-on oublier ce "Code noir", de triste mémoire !

Par ailleurs, il serait indécent et malhonnête d'ignorer aussi simplement les rôles civilisateurs joués par l'Égypte et la Nubie, depuis 4 000 ans avant J. C. De même, l'on peut se souvenir de l'établissement des premiers comptoirs phéniciens en Afrique du Nord (XIIe siècle), où de nombreux réseaux commerciaux prospéraient déjà.

D'autre part, la domination romaine, avant de s'affirmer, ne suscita-t-elle pas en son temps, de violents mouvements de résistance (Carthage), qui devaient avoir pour aboutissement la mise en valeur des civilisations barbare et vandale, ainsi que la

[17] Cf. H.M. Maulana : Migration routes from ancient homelands of the Akans, Dagbambas, Ewes and Gas into modern Ghana. W.E.B. Du Bois Institute, Accra ; 1992.

[18] Le nom d'origine de ce Pharaon, déformé dans les écrits grecs de Constantinople, serait "Toutou Aka Amon" (ou Toutou Akoman ?), appellations répandues dans le peuple akan.

création, sous les influences égyptienne, grecque, extrême-orientale, d'autres places fortes ? Ce fut le cas de l'Abyssinie, qui se peupla d'un mélange de Nègres, de Berbères, de Peuhls et d'Arabes.

II - LES CONQUÊTES ARABES

Du VIIe au VIIIe siècle, l'islamisation s'opère de façon intensive en Afrique du Nord, où paradoxalement, les populations acceptèrent la religion dans sa forme conceptuelle (monothéisme), mais non ses prosélytes[19]. Des royaumes se constituèrent en opposition et les Idrissides firent leur apparition au Maroc, en même temps que les Califes au Caire. Cependant, seul le Maroc prendra le relais pour assurer l'islamisation des peuples africains en dessous du Sahara, avec des expéditions parfois aussi cruelles que sanguinaires.

Ainsi, l'intervention des Almoravides eut, entre autres fâcheuses conséquences, la destruction de l'Empire du Ghana, fondamentalement opposé à ces nouvelles pratiques religieuses contraires à l'animisme africain. À sa place surgirent d'autres dynasties ; et les Soninkés, les Malinkés, les Mandingues, les Peuhls, les Soussous, les Toucouleurs... firent la toute-puissance des Empires de Gao et de Ségou, entièrement acquis aux causes de l'Islam qui, pour cette raison, aura été l'un des éléments clés dans l'évolution des peuples en Afrique.

III - L'AFRIQUE PRÉCOLONIALE

1. L'AFRIQUE DU NORD (XIIIE ET XIVE SIÈCLES)

Soucieux du devenir du christianisme face à la percée de son émule désigné (Jérusalem se trouvait en effet sous le contrôle de l'Égypte), le Roi Louis IX et son frère Charles d'Anjou organisèrent les expéditions que l'on sait, en direction du Caire et de Tunis. Ces interventions eurent surtout pour effet immédiat de réveiller la résistance marocaine, menée cette fois par les Mérinides. Plus tard seulement, les Espagnols purent occuper de nombreuses places fortes (Millila, Tripoli, Mers-El-Kebir, Oran, Alger, Bougie), tandis que les Portugais envahissaient les côtes occidentales, provoquant

---

[19] Cette tendance semble aujourd'hui inversée : il existe en effet de nombreux non-musulmans en Afrique du Nord, au moment où les pays maghrébins épousent de plus en plus les pratiques du monde arabe...

la mise en alerte des Marabouts, qui firent remplacer les Mérinides par les Shérifs Saadiens (Ahmed-El-Mansour).

En 1517, toute l'Afrique du Nord (le Maroc excepté) est annexée par l'Empire Ottoman. Il faut ajouter qu'en plus des Arabes, se rencontraient sur le pourtour méditerranéen, les Génois, les Dieppois et surtout les Portugais, avec Diego Cam (1484), Barthelemy Diaz (1486), et Vasco De Gama (1497).

C'est à partir de cette période que va s'ouvrir la grande ère des explorations et de la colonisation, au sens décrit plus haut, avec l'entrée en scène des Hollandais, des Français et des Anglais.

2. L'AFRIQUE NOIRE

a/ Les composantes de l'Afrique noire précoloniale

Avant l'avènement de la grande ère coloniale (entre le XVe et le XIXe siècle), l'Afrique noire était le domaine d'empires et de royaumes constamment en guerre. Parmi les plus célèbres, on peut citer :

- à l'ouest, les Empires du Ghana, du Dahomey, de Gao, du Mossi, du Songhaï, du Mali, de Ségou...
- au centre, les Royaumes de Loango, de Brama, de Luanda, du Congo ;
- au sud, la confédération des Betchouana ;
- à l'est, les Royaumes de Monomotapa, de Kanem, de Lounda Barobse, du Katanga, de l'Urundi, de l'Ouganda...

L'Afrique noire prête à ... exploser !

Certaines de ces communautés étaient de véritables États, qui avaient atteint leur apogée. Tel était le cas des Empires du Ghana, du Mossi, du Dahomey, des Monomotapa..., qui disposaient de leurs armées, de leurs tribunaux, de leurs finances... Cependant, la plupart d'entre eux ne possédaient qu'une organisation embryonnaire.

En commun, ils avaient un caractère guerrier dominant. En d'autres termes, l'Afrique de ce temps-là était constamment sujette à des tensions tribales, et la renommée de ses monarques relevait davantage de leur suprématie vis-à-vis des tribus voisines, que d'autres qualités. Elle relevait par exemple, du nombre de captifs qu'ils avaient à leur service... Toutefois, autour de ces activités guerrières, existaient des couches sociales finement organisées, dont le fonctionnement ne souffrait d'aucune faille.

b) Organisations sociales traditionnelles.

- ***Les composantes sociales***

Les sociétés africaines noires étaient toujours conçues selon le même modèle. Le village, composé de familles patriarcales (ou tribus), en constituait l'unité de base. Cette communauté était gérée par un chef qui y détenait l'essentiel des pouvoirs temporels (politiques, économiques, législatifs, judiciaires) et spirituels. Ainsi, cette unité de base était à elle seule une cellule économique reposant exclusivement sur la notion de la propriété collective de la terre, vu que les biens appartenaient à la famille, dans son unité. À l'origine et dans le respect de ces traditions, l'Afrique noire est donc née collectiviste, bien que sous la domination de régimes monarchiques absolus.

La population tribale se composait de couches fonctionnelles bien distinctes. On pouvait y distinguer, outre les chefs traditionnels et leurs notables, des législateurs qui veillaient à faire respecter les principes fondamentaux régissant les règles de vie communautaire :

- Des éducateurs, avec le rôle-clé de la femme.
- Des guérisseurs et des accoucheuses.
- Des guerriers[20].
- Des cultivateurs et des éleveurs.
- Des chasseurs et des pêcheurs.
- Des prêtres et des sorciers, aux pouvoirs redoutés.
- Des sourciers et des puisatiers.
- Des artisans (forgerons, orfèvres, bijoutiers, armuriers, potiers, céramistes, tisserands...).
- Des commerçants...

- ***Des structures spécialisées***

Comme on s'en doute, dans de telles sociétés, l'organisation du travail était faite avec précision, qui faisait apparaître des groupes socio-professionnels bien définis. En conséquence, il n'y avait de place ni pour le chômage, ni même pour la délinquance. Dans ce jeu de rôle au naturel, chaque membre de la communauté occupait une fonction personnalisée et parfois très spécialisée. Ainsi, par exemple :

---

[20] Nous verrons que plus tard, apparaitront d'autres organisations guerrières, totalement différentes de ces dispositions originelles.

- Guérisseurs et accoucheuses savaient se mettre à l'écoute du corps humain et de la nature. Ils posaient des diagnostics justes et avaient le secret des simples, tant en phytothérapie qu'en opothérapie.

- Cultivateurs et éleveurs cohabitaient sans heurts, et dans certaines communautés, Peuhls, Touareg, Massaï..., pratiquaient le nomadisme ou le semi-nomadisme pastoral, associant judicieusement leurs efforts à ceux des paysans cultivateurs.

- L'artisanat y était très développé, où se distinguaient tisserands, travailleurs du bois ou du cuir, forgerons... La renommée de ces derniers était telle, que l'on les plaçait parfois tout près des Dieux et de l'Esprit des ancêtres, parce qu'ils possédaient l'art et la façon des armes et des outils indispensables à la vie. L'existence de mines désaffectées, ainsi que de hauts-fourneaux et le rôle du forgeron au sein de ces sociétés, démontreraient si besoin en était, que certaines de nos tribus avaient une parfaite maîtrise de la plupart des minerais, qu'elles savaient identifier, extraire et façonner[21]. Dans les vestiges de la plupart de nos empires et royaumes se trouvent, entre autres reliques, des pièces de monnaie, des bijoux, des statuettes en or, en cuivre ou en bronze : des objets qui font la renommée de musées, hors d'Afrique...

- Les commerçants y occupaient une place à part.

- ***Les commerçants***

À tous ces groupes constitués, il fallait adjoindre les commerçants, dont le rôle effectif dans cette Afrique est parfois méconnu : en plus de leurs activités purement lucratives, ils étaient également ambassadeurs, échotiers, pacificateurs, ou faiseurs de guerre... Sans compter que, tels de véritables pionniers, ils ont contribué à la mise en place des tout premiers réseaux routiers, sur les axes les plus influents[22].

---

[21] Dans « Voyages et aventures dans l'Afrique Équatoriale », Paul Du Chaillu trouva certaines tribus si évoluées, qu'il n'hésita pas à les considérer comme étant "à part"...

[22] Aujourd'hui, les notions de frontières ont rendu la plupart de ces commerces "clandestins" selon deux modalités : - officielle : vente d'arachide du Sénégal à la Gambie, de cacao du Ghana à la Côte d'Ivoire et au Togo... etc ; - non officielle, assurée par les Levantins, avec des marchandises d'importation, et dans toutes les directions.

Itinérant, caravanier et destiné à rallier l'Atlantique à la Méditerranée, le commerce s'effectuait sur deux axes géographiquement séparés par le Sahara. Dans les pays maghrébins, il avait lieu dans un sens Est-Ouest-Est, alors qu'en dessous du désert et en plus de cet axe, il avait également lieu entre le nord et le sud.

Dans l'Afrique de l'Ouest, les secteurs commerciaux étaient matérialisés par des strates allant du Sahel à la forêt et au littoral maritime. Entre ces strates, des centres actifs jouaient un rôle de tampon :

- Gao, Djenné, Tombouctou et Agadez au nord, à proximité du Sahara ;
- Kintampo, Atebubu, Bondoukou, Sansanne-Mango, Djougou-Parakou, Boussa, à la lisière de la forêt ;
- Axim, El-Mina, Cape-Coast, Assinie, Grand-Bassam, Ouidah, Badagry..., sur le littoral maritime.

Qu'il fût local, inter-régional ou international[23], ce commerce caravanier mettait sur les marchés des produits variés :

- sel, parfums, teintures et produits dérivés de la gomme arabique, tissus, or, cuivre... (région soudano-sahélienne) ;
- indigo, beurre de karité, tissus, fer, cuivre ... (région centrale) ;
- sel, kola, or, cuivre, ivoire, ébène, perles... (région forestière).

Dans tous les cas, il existait différents moyens de paiement :

- Soit en règlementant le troc (peu pratique en dépit des apparences) à l'aide de mesures étalons : barre de sel, longueur déterminée d'un morceau de tissu, mesure d'or en poudre ou sous forme de pépites, barre d'ébène, etc... Il arrivait par ailleurs que des marchandises fussent troquées contre une quantité définie de têtes de bétail ou d'esclaves.
- Soit en adoptant des monnaies : Vanille[24] (Côte d'Ivoire, Niger et Nigeria), or, cauris, ivoire... etc. Dans les pays soudano-sahéliens, on frappait même certaines de ces

[23] Cf. O.J. IGUE, dans : L'officiel, le parallèle et le clandestin : commerces et intégration en Afrique de l'Ouest. Politique Africaine, N° 9 : l'Afrique sans frontière

[24] Il s'agit d'une barre de fer, et non de la gousse végétale !

monnaies ; ainsi, les dinars d'or, très prisés par le monde arabe, étaient frappés à Tadmekka, au Soudan français...

Jusque-là, il n'est nullement question d'invasions arabes outrepassant la mesure et encore moins, d'interventions colonialistes, même si certains pays européens disposaient de comptoirs sur les côtes africaines. Et malgré les querelles intestines, cet ensemble évoluait de façon relativement "stable".

c) Les premiers éléments de déstabilisation.

Le premier grand bouleversement des valeurs sociales chez les peuples africains noirs allait survenir avec l'avènement de l'Islam et plus que la religion elle-même, avec les invasions des Almoravides venus du Maroc et dont la préoccupation primordiale consista à détruire radicalement les États ou embryons d'États existants, ainsi que tout ce qui relevait d'une spiritualité traditionnelle. Ils parvinrent à leurs fins, grâce notamment, à l'appui des Marabouts et de quelques chefferies indigènes.

Cette désastreuse intervention, on l'a vu, ne concerna toutefois que les régions sub-sahariennes, épargnant les zones forestières. Sa conséquence la plus marquante fut le clivage dans les mentalités, qui aboutit à la notion de la propriété individuelle des terres. Le verrou le plus sûr de l'unité sociale de base (la propriété collective des terres) venait de sauter et l'on vit apparaître deux catégories de propriétaires terriens : les chefferies traditionnelles et les chefferies militaires[25].

Dans ce partage des pouvoirs, tous les biens se trouvèrent cette fois entre les mains de quelques individus. Dans le premier cas, les héritages devaient désormais être transmis selon des droits de lignage (patri ou matrilinéarité), l'exploitation des terres étant bon gré, mal gré, maintenue dans le respect des traditions ; c'est-à-dire que le cas échéant, l'on continua d'implorer les mêmes dieux et d'invoquer l'esprit des ancêtres, afin que les récoltes fussent bonnes.

---

[25] Ainsi, au XIXe siècle, l'ancien Empire du Mali fut partagé entre les Peuhls du Macina, les Toucouleurs d'El-Hadj Omar et les Malinkés de Samory Touré. De même, entre le XVe et le XIXe siècle, les cavaliers Moose, venus du royaume de Gambaga (dans l'actuel Ghana), fondèrent en Haute-Volta (Burkina-Faso) 19 royaumes, au même titre que le Moogo Naba, dans la région de Ouagadougou.

Dans le second cas au contraire, des conquérants s'emparèrent arbitrairement de certaines terres, dont les techniques de travail leur échappaient complètement et à juste raison. Plus tard, ce sont ces terres qui allaient servir de premières zones d'implantation des colonisateurs européens, leurs adversaires directs.

De cette acquisition bipartite allait naître un consensus social, qui établit que les militaires (et leurs dieux), veilleraient désormais sur la sécurité de tous, alors que de leur côté, les paysans cultivateurs se chargeraient de produire de quoi nourrir les nouvelles collectivités.

Une société dichotomique cherchait à s'organiser ; un pouvoir militaire à s'imposer au détriment des chefferies traditionnelles. La notion de développement urbain n'existant pas en ces temps, ceci revient à dire que le pouvoir des monarchies s'amenuisait. Cependant, les choses n'eurent guère le temps de prendre forme dans ce concept nouveau. Car ce fut à ce moment précis de l'évolution des peuples en Afrique noire, que le colonisateur fit son apparition sur l'échiquier continental.

3. LA COLONISATION EUROPÉENNE

L'apparition des premiers explorateurs et des premiers colons coïncida avec une grande effervescence dans cette Afrique où, en plus des continuelles querelles tribales exacerbées par les incidences de l'Islam, la plupart de ces royaumes et empires se disputaient sans cesse une suprématie désormais illusoire, conférant aux conflits des dimensions plus absurdes encore.

Vers le milieu du 19e siècle, le trio missionnaire/explorateur/colonisateur va engendrer à son tour l'autre temps fort dans cette évolution. Au départ, leurs mots d'ordre se résumaient à trois têtes de chapitres très simples :

- "civiliser" des sauvages et combattre un vieil adversaire (missionnaire) ;
- satisfaire des curiosités (explorateur) ;
- exploiter enfin des richesses (colonisateur).

On le voit, ces trois préoccupations ne concernaient nullement le sort des Africains en tant que peuples dont on tient effectivement compte dans l'élaboration puis l'exécution de programmes d'action. Et sitôt les processus de civilisation bien engagés (et les curiosités satisfaites), l'Afrique devint rapidement le terrain d'élection de deux sortes de compétitions : les rivalités entre religions conquérantes et la course à l'agrandissement des territoires.

L'Islam et son émule le Christianisme, bien que farouchement opposés quant à leur éthique, procédaient exactement de la même manière : monothéisme exacerbé, destruction radicale des religions traditionnelles, introduction brutale de normes non assimilables par les indigènes... Deux religions dont les incidences profondes sur les populations et sur leurs modes de vie et de pensée, sont d'emblée négatives.

Autant de dispositions antagonistes qui précédèrent immédiatement les rivalités entre colonisateurs et qui transformèrent le continent en une vaste colonie d'exploitation, exception faite de l'Afrique du Sud (région du Cap) où, de par leurs conditions d'origine, les nouveaux arrivants constituèrent d'emblée des colonies de peuplement[26].

Au cours de ces deux compétitions, il n'est toujours pas question du respect des peuples sur place rencontrés. Le paroxysme de cette brimade sera atteint avec l'accentuation de la notion de territoires à exploiter, qui obligea les colonats à rechercher hardiment des alliances au sein de ces mêmes populations. L'absurdité engendra ainsi la tromperie qui aujourd'hui, est encore à la base de toutes les formes de dépendances que subit l'Afrique.

De quelle nature furent donc ces premiers contacts ?

Étant donné les embryons de pouvoirs en place, ces contacts ne pouvaient être que de deux sortes :

- Conflictuels, en raison de la farouche opposition des chefs guerriers sur des territoires fortement islamisés (Samory Touré, El Hadj Omar, Moussa de Kankan, Ahmadou de Ségou...). Ceci explique que rares étaient les gouverneurs ou administrateurs civils en Afrique, de ce temps-là : Faidherbe, Binger, Marchand, Gouraud, Engoulevent, Gallieni, ainsi que tant d'autres, étaient sans exception des officiers d'active. La colonisation se résumait

---

[26] La plupart de ces colons étaient en effet des Boers provenant de la Hollande, où ils étaient recherchés et poursuivis en tant que criminels...

donc à des expéditions punitives, avec de forts relents des guerres de religion et des croisades d'antan.

- Pacifiques, c'est-à-dire, avec les princes traditionnels dont l'alliance avec l'arrivant fut d'autant plus facile que leur autorité était menacée et contestée par ces nouveaux guerriers conquérants, et qu'ils avaient par conséquent un urgent besoin d'alliances pour préserver leur suprématie. De surcroit, ces princes se trouvaient cantonnés dans des zones forestières où les apôtres de l'Islam étaient plutôt mal perçus.

Ces deux types de contacts, on le sait maintenant, tournèrent à l'avantage du colonisateur. Et ce n'est qu'à partir de ce moment, que ce dernier chercha à effectuer des approches sociales avec les indigènes. Le cas échant, il fut question pour lui d'arriver à "vivre avec" ses nouveaux hôtes d'accueil, aussi étranges et curieux fussent-ils.

De cette situation caricaturale devait naître la notion de "*protectorat*" qui, contrairement à ce qu'on pourrait croire, avait pour but initial de protéger les territoires conquis par les colons, contre des convoitises et des invasions internes, parfois plus redoutables encore que les périls engendrés par les rivalités coloniales...

Tout ceci se trouve parfaitement consigné dans des manuels d'histoire ou dans les écrits mentionnés en supra. Ce qu'on n'y trouve pas assez par contre, ce sont les descriptions de ces organisations sociales et politiques qui, comme on peut s'en douter, étaient avancées à bien des égards. Ce travail n'en faisant pas l'objet, nous ne ferons qu'en énumérer certains aspects.

4. UNE SOCIÉTE DE SUBSTITUTION

- ***La suppression du rôle de la femme***

Dans toutes ces sociétés, nous l'avons déjà évoqué, ni l'explorateur, ni le colonisateur, ni même le missionnaire (chrétien ou musulman), ne se sont jamais soucié du rôle fondamental joué par la femme qui, dans les faits, détenait l'essentiel des pouvoirs au sein de tous les systèmes en place (patri ou matrilinéaires). Dans ces systèmes, les tribus constituaient – et demeurent encore aujourd'hui – l'unité sociale de base, sur laquelle régnait un chef suprême (le Roi) ; lequel déléguait au besoin une partie de ses pouvoirs temporels à des chefs de tribus (ou de villages), choisis parmi les plus fidèles, pour devenir ses conseillers, ses notables.

À l'exception du Dahomey, où le Roi Béhanzin d'Abomey avait levé une armée d'amazones, la femme semble ne jouer aucun rôle prépondérant dans ces sociétés. En guise de compensation, il lui fut dévolu la pratique des cultures vivrières. De quoi lui permettre de subvenir aux besoins de sa famille, sans recourir à la contribution des hommes[27].

- ***L'envers du décor***

Comme nous y faisions allusion dans nos propos liminaires, ceci explique le fait que, encore aujourd'hui, près de 60 à 70% de ces cultures soient les résultats du seul travail de la femme, dans bon nombre de pays africains. Dans les faits et en dehors de cette occupation que l'on lui attribuait comme une faveur, le véritable rôle de la femme dans de telles sociétés était d'ordre spirituel et consistait pour une large part à éduquer les enfants, sur l'ensemble de la collectivité (le village).

La femme d'alors n'était autre qu'une pédagogue, qui avait pour mission fondamentale de donner à ces enfants une éducation de princes, de guerriers, de chasseurs, d'artisans..., selon le cas. Multivalente, la femme était, dans ce contexte, le maillon le plus sûr autour duquel s'articulaient toutes les autres composantes...

Il s'agissait donc de sociétés réellement conçues et organisées par des Africains pensants, qui possédaient leurs propres modes de gestion. Malheureusement, leurs animateurs avaient des choses de la vie quotidienne, une vue trop circonstancielle.

Pour eux en effet, même les dieux étaient des êtres habitant quelque part ici-bas, où ils peuvent revêtir résolument la forme de leur choix, pour éprouver constamment les humains. Ils n'avaient de ce fait, avec les conditions atmosphériques, qu'un contact mystique, allant jusqu'à invoquer ces mêmes dieux et l'esprit des ancêtres, afin qu'il plût et que les récoltes fussent bonnes. Ils avaient toutefois le réflexe, lorsque les nécessités les

[27] Dans les milieux urbains actuels, l'homme est tenu de trouver les moyens financiers, afin que la femme puisse "aller aux champs", c'est-à-dire, se rendre au marché. Dès lors, elle joue indirectement les rôles de pêcheur, de chasseur, de cultivateur... sur ce marché.

obligeaient à aller vivre loin des points d'eau, de creuser dans la terre pour y trouver celle-ci[28].

L'on doit encore se souvenir de ces puisatiers couverts de boue séchée, errant de village en village, pour proposer leurs services aux populations nécessiteuses. Grâce à eux, il arrivait que de toutes petites agglomérations disposassent de plusieurs puits fonctionnels, toujours en raison des inévitables querelles de voisinage.

Creuser dans la terre ! Pour en extraire sa plus grande richesse : l'eau !

Ce simple réflexe qui a, lui aussi, disparu de nos habitudes, depuis l'avènement du colon et de ses modernités. C'est pour des faits aussi surprenants, qu'en y réfléchissant bien, l'on pourrait regretter de n'avoir eu à traiter qu'avec des colons hommes.

Car pensez donc sans ironie, qu'eu égard à ce rôle déterminant de la femme dans la survie des familles et des collectivités en Afrique, les rapports eurent été inversés dès le départ et qu'à l'heure qu'il est, l'Africain moyen saurait au moins produire de quoi s'auto suffire alimentairement.

- ***Le travestissement***

Malheureusement pour lui, ses civilisateurs, tels de vrais sauvages, ne semblaient accorder aucune importance à leurs propres femmes, qu'ils abandonnaient aussi loin pour aller courir l'aventure. Ils n'eurent donc à traiter qu'avec leurs "homologues", c'est-à-dire le cas échéant, avec des législateurs, des guerriers, ou des chasseurs ; des gens qui, tout compte fait, ne produisaient pratiquement rien de vital et qui, pire encore, ont poussé la cupidité jusqu'à vendre leur potentiel humain le plus valide, pour aller bâtir ailleurs les puissances étrangères...

Avec la création des écoles coloniales, la femme africaine perdit définitivement son autorité de pédagogue et d'éducatrice ; et reléguée à un rang totalement effacé, elle ne se contenta plus que de cultiver son potager, sans moyens autres que la sueur de

---

[28] Aux temps de la traite des esclaves, les points et les cours d'eau représentaient effectivement de réels dangers pour les populations qui s'y aventuraient : en plus des fauves qui y rôdaient, c'était là que les négriers tendaient des embuscades, pour capturer leurs victimes. Ceci explique en partie, que dans l'Afrique actuelle, rares sont les cités directement bâties sur les rives de cours d'eau...

son front, son courage et son abnégation ; et cependant déjà si près du progrès et du développement.

À ses pratiques ne manquait en effet qu'une opération pour accomplir le miracle d'un continent : l'arrosage. Car par tradition, en Afrique noire, l'on ne sait que travailler la terre, semer ou planter ; alors que pour ce qui est d'arroser, l'on en a de tout temps confié l'éventualité aux caprices des dieux.

Encore aujourd'hui, en voyant des étrangers (hommes) cultiver des légumes autour de leur maison dans nos contrées, nous avons tendance à nous gausser vertement d'eux et à les traiter de "femmelettes" ; cependant que de son côté, loin de se douter de ce que nous réservait l'avenir, le colon n'eut pas le souci de nous imposer, entre autres réflexes, des gestes aussi simples que salvateurs.

De ce point de vue, le marasme africain est aussi issu de ce que des hommes refusent de transgresser leurs habitudes. À l'heure où le rythme de la mendicité est en train de supplanter à tout jamais toutes les mesures de nos tams-tams, un homme cultivant des piments, des aubergines, des patates ou du manioc pour essayer de subvenir aux besoins d'une famille toujours très nombreuse, passe paradoxalement pour être la honte des siens. C'est également cela, la faim en Afrique ; un refus délibéré d'effectuer certains travaux, pour une simple question "d'honneur" à préserver, y compris dans la mendicité. Le prétexte du "manque d'eau" est donc insuffisant dans bien des cas, d'autant que l'on s'accorde à reconnaître qu'à défaut d'eau en surface, l'Afrique en dispose sous terre, jusque sous le brûlant sable du désert.

Comme on peut le voir, de cette confrontation à la base, l'Afrique n'a rien tiré d'avantageux, par manque de prévoyance et par négligence sans doute, mais non point dans un quelconque souci de respecter nos traditions. Soucieux de ses propres intérêts, l'arrivant s'est surtout préoccupé d'assurer ses assises dans ce monde des incertitudes.

Son souci premier – et légitime – n'était pas tant de savoir ce qu'il pouvait apporter à ses hôtes en vue d'améliorer leurs conditions de vie sur le tard, mais au contraire, comment s'en sortir le plus rapidement possible, avec le maximum d'avantages à son actif. Ce qui, aux yeux de l'Africain, était en parfaite concordance avec les mœurs, puisque dans les mentalités, il était normal de combler l'étranger, à bien des égards considéré comme une possible matérialisation d'un des nombreux dieux. C'est cette naïveté à l'état brut qui transforma rapidement la situation en une véritable aubaine pour le colon qui dès lors, put en toute impunité abuser de la fragilité psychologique de populations imprégnées de superstitions et de préjugés.

Le complexe d'infériorité de l'Africain vis-à-vis des valeurs coloniales devait naître de cet état de fait ; et l'on vit arriver l'ère des travaux forcés, dans le but de faciliter la pénétration du colon à l'intérieur des terres, afin de se constituer des trésors de plus en plus importants. Après la construction de routes sommaires, des armées furent levées sur d'autres bases pour protéger hommes et biens dans ce nouveau contexte, à moins que ce ne fût pour aller participer à d'autres conflits, plus absurdes et plus meurtriers que les nôtres. Le tout eut lieu dans une confusion générale, surtout qu'à cette époque, les conflits de prestige entre royaumes et empires africains en étaient à leur paroxysme.

- ***Le temps des négriers***

C'était également la période pendant laquelle certains chefs indigènes se livraient outrageusement à des activités de... négriers, en faisant capturer des membres de tribus voisines qui, étranges prisonniers de guerre, ou simples affamés troqués contre quelques bouchées de manioc séché, de sel ou de poisson fumé, venaient grossir les populations, pour effectuer les dures corvées des champs et permettre la production de biens nouveaux destinés à l'exportation.

Bien qu'affranchis, il en existe encore des générations entières dans des communautés au sein desquelles, à un degré fruste, persistent toujours des rapports "seigneurs/vassaux". De nos jours et mieux encore, des tribus entières continuent de reconnaître la suprématie de leurs voisins, en souvenir des conflits d'antan. Et dire que de ce temps-là, l'on devenait également "captif" pour cause d'adultère, de sorcellerie, ou de dettes impayées !...

On s'aperçoit donc qu'au départ, l'idée de capturer des êtres humains pour les asservir, fut donnée aux colons par les Africains eux-mêmes, pour occasionner toutes ces atrocités sur lesquelles il serait inconvenant d'insister. Après les premières difficultés, le schéma devint très vite classique et stéréotypé[29]. Une colonne de robustes négrillons, menée par un petit groupe d'hommes blancs armés de fusils et de poudre à canon, envoyait des éclaireurs sonder les intentions d'accueil des tribus à visiter. Généralement, ce contact préalable était ponctué de "présents" ; des pacotilles qu'ils faisaient reluire aux yeux des rois et de leurs notables éberlués, en leur promettant qu'ils en recevraient davantage, *"à condition que tout se passât très bien !"*.

En règle générale aussi, tout se passait au-delà des espérances ; et la colonne venait tranquillement procéder au rituel d'usage, à grands coups de mimiques et d'un interprétariat douteux[30]. Contre quoi, d'autres mimiques aidant, l'homme blanc recevait tous les honneurs. En échange des "cadeaux", on lui faisait don de beaucoup d'or, d'ivoire, d'ébène, de vanille, d'esclaves... On lui allouait les services d'hommes frais et vigoureux pour le convoyer en toute sécurité, vers des rivages sans retour. Et le bonhomme repartait tout aussi tranquillement, en promettant de revenir très bientôt ; et on l'eût compris à moins !

Derrière lui, il laissait des choses et des traces qui plus tard, allaient s'avérer terrifiantes pour les populations : des papiers certifiant son passage et donc l'acquisition, l'annexion ou la protection des territoires visités ; des missionnaires chargés d'assurer des bases plus solides aux civilisations d'importation[31] ; et des fusils, ces armes aux "flèches invisibles", qui faisaient passer l'Homme blanc pour un inégalable sorcier.

Ces deux dernières acquisitions allaient avoir chez l'Africain des impacts très lourds, que l'on peut diversement apprécier dans le sens du progrès de son choix. Les fusils allaient non seulement permettre d'éliminer à plus grande distance et de modifier très sensiblement les stratégies guerrières traditionnelles, mais également d'améliorer les conditions de chasse, dans des forêts

---

[29] Bon nombre d'explorateurs et de colons périrent de leur témérité. Ainsi et par exemple, la construction du chemin de fer de la Régie Abidjan-Niger, coûta la vie à Rubino, chez le peuple Abbey de Côte d'Ivoire.

[30] Nombreux sont les incompréhensions et conflits occasionnés par le fait que les interprètes ne comprenaient ni la langue du colon, ni celle des indigènes concernés.

[31] Les missionnaires n'étant ni des choses, ni des traces, qu'on nous permette quand même de les considérer comme des éléments d'un certain héritage.

dont l'abondance en gibier, comme les autres richesses naturelles, paraissait alors inépuisable. Le premier, le fusil devint ainsi un symbole fort de puissance et de destruction, dans une certaine forme de sécurité.

- ***La croix et le croissant***

Les pères missionnaires, pour leur part, bénéficièrent d'entrée d'un contexte aussi instable que confus. Il ne faut en effet pas oublier qu'à l'époque, l'invasion arabe faisait elle aussi feu de tout bois, imposant brutalement l'Islam sur son chemin. Venue de la Libye et de l'Afrique du Nord, elle s'étendit, comme nous l'avons déjà vu, vers le sud, où elle se heurta violemment à des populations animistes et fétichistes, cantonnées plus particulièrement dans des zones forestières difficiles d'accès. Les missionnaires y arrivèrent à leur tour pour prendre figure d'alliés de dernière heure, établir leurs premières bases et faire une fois de plus échec à l'Islam. Simple question d'habitude.

Cette attitude tutélaire explique pour une bonne part, que les dignitaires de l'Église aient laissé proliférer, comme un moindre mal, tant de confessions religieuses dérivées du Christianisme, dans des contrées où il fallait assurer l'évangélisation coûte que coûte[32]. En plus du fusil, le père missionnaire devint cet autre symbole de sécurisation, en apportant une "paix psychologique" complémentaire à des peuplades dont la soumission se fit dès lors sans plus de heurts majeurs. Fétiches et totems n'eurent plus aucune chance de résister à la pression de la croix et du croissant.

Certaines des raisons de cette acceptation étaient à la fois anecdotiques et fort amusantes. L'une des plus frappantes était que, dans la majorité des contrées hostiles à l'Islam (Empire du Ghana notamment), la tradition interdît la circoncision aux nobles en général et aux prétendants aux trônes en particulier. Pratique systématiquement imposée par les disciples de Mahomet qui, à l'instar de leurs émules chrétiens, traitaient directement avec des princes, faisant ainsi courir des risques de profanation sur certains attributs sacrés. Ayant rapidement compris le "bien-fondé" d'une telle réticence, les missionnaires modifièrent en conséquence le calendrier des fêtes de l'Église et judicieusement, en escamotèrent la Circoncision du Christ...

---

[32] Dans la Côte d'Ivoire actuelle, l'on peut démembrer plus d'une centaine de confessions religieuses issues du seul Christianisme.

Il en était ainsi d'une certaine Église, dans la plupart des contrées africaines, faite de beaucoup de mysticisme certes[33], mais aussi de tromperies et d'escamotages ; par nécessité et en raison justement de la fragilité de ses assises. Ce ne fut que longtemps après, que le rôle du missionnaire s'accrut, avec la mise en place des écoles instituées. De ce moment-là, il bénéficia de la double faveur de pouvoir modifier les comportements des adultes et de modeler des cervelles d'enfants, au sein d'une même société.

Pour bien résumer cette entrée en contact, on peut retenir que, face aux deux embryons de classes dirigeantes africaines (princière et militaire), l'explorateur, le colonisateur et les missionnaires se trouvent désormais seuls maîtres de la situation :

- ils ont autour d'eux de vastes territoires à exploiter ;
- en face d'eux des populations indigènes désorganisées et en conflits permanents ;
- ils sont eux-mêmes des soldats actifs (ou des gens bien armés), sous les ordres de tutelles bien établies en Europe ;
- ils disposent enfin des pleins pouvoirs pour soumettre à leur guise des territoires "vierges" et "civiliser" des mécréants.

La première étape de cette organisation nouvelle consista tout naturellement en un partage de ces territoires, entre les différents occupants. Et ce fut la Conférence de Berlin en 1885 ; l'Afrique balkanisée... déjà ! Quelle aubaine ! La seconde s'intéressa à l'élaboration des modes de gouvernements (nous disons quant à nous, des modalités d'exploitation), faisant intervenir aussi bien les méthodes des puissances coloniales, que celles des embryons autochtones. Le colonisateur transforma les armées naissantes en troupes du style de chez lui et les chefferies traditionnelles furent "fonctionnarisées".

Ainsi furent créées des fonctions de "chefferies de cantons" (par exemple), dans lesquelles des "leaders", non forcément reconnus par les autochtones, mais imposés par les forces

---

33 En plus de la langue coloniale déjà difficile à maîtriser par les indigènes, le rituel de la liturgie se faisait en latin, de même que l'arabe était imposé dans les mosquées...

coloniales, se voyaient allouer une "rétribution"[34]. Cet amalgame était coordonné et contrôlé par l'administration coloniale centrale, qui de ce fait, détenait tous les pouvoirs exécutifs.

Encore aujourd'hui, c'est sur cette même mosaïque, aussi saugrenue qu'aléatoire, que sont fondés tous les systèmes étatiques gouvernant l'Afrique noire. Une disposition qui expliquerait, s'il le fallait, les difficultés de ces pays à devenir de véritables nations ; à mettre un bon terme aux conflits tribaux ; à séparer le pouvoir politique de l'économique et du social ; à trouver de bons terrains d'entente avec les pays voisins. Une fois ces précautions assurées, le colonisateur n'eut plus grand-chose à faire pour s'assurer la mainmise définitive sur les matières premières. Il bénéficia d'entrée de dispositions très largement favorables, à savoir :

- L'esprit mercantile et le goût du lucre chez l'Africain ; c'est-à-dire une grande sensibilité pour la corruption, la spoliation et les prévarications.
- Des réseaux commerciaux stables : chemins caravaniers, cours d'eau navigables et pistes de négriers et d'explorateurs.

Si bien qu'il n'eut à atteindre que deux objectifs fondamentaux :

- Le développement de quelques centres urbains le long du littoral maritime, où des navires pouvaient venir en toute tranquillité accoster, pour drainer les richesses vers l'Europe. C'est ce choix qui engendra automatiquement l'exode rural.
- La création de réseaux routiers ou ferroviaires, spécialement conçus dans des directions choisies, pour acheminer ces richesses vers les zones portuaires ; vers l'extérieur. Ainsi furent créées les régies Dakar-Niger, Abidjan-Niger, Bénin-Niger... etc.

Pour leur part, les pays africains héritaient d'acquisitions nouvelles, non forcément bénéfiques :

- Une hygiène corporelle différente, sur laquelle il n'y a plus à redire, sinon que l'Afrique d'autrefois n'était certainement

---

[34] Cette disposition a très longtemps prévalu dans de nombreux pays, même après leur accession à la souveraineté nationale. Ainsi, en Côte d'Ivoire, le Baoulé est encore très solidement accroché à cette nouvelle "tradition" venue d'ailleurs, bien que ne bénéficiant plus des mêmes avantages salariaux...

pas vouée à la disparition. Au contraire, il s'avère que face à certains fléaux, la race noire se montre particulièrement plus résistante.

- L'habitude d'un port vestimentaire qui a remisé les pagnes, les djellabas et autres boubous, aux oubliettes.
- La sophistication des moyens de destruction[35].
- La notion du "chacun chez soi" qui entretient la division des tribus et des "nations".
- Les génocides et le manque de consensus à l'échelon continental.
- L'affaiblissement du potentiel humain par la pratique de l'esclavage.
- La suppression de la personnalité et du rôle de la femme dans nos sociétés.
- Des religions nouvelles, conquérantes et pleines de promesses anesthésiantes.
- La disparition des religions et des croyances traditionnelles.
- L'anéantissement des cultures traditionnelles.
- Des écoles qui ont provoqué une intolérable différenciation des classes sociales...

Telles sont quelques-unes des bases concrètes de la "civilisation", auxquelles viendront s'ajouter des marchés nouveaux, sur lesquels le troc ne suffit plus à l'acquisition de produits tout aussi nouveaux qui, peu à peu, ont modifié irréversiblement tous nos comportements sociaux. Toutes ces valeurs, même si elles recèlent parfois des avantages indéniables, sont parfaitement étrangères à l'Africain. Auprès de lui, elles n'ont eu pour effet que d'imposer des normes et des symboles extérieurs. Au départ de cette machination, aveuglé par la poudre qu'on lui jetait aux yeux, il est resté figé.

Mais à cela, le colonisateur ne pouvait rien ; et dans son élan, animé par le devenir de ses propres intérêts dans une folle passion, il a continué la course vers son développement, sans jamais se soucier du reste. Et lorsqu'il a daigné se retourner pour constater l'écart qu'il venait de creuser, il était déjà trop tard : le

---

35 La course à l'armement est l'une des causes majeures de l'aliénation des pays africains.

monde moderne venait de naître, à l'insu d'un continent, le reléguant dans un obscurantisme saugrenu, au Royaume d'Hadès... Dès lors, la question peut se poser de savoir si une telle situation est rattrapable. Non pas qu'il faille refaire la course, mais afin d'arriver à faire en sorte qu'il y ait moins de handicaps et permettre à l'Afrique noire de connaître à son tour un meilleur départ.

La réponse en est complexe ; car au-delà des ponctuelles tentatives d'approche auxquelles l'on assiste, elle va d'abord chercher chez l'Africain une réelle volonté de rester lui-même. C'est donc dans cette perspective que vient se poser l'autre question qui devrait soulever tous les cœurs : est-il réellement possible de conserver intactes des valeurs intrinsèques et d'y superposer éventuellement des normes extérieures ? La réponse, cette fois, devrait être "OUI !". Car à la fin, il est très significatif ce vieil adage africain qui dit *« qu'on a beau laisser dériver un tronc d'arbre dans le cours d'une rivière, on n'en fait jamais un caïman »*.

Il est également significatif de constater que dans ce même tiers-monde, nombreuses sont les autres civilisations ayant réussi à survivre à des persécutions autrement plus sévères que celles que nous subissons. Les nations d'Extrême-Orient sont là, qui devraient au moins servir d'exemples, dans la préservation des patrimoines, quelles qu'en soient les natures. Toute véritable voie cohérente de développement devrait nécessairement commencer par se situer avec justesse.

Cela dit, il serait faux de croire que l'Afrique n'a pas "bougé". À sa manière, elle a même surpris, en participant avec une certaine exaltation à la course, à la différence que dans son entêtement à vouloir copier le meneur de jeu, elle s'est mise à courir de travers. Cet autre départ a véritablement été donné avec l'institution des écoles étrangères en Afrique et les grandes campagnes d'alphabétisation, menées tambour battant, sans trop tenir compte de nos cultures de base. Ces écoles dirigistes, génitrices d'une bureaucratie condamnable, parce qu'improductive ; ces écoles conçues pour les villes et les pouvoirs urbains (intérêts étrangers), et contre la campagne et la paysannerie de l'Afrique profonde des traditions... Aucun autre choix possible, faute de libertés !

DEUXIÈME PARTIE

L'AFRIQUE DÉRACINÉE

III

L'ÉCOLE ET L'ALPHABÉTISATION : LE GRAND CIRQUE

ooo

I - LE SUCRE ET LE FOUET

Dans les documentaires cinématographiques retraçant certains épisodes de l'époque coloniale, l'une des images fortes nous paraît être celle où l'on montre ce que furent les prémices des écoles coloniales en Afrique, ainsi que nos premières "salles de classe". La chose se passait toujours en plein air, dans quelque clairière à cet effet aménagée à l'orée d'un bois et où, invariablement casqué et drapé de blanc, le missionnaire[36] se tenait debout, à bonne distance face à une petite assemblée de négrillons crasseux, nus, souvent couverts de plaies sanieuses, et à qui il essayait de faire ânonner tant bien que mal – plutôt mal que bien d'ailleurs ! –, des bribes de phrases qu'il leur faisait réciter inlassablement. Un sacerdoce dont il savait qu'il finirait un jour par... payer.

Ces images sont tout à la fois choquantes et édifiantes, quant aux intentions premières du "soldat du Christ"[37] qui, de notre avis, ne se souciait guère d'instruire pour le seul bien de ces "non-civilisés", mais afin de se faire comprendre d'eux et pouvoir ainsi justifier sa mission. Autrement, pourquoi n'avoir pas cherché d'entrée à officier à peu près dans les mêmes conditions que dans son pays d'origine, en faisant construire des cases tenant lieu d'école ? Pourquoi n'avoir pas cherché à pratiquer d'emblée les langues indigènes des différents terroirs ?

Lorsque le besoin s'en faisait ressentir, ne procédait-il pas de la sorte, en ce qui concernait en propre l'Église, dans le cadre restreint de Laquelle il savait alors faire "venir à lui de curieux

---

[36] Les premiers instituteurs en Afrique noire furent en effet des missionnaires...

[37] Même s'ils n'étaient pas tous des Jésuites, la distinction collait parfaitement à la personne de tous les missionnaires.

sauvages" ? Faute de ne pouvoir alphabétiser l'ensemble de ses fidèles, l'Église n'a-t-elle pas trouvé un bon raccourci en faisant traduire la Bible pour mettre la parole de Dieu à la portée de tous ?...

L'important pour le missionnaire n'était donc pas d'instituer une structure statique qui l'eut contraint à la permanence et à l'immobilité ; là n'était pas le but de sa campagne ; et ce rôle incombera plus tard à l'administrateur militaire, un autre émule aux idées jugées parfois trop libertaires. Itinérante, cette école-là n'était donc qu'une "sécrétion interne" du missionnaire, qui ne dispensait de ce fait ses connaissances qu'au compte-gouttes, à des populations rencontrées au détour d'un chemin.

Du reste, ces écoles s'adressaient d'avantage aux adultes qu'aux enfants, à la recherche de résultats immédiats. Et pendant ces "cours" d'un autre âge, il n'y avait ni livres ni cahiers. L'audiovisuel naissait et, précurseurs des temps modernes, nos premiers "écoliers" apprirent à compter autrement, à l'aide de bâtonnets ; à écrire ou à peindre sur le sol, des écorces d'arbres, des murs, des parois rocheuses... le tag est ainsi né en Afrique !

Pour ceux qui n'ont encore jamais vu ces images, il est néanmoins aisé de se représenter quelque dompteur patient dans une cage, aux prises avec de curieux mais dociles animaux qu'il a charge de dresser dans un but précis, rarement profitable à ces derniers. Dans cet autre exercice de force, il n'y a toujours ni livres, ni cahiers et pour cause ! À la place, on trouve le fouet et le morceau de sucre destiné à récompenser les plus doués et les plus attentifs.

Que les esprits curieux établissent donc les similitudes entre ces deux situations, et ils comprendraient à leur tour, que notre apprentissage dans les écoles coloniales, a débuté exactement comme dans un cirque. D'ailleurs, tout comme leurs frères soumis au joug de l'esclavage et aux travaux forcés, ces premiers écoliers connurent eux-aussi le fouet. Et dans leurs cours de récréation, ils étaient tenus de respecter des règles absurdes leur interdisant la pratique de tout ce qui était susceptible de les rapprocher de leurs racines.

Comment ne pas souligner une telle similitude, pour le moins saisissante et offensante ; d'autant plus que certains d'entre ces braves missionnaires n'hésitaient pas à avouer, en toute bonne foi, avoir *« le sentiment que le Nègre n'a point d'âme »*[38]. D'ailleurs, ce genre de pensée n'était-il pas consacré depuis belle lurette chez le Français, sous le haut éclairage de Louis XIV et de Madame de Maintenon, inspirateurs du « Code noir », en 1685 ? Voici ce qu'en disait Montesquieu, avec un certain humour... noir :

« Si j'avais à soutenir le droit que nous avons eu de rendre les nègres esclaves, voici ce que je dirais :

- *Les peuples d'Europe ayant exterminé ceux de l'Amérique, ils ont dû mettre en esclavage ceux de l'Afrique, pour s'en servir à défricher tant de terres.*
- *Le sucre serait trop cher, si l'on ne faisait travailler la plante qui le produit par des esclaves.*
- *Ceux dont il s'agit sont noirs depuis les pieds jusqu'à la tête ; et ils ont le nez si écrasé, qu'il est presque impossible de les plaindre.*
- *On ne peut se mettre dans l'esprit que Dieu, qui est un être très sage, ait mis une âme, surtout une âme bonne, dans un corps tout noir.*
- *Il est si naturel de penser que c'est la couleur qui constitue l'essence de l'humanité, que les peuples d'Asie, qui font des eunuques, privent toujours les noirs du rapport qu'ils ont avec nous d'une manière plus marquée.*
- *On peut juger de la couleur de la peau par celle des cheveux, qui chez les Égyptiens, les meilleurs philosophes du monde, était d'une si grande conséquence, qu'ils faisaient mourir tous les hommes roux qui leur tombaient entre les mains.*
- *Une preuve que les nègres n'ont pas le sens commun, c'est qu'ils font plus de cas d'un collier de verre que de l'or, qui chez des nations policées, est d'une si grande conséquence.*
- *Il est impossible que nous supposions que ces gens-là soient des hommes, parce que, si nous les supposions des hommes, on commencerait à croire que nous ne sommes pas nous-mêmes chrétiens.*
- *Des petits esprits exagèrent trop l'injustice que l'on fait aux Africains : car, si elle était telle qu'ils le disent, ne*

---

[38] Affirmation d'un père missionnaire, relevée dans l'ex Congo-Belge.

serait-il pas venu dans la tête des princes d'Europe, qui font entre eux tant de conventions inutiles, d'en faire une générale en faveur de la miséricorde et de la pitié ».

Pour être teintés d'un sarcasme à double entrée, ces propos n'en reflètent pas moins une cruelle réalité. Et c'est dans cette optique de pensée, que l'on peut effectivement s'étonner devant cet effarant pouvoir de mimétisme, qui nous fait aujourd'hui faussement croire que nous pourrions tout faire comme ces gens-là, jusque dans les moindres détails. Comment pouvoir prétendre avoir déjà vu, chez des bêtes de cirque, une perfection telle, qu'elles ressemblent en tous points à leur dresseur ?

Quelle que soit la crudité d'un tel discours, l'on doit avoir le courage d'admettre que dans notre situation actuelle dans le contexte international, nous ne restons encore et toujours, que de simples faire-valoir, incapables de se promouvoir d'eux-mêmes. Ce sont les entraves dues à cette incapacité, qu'il nous faut arriver à défaire au plus vite. Elles sont faciles à préciser, puisqu'elles sont en majorité ancrées en nous-mêmes et devrait-on dire, dans nos comportements à tous les niveaux de sociétés multipartites, dont les composantes sont difficiles à fondre dans un même creuset.

Cette complexité ne doit pas empêcher de se dire que l'une des manières de sortir des ornières du sous-développement, consiste en notre aptitude à savoir accueillir les nombreux apports extérieurs, sans toutefois renier aussi résolument notre condition première. N'oublions pas qu'il ne peut exister ici-bas d'eau lustrale, dont les vertus pourraient transformer un simple tronc d'arbre en un caïman. Alors la part d'un rêve, soit ; mais pourquoi dans une inconscience aussi totale ?

L'Afrique étouffe dans son travesti. Pour l'en sortir, l'Africain doit avoir conscience de ce que la plupart des valeurs actuelles, qu'il rencontre tout au long de sa course aveugle vers l'inconnu, ne sont parfois que des illusions habilement orchestrées par des marionnettistes, qui savent tout à la fois lui faire croire au faux, en lui escamotant le vrai. Des intéressés qui arrivent encore trop facilement à le manipuler et à jouer de spoliation, pour mieux l'asservir et le rendre plus dépendant de systèmes trompeurs, dans une Afrique éternellement vouée au joug...

Cependant, il serait trop facile de n'attribuer les causes des malheurs africains qu'aux autres. La seule honnêteté voudrait que l'on sache d'abord se remettre soi-même en cause, afin de déterminer avec précision la part qui revient à chacun, dans cet immense processus de déchéance. Pour y parvenir, il faut se situer par rapport à des repères, que l'on pourrait qualifier de fondamentaux, tels que la négritude, les systèmes éducatifs d'importation, ou le pouvoir mimétique de l'Africain vis-à-vis de l'étranger.

II. LA NÉGRITUDE.

D'illustres devanciers la prônent trop bien, pour que nous nous autorisions à les parodier. Aussi, de toutes les valeurs qu'ils décrivent et colportent, tels nos griots de jadis, ne retiendrons-nous seulement que l'ébène ; cette indéfectible pigmentation qui restera pour l'éternité notre condition la plus profonde et la plus sûre. La couleur de notre peau, cette incomparable beauté dont nous a doté le Créateur, pour en faire le secret réceptacle qui couve nos forces intérieures ; celles-là qui nous permettent de survivre à tous les traitements, par de-là tous les horizons. L'ébène, une essence que plus personne au monde n'a le Droit de mépriser !

Un peu à la manière de l'insondable organisation fine d'un atome, c'est autour de cette valeur que devraient graviter tous nos autres repères, à la recherche d'une identité, en tant que race humaine.

Pourquoi donc chercher à se défaire d'une évidence naturelle pour se couvrir de ridicule ? Pourquoi vouloir devenir, avec autant d'obstination, des sujets à caution ? Comment arriver surtout à refuser une condition dont personne n'a eu le choix préalable à sa naissance[39] ?... Des questions de ce genre, faites de "*pourquoi*" et de "*comment*", l'on pourrait en élaborer par milliers, qui aboutissent toutes, immanquablement à d'autres bien plus surprenantes encore : pourquoi les formuler ? Et surtout, à qui les adresser vraiment ? Car c'est à compter du moment où elles sont posées, que l'Africain devient instantanément un cas ; un peu comme si l'on avait cherché des étiquettes à lui coller sur le dos.

---

39 Le fait que des bébés-éprouvette nègres naissent actuellement, n'y change pratiquement rien, si ce n'est que la science reconnaît de plus en plus les mêmes droits à tous les humains.

Partout sur terre, il devient une victime systématique parce que, outre la couleur de sa peau, ses rapports avec les autres races sont, à tort ou à raison, répertoriés selon trois registres : ou il appartient d'emblée à la catégorie des races interdites ; ou bien il est lui-même quelqu'un d'extrêmement intolérant ; ou bien enfin, il adopte des comportements qui le font, la plupart du temps, passer pour la risée générale.

Dans tous ces cas, il permet toujours de justifier un racisme primaire bilatéral ; un racisme qui, bien souvent et en ce qui le concerne, trouve également son fondement dans le complexe d'infériorité qu'il sait si bien cultiver à ses propres dépens. Ce même racisme imbécile, qui se confond davantage avec l'ostracisme sociétal, qui fait qu'en Afrique noire, aux Amériques, dans certaines îles, ainsi que partout ailleurs où existent des communautés noires, l'on rencontre des Nègres plus "négrophobes" que des gens de conditions raciales différentes. Une chose qui joue énormément dans les brimades que nous subissons, étant donné que contrairement aux autres minorités réprimées, nous n'arrivons pas à trouver une cohésion interne. D'ailleurs, d'aucuns soutiennent que nous ne sommes pas une minorité, achevant de faire du Nègre un "rien absolu"[40].

La négritude doit par conséquent être "une et indivisible" et ce, quelles que soient les latitudes. Dans le contexte mondial actuel, l'on a trop tendance à oublier que l'îlot de Gorée campe toujours à quelques brasses au large de Dakar, vestige encore saignant de plaies qui ne cicatriseront jamais, autrement que par l'atténuation des douleurs et des marques des offenses dans les mémoires.

L'îlot de Gorée est toujours là, immuable, muet témoin exposant inlassablement ses flancs de rocs, expression de l'éternité d'un continent, à jamais battus et blessés par l'océan sourd, pour servir de trait d'union inoubliable entre les déchirures et les souffrances. Des plaies que nul n'a le droit humain d'ignorer, malgré le temps qui nous en sépare, même si cet autre "Caillou" ne reçoit aujourd'hui que des coups de pieds d'ânes ! Si les musulmans de toute la Terre vont en pèlerinage à La Mecque, les chrétiens à Rome, les drogués à Katmandou, la

---

[40] La notion de minorité ici, ne peut être fonction de la loi des nombres, mais seulement des rapports de force qui nous lient aux autres races.

Race Noire devrait pouvoir en faire autant à Gorée, dans la mesure où elle aurait à cœur de retrouver sa mémoire ! Gorée, la seule mémoire nègre à idéaliser en Afrique !

Mais hélas, plutôt que cet incommensurable sanctuaire, symbole concret d'une véritable unité africaine et raciale, voilà que nous avons réussi à banaliser aussi ce lieu sacré, pour le bonheur de touristes venant de loin y constater avec ironie, les inavouables dimensions de leurs fortunes. Toute une dignité bafouée ; une histoire délaissée, quand l'on sait que de cet insignifiant piton rocheux est partie la base de la puissance des nations qui nous écrasent. Les enfants d'Afrique ont certainement renié le plus fort de leur patrimoine mondial, en délaissant aussi sommairement Gorée ! Qu'ils le sachent !

Et voici qu'être Nègre, aujourd'hui comme hier, même dans les nations libres et démocratiques, consiste toujours à végéter au sous-sol de l'édifice social, où l'on ne peut se contenter que de ce que les autres daignent lâcher ; et c'est dans tous les cas beaucoup trop ! La condition de Nègre consiste toujours à se culpabiliser face à certains regards ; à conforter des gens dans leurs inadmissibles habitudes à nous percevoir comme des "bêtes curieuses" dont, il fut un temps, ils se demandaient avec sérieux, par quelle opération du Saint-Esprit elles arrivent à se croiser avec d'autres espèces humaines[41].

Bien sûr, les idées ont évolué depuis, comme de normal et sans doute par la faute de la Science. Il est seulement regrettable de constater qu'elles l'aient également fait dans ce même sens des obstacles opposés à la définition d'une entité humaine à part entière ; le refus de la négritude. Cet état de fait est abominable et nous devrions le combattre de toutes nos forces, au lieu de nous cantonner dans un attentisme rétrograde. Cette lutte doit concerner de façon égalitaire et uniforme les Nègres de toutes les conditions sociales, depuis la cabane-bambou, jusqu'au gratte-ciel. Elle commence à coup sûr par assumer pleinement un état

[41] Lorsqu'au Palais de Versailles, sous Louis XIV, une certaine Demoiselle, dont on savait les bonnes grâces pour le Prince Aniaba d'Assinie (Côte d'Ivoire), donna le jour à un bébé mulâtre, des courtisans parmi les plus "éclairés", lui reprochèrent le plus sérieusement du monde d'avoir mangé trop de chocolat pendant la gestation...

d'être et une manière d'exister ; par apprendre à appartenir à une race.

III - LES SYSTÈMES ÉDUCATIFS D'IMPORTATION[42]

- ***Le tour d'escamotage***

En termes de civilisation, le tort est d'avoir consacré d'emblée un concept galvaudé à sa base : l'éducation. Et invariablement, l'on confond des habitudes de vie d'importation, avec les valeurs fondamentales d'une société ancestrale. La "civilisation", appliquée à l'évolution des peuples en Afrique, devient dès lors synonyme d'une modification profonde des comportements traditionnels, pour épouser de nouvelles normes, dans un contexte strictement urbain, à la manière d'ailleurs. Une violation des mœurs, en somme. Dans ce contexte, la civilisation devient également synonyme d'alphabétisation ; et c'est à ce niveau que l'on peut émettre des réserves, quant à la forme conceptuelle des écoles en Afrique, d'un point de vue éducatif, culturel et spirituel. C'est donc sur cet aspect fondamental que l'Africain devrait réfléchir[43] : un tel concept n'a jamais tenu compte de tous les antonymes de « l'éducation ».

Les connaissances que nous retirons de ces écoles, à des degrés divers, ne nous servent encore que trop partiellement et dans bien des cas, pas du tout. Les Africains alphabétisés – et par conséquent "civilisés" – ressemblent de ce fait à des points de suspension au milieu de phrases chargées de promesses, mais que l'on n'arrive jamais à bien étoffer, faute d'une volonté de mieux faire. Ils ne sont, pour cette raison, que l'expression de l'inachevé, tant au sens de nos civilisations d'origine, que de celui des dispositions nouvelles venues de si loin les aliéner.

Le péché originel, ce fut surtout de nous laisser trop facilement séduire par des choses qu'il nous était normalement impossible de cerner et que nous attribuions, pour une grande part, à la volonté divine, parce que l'école en Afrique a été avant tout le domaine exclusif du missionnaire, cet envoyé de Dieu. Cette

---

[42] Dans cette approche, le concept *« d'éducation nationale »* ne recouvre pas le même sens que l'éducation en général, tel que présenté en infra.

[43] Nous envisagerons plus loin certaines des conséquences négatives de ces écoles : paupérisation de la paysannerie, bureaucratie stérile, exode rural, délinquance juvénile...

conception est encore dominante dans l'esprit de nos masses populaires, y compris chez les gens issus des écoles-relais, entre les coloniales et les actuelles.

- ***Le fondement de systèmes éducatifs***

Succédant au missionnaire dans sa clairière, le colon s'appropria rapidement l'idée de généraliser l'école. Mais, contrairement à son émule, il cibla son audience et choisit de transférer les préceptes chers à Charlemagne et à Jules Ferry. Il partit à l'assaut de l'avenir et construisit patiemment autour de l'enfant africain une forteresse pour l'isoler de ses traditions. Trop loin de la négritude, hélas !

De fait, chacune des puissances coloniales avait adopté, depuis des siècles, des modèles de sociétés normatives, pour la transmission de sa civilisation propre. Ce sont donc ces normes qu'il fallait transposer et imposer, de gré ou de force, à des peuples qui possédaient les leurs. D'autant qu'à l'époque, des dispositions expansionnistes se prenaient pour être appliquées à tous les êtres humains. Grâce à ces nouvelles dispositions, les données deviennent apparemment identiques dans ces deux modèles de société, *« tous les hommes naissant libres et égaux en droit... »*. Mais en principe seulement... et encore ! Sur quoi l'enfant se met à grandir et bientôt, commence à communier de près avec son environnement social, dont il prend rapidement conscience.

En Occident (dans les pays « avancés » en général), le premier outil de communication, le langage parlé, est conçu dans un véhicule identitaire national ; un moule de concepts et d'images, culturel, uniforme et conforme au mode de la pensée populaire. Ce qui n'est pas le cas pour les pays africains, où priment les tribus et leurs dialectes. Les langues nationales n'y existaient donc pas. Ce premier écart fut une brèche déjà très profonde dans la conception d'un système éducatif exogène dans ces pays. En conséquence, c'est sur ces bases terribles que l'enfant africain devait aborder la civilisation, en apprenant à "désapprendre" ; à penser et à réfléchir autrement ; à s'autodétruire, en quelque sorte. Il y a de cela seulement un peu plus de soixantaine d'années, ces écoles étaient en effet choses rarissimes en Afrique.

Quelle joie n'était-ce alors que d'en avoir une dans sa "subdivision" et de pouvoir y occuper un bout de banc ; d'y apprendre à compter, toujours au moyen de bâtonnets soigneusement liés en bottes ; de voir son maître, lui-même à peine alphabétisé, faire surgir de ses doigts hésitants la magie du langage écrit sur un tableau noir ; de se prêter attentivement à l'accomplissement du miracle de ce parler d'ailleurs, aux consonances extraordinairement envoutantes, qui pénétrait insidieusement en lui...

Plus tard, c'était une autre joie de posséder, comme des biens précieux, une ardoise, un abécédaire, un cahier sur lequel l'on éprouvait cet indicible plaisir craintif de laisser ses premières taches d'encre violette, sur les traces du "*Sergent Major*" ou de *Baignol et Farjon*... Les bases de l'école instituée étaient posées ; et dans les villages, dans les familles, cela prenait dès les premiers instants, l'allure d'une obscure compétition qu'arbitraient des maîtres, pour le bonheur et la fierté des uns, la tristesse et la honte des autres. La ségrégation !

- ***Le schisme***

Dans tous les cas, l'ostracisme naissait, couvé par des intentions qui nous dépassaient. Beaucoup plus tard encore, arrivaient des examens ; des diplômes. Des sanctions au bout desquelles surgissait la brutale séparation, qui achevait de faire de l'écolier africain un déraciné, un mal situé. Il lui fallait quitter ses parents, s'éloigner des joies d'un village, dans les habitudes établies ; abandonner ses jeux d'enfant, pour n'être socialement livré qu'à lui-même. Il n'avait alors que dix ans à peine révolus. Pendant ce temps, le petit Occidental jouissait constamment de l'assistance de son entourage familial.

De ce temps-là, partir au collège était loin d'être une sinécure. Au contraire, le jeu se compliquait. Sans appui social ou psychologique d'aucune sorte, le jeune enfant "tombait" bien ou mal, chez des "tuteurs" qu'il ne connaissait guère. Ce n'était qu'une simple affaire d'étoile, qu'on avait bonne ou pas. Mais toujours animé par ce nouvel esprit d'émulation désormais bien ancré en lui, il remontait au créneau de plus belle ; et la sélection de continuer de s'opérer, impitoyable. Il gravissait des échelons, s'affichait à des "tableaux d'honneur", récoltait des glorioles et de futiles trophées. Ou bien alors, à l'inverse, vaincu, il faisait définitivement la honte des siens ; d'une famille que de toutes les manières, il ne réintégrera jamais plus entièrement.

Cependant, l'enfant continuait de croître ; et plus tard, entre dix-huit et vingt ans, s'opérait une autre différence fondamentale : alors que l'Africain poursuivait ses études dans les nécessités de la "civilisation", l'Occidental lui, transitait, dans la plupart des cas, par ses obligations militaires ; ses devoirs civiques. Ce passage dans des services armés lui conférait des qualités qui feront totalement défaut à son "homologue" africain. Le sens civique, la rigueur, la discipline, la dignité et la fierté d'appartenir à une entité nationale[44]. Bref, des valeurs patriotiques (les vraies !) qui aboutissent au respect des citoyens, dans l'existence des nations. Sans compter que cela contribuera à démystifier quelque peu la peur de l'uniforme...

Ce manque à gagner rend l'Africain oisif et égoïste, et le pousse à ramener tous ses acquis scolaires à sa seule personne ; ce qu'on pourrait appeler "l'égocentrisme intellectuel à l'africaine". L'on ne lui a jamais appris à partager ; et dans les préoccupations de nos pays à posséder leurs intellectuels qu'ils comptabilisent sans buts précis, l'on sacrifie cruellement l'essentiel des nations à des devenirs individuels ; à des "réussites sociales" qui ne rapportent qu'à l'étranger...

Après la ségrégation, le schisme naissait à son tour ; et dénaturé, l'écolier africain se faisait le compagnon fidèle de sa besace, pour prendre pleinement goût à cette enivrante aventure qu'il vivait presqu'à son insu, poussé vers l'inconnu. Sa nouvelle communauté sociale lui dictait d'autres règles de vie. Son cerveau remodelé se mettait sans condition au service de l'insaisissable. Courageux et besogneux, il étudiait, parce qu'au bout de ce singulier parcours du combattant, la promesse était flatteuse, qui lui faisait miroiter les mille et un reflets du savoir suprême ; celui-là même qui est la base d'un incomparable bien-être social. La course de l'âne vers la carotte ? Probable, hélas !

Plus tard intervenaient d'autres sanctions ; des écoles supérieures. Quelques rares fois, l'université à l'étranger, ultime havre de consécration, qui coupait irrémédiablement l'étudiant de ses racines...

---

44 Combien il est désopilant de constater, au cours de cérémonies officielles, que la plupart des dirigeants africains ne sachent pas les paroles de leurs propres hymnes nationaux. Ce soin est laissé à des sportifs, des soldats ou à des jeunes écoliers...

Ce cycle et ces différentes étapes peuvent aussi bien s'écrire au présent, étant donné que la conception profonde de ces systèmes éducatifs d'importation n'a pas changé en Afrique ; et que c'est à partir du moment précis où l'on "revient" à la source, que le fossé, ignoble autant que traitre, devient infranchissable. Voilà ce que l'on appelle la "civilisation", alors même qu'halluciné, l'Africain a effectué, au regard des siens, exactement la même course que le colonisateur : seul en tête et sans se soucier le moins du monde du devenir de ceux qu'il laissait derrière lui.

- ***Le temps de l'intox***

De l'autre côté du fossé, après donc avoir délaissé l'essentiel de leurs traditions, beaucoup continuent de courir, destination toujours incertaine, mais de plus en plus vite et loin. L'espoir demeure cependant, de pouvoir établir le pont de la dernière chance. Il n'y a pour cela qu'à se ressaisir ; car tout compte fait, à qui voudrions-nous vraiment ressembler ? À quoi cela nous servirait-il d'être allés à l'école des étrangers, si l'issue finale de cette évolution devait être fatale à nos propres normes de référence ? Au reste, que représentons-nous effectivement dans ces sociétés de substitution ?

Le seul élément de réponse recevable à toutes ces interrogations, est le paradoxe qu'elles recèlent. Car en tout état de cause, la logique voudrait en effet que l'on n'aille point à l'école d'étrangers blancs, pour devenir des Africains, noirs de surcroit ; il faut entendre, en condition, au sens étymologique de la négritude. Ce n'est qu'une évidence première.

Il n'en demeure pas moins que l'on puisse parfaitement fréquenter ces écoles, devenir savant selon les critères requis, en restant quand même Africain et pourquoi pas, bon Nègre. Dans ce processus civilisateur, nous avons tout embrassé à l'envers ; si bien qu'au lieu de devenir plus forts parce que dotés de valeurs nouvelles, dont la fusion avec les nôtres ne pourrait que nous fortifier, nous nous enfonçons dans un négativisme incompréhensible.

De toute évidence, les raisons en sont les relents de civilisations mal assimilées et de l'utilisation de notre intelligence à nos dépens. Tout ce qui fait de nous ces curieux points de suspension, résultats d'une trop brutale projection de cultures reçues comme des mosaïques, par des cervelles d'enfants, au départ mal imprégnées des leurs propres. Ailleurs, cette manière de procéder s'appelle tout simplement l'intox.

L'intox, c'est par conséquent cet état d'esprit qui nous pousse à tout miser sur la vie à la ville ; à abandonner nos terroirs ; à porter des costumes "trois-pièces" par quarante degrés à l'ombre... ; bref, à tout concevoir sous la férule de l'étranger. L'intox, c'est également cette faculté que nous possédons, de pouvoir nous extravertir aussi totalement. C'est, sommes toutes, le fait que, pour arriver à communiquer entre Africains, nous soyons réduits à utiliser des outils étrangers.

Plus que toutes les autres valeurs contribuant à établir l'identité d'un peuple, le langage est primordial. Le posséder en commun et de façon autonome aide à renforcer la cohésion des communautés à leur base. À cet élargissement s'oppose en Afrique, la pratique de dialectes qui ne font qu'entretenir un esprit tribal et à tous points de vue antiprogressiste. Savoir bien évoluer consiste donc pour nous, Africains, à faire preuve de beaucoup de tolérance et de réalisme, afin d'arriver à choisir, dans chacun de nos pays, une langue nationale autre que les coloniales. Ce devrait dans tous les cas être celle la plus couramment pratiquée par la majorité des citoyens. Il n'y a pour cela qu'à les écouter parler, en dehors des écoles, dans les rues, sur les marchés, dans les lieux publics, les villages..., dans ces hauts lieux des habitudes établies. Les possibilités dans ce sens existent, qui n'ont pas besoin d'experts (étrangers !) pour devenir une réalité.

S'il est vrai que posséder Sophocle, Platon, Corneille, Voltaire, Molière, Racine, Hugo, Camus, Tolstoï ou Shakespeare, fait partie d'une fierté, il ne serait pas inutile de savoir Senghor, Césaire, Laye, Dadié ou Diop, en Agni, en Baoulé, en Sénoufo, en Bambara, en Swahili, en Wolof, en Ashante, en Fanti, en Twi ou en Lingala ; et personne ne devrait crier au scandale, bien au contraire !

- ***L'avènement du Nègre-Blanc***

À travers ces exemples, il faut surtout comprendre que les connaissances étrangères, toujours fonctions des capacités intellectuelles des individus, engendrent fatalement, à terme, une forme sournoise de ségrégation sociale, qui aboutit elle-même à la notion de classes et d'ostracisme. À l'opposé, quelle complicité autour d'un tam-tam ! Quel immense plaisir à écouter narrer les fantastiques épopées de la Reine Ablan Pokou ou de Soundiata Kéita ! De tous nos illustres ancêtres, que de lointains inconnus s'emploient à faire tomber dans l'oubli.

Le Nègre-Blanc, cela devrait à la limite n'exister que dans la forme ; et l'habit ne faisant toujours pas le moine, c'est à l'intérieur de nous-mêmes que nous devrions chercher notre véritable identité. Nos acquis dans les écoles étrangères étant partiels, comment trouver des repères fiables entre des cultures mal comprises ? Entre nos origines que nous n'avons pas eu le temps de cerner (par défaut !) et des valeurs extérieures que nous ne faisons qu'approcher en funambules, pour finalement les côtoyer, sans vraiment pouvoir les pénétrer ?

La réussite sociale, il va sans dire, est de même une préoccupation constante pour l'Occidental ; et des analogies existent effectivement entre les deux modèles de société. Ce qu'il possède en plus, c'est d'avoir pleinement conscience de ce qu'il appartient à un terroir qu'il contribuera à faire vivre à chaque instant. L'Africain, pour sa part, ramène systématiquement toutes les valeurs à son confort de citadin, et cultive les différences avec les paysans, qu'il incite ainsi à le copier à leur tour.

Dans cette forme ambiguë d'ambivalence, notre mérite demeurerait intact, à la condition de nous efforcer à retenir une certaine quintessence, aussi infime soit-elle, de chacune des multiples facettes des civilisations qui nous assaillent. Le salut de l'Afrique passe aussi par des voies complémentaires.

- ***Un mal nécessaire ?***

Au lendemain du partage du continent (Conférence de Berlin en 1885), les différents colonats, propriétaires de l'Afrique, se trouvèrent face à une évidence brutale : aucune des nouvelles « nations » créées par leurs soins ne disposait du potentiel humain capable d'assurer leur gestion. Il fallait donc d'urgence remédier à cet état de fait ; et concernant l'Afrique de l'Ouest (par exemple) ce furent les « premiers vrais commis », rapidement acheminés à William-Ponty, à Saint-Louis, à l'île de Gorée ou à Sébikhotane. En d'autres termes, ces élèves méritants étaient déjà en France, vu que le Sénégal était un territoire français d'Outre-Mer. De ces écoles allaient sortir la plupart des premiers chefs d'État africains ou de gouvernements, tels Félix Houphouët-Boigny, Hamani Diori, Modibo Kéita, Hubert Maga, Sorgho Mathias, Mamadou Dia, Abdoulaye Wade... ; c'est-à-dire autant de Nègres-Blancs. Parallèlement à cette filière « administrative » existaient les carriéristes militaires, dans les prytanées, devenus plus tard des écoles d'Enfants de troupes puis des EMPT. La plupart de ces émules devaient se retrouver en France métropolitaine pour parachever leurs humanités, en même temps qu'ils s'initiaient à la chose politique.

La rupture initiée par le colon s'en trouva fortement validée, avec pour aboutissement prévisible une émulation entre soldats et intellectuels politiciens. Cette Afrique-là est donc née sous le signe des coups d'État. L'héritage était trop beau pour le laisser entre les mains d'un seul camp. L'on comprend dès lors pourquoi certains parmi ces chefs d'État s'entêtent à le transmettre de père en fils.

Compte tenu du privilège que l'on leur accordait aussi fortuitement, l'on est en mesure de se demander pourquoi ces Rois nègres ont tenu à multiplier aussi rapidement le nombre d'autres intellectuels sur le continent. On se souvient encore de cette épopée insensée de *« l'Aventure 46 »* initié par Houphouët-Boigny en Côte d'Ivoire[45]. Au-delà du seul souci d'une relève à assumer, il faut comprendre que ces leaders politiques africains se sentaient très isolés autour des tables de discussion, en Europe comme à demeure. Surtout qu'ils savaient que certains parmi ces nouveaux venus allaient devenir des adversaires acharnés : la philanthropie n'a jamais fait partie de leurs bagages. Ce mal nécessaire s'imposait par conséquent à eux.

---

[45] En 1946, alors Député français, Houphouët-Boigny, aidé de quelques « Blancs-Nègres » (Latrille, Léon Robert...), organisait le rocambolesque départ en France de 148 élèves sélectionnés dans toutes les régions de Côte d'Ivoire ainsi qu'à Ouagadougou et Bobo-Dioulasso...

TROISIÈME PARTIE

LES FACTEURS BLOQUANTS

IV

UN CONTE DE FÉE

ooo

I - LES "DIRIGEANTS" AFRICAINS

L'avènement des premiers Chefs d'État africains – et donc de l'Afrique "moderne" – fait beaucoup penser, en ce qui concerne sa grande majorité, à l'histoire de Cendrillon, tant la métamorphose tient en effet d'un conte de fée. Cependant, loin du conte, il s'agit d'une réalité qui a fait basculer le continent dans un interminable processus d'incompréhension et de règlements de comptes. Il convient donc d'y insister particulièrement, en mettant l'accent sur l'un des aspects fondamentaux que l'on tait, sans doute par pudeur.

Dans les années soixante, suite à l'indépendance politique de groupe accordée à certains de nos pays, l'on procéda aux toute premières élections présidentielles dans ceux-ci. Notre grand-père, qui voyageait régulièrement dans la sous-région, soit pour l'acquisition de métayers pour travailler ses terres, soit afin de trouver des débouchés pour écouler ses noix de cola, son beurre de cacao ou son huile de palme, fit l'analyse suivante, au lendemain de ces élections : *« Eh bien mes petits, ça va être la revanche des esclaves dans nos pays ! »*

Une déclaration aussi laconique que surprenante, qui résume encore parfaitement certaines situations intolérables, vécues dans plus d'un pays africain. Il faut en effet répéter qu'il y a à peine un peu plus de soixante ans, des Nègres africains nantis, avaient encore à leur service des "esclaves". La pratique, rappelons-le, est pour ainsi dire née avec le continent ; si bien que dans l'esprit de ce vieil homme, la condition d'esclave revêtait certainement davantage de servitude et de négation, que dans celui des négriers blancs. C'était sans doute pour cette raison qu'il reconnaissait lui-même, qu'il y avait une revanche à prendre.

En effet, les nécessités de sa vie quotidienne obligèrent rapidement le colonisateur à former, puis à recruter du personnel, afin de savoir communiquer avec les populations indigènes. Il s'agissait, la plupart du temps, de "captifs" que lui mettaient à disposition des maîtres autochtones. Plus au contact du "civilisateur", ces hommes à tout faire furent ainsi les premiers à pratiquer les habitudes du nouveau maître et surtout, à parler sa langue. Certains eurent même l'opportunité d'apprendre à lire et à écrire, pour plus tard servir d'interprètes et devenir les premiers "commis", à qui l'on confiera l'exécution de tâches subalternes : plantons, commis expéditionnaires...

Captifs affranchis, ces hommes constituèrent insidieusement une nouvelle force vive : c'est en effet dans leur rang que le colon dut recruter la plupart des tout premiers hommes politiques africains. Ainsi, en plus des chefferies traditionnelles et des armées, et grâce aux schémas opérationnels du colonisateur, sont apparues les notions du pouvoir d'État et d'élites sociales. Un vrai cadeau du ciel.

Telle fut la réalité sociale, qui allait servir de support inattendu à cet incroyable conte de fée. Car plus tard, lorsque le colon institua son école et voulut la rendre obligatoire, nos nobles, fiers de leur condition, trouvèrent plus astucieux de n'y envoyer, à titre d'essai préalable, que des enfants "d'esclaves", plus ou moins "affranchis". Ce fut ainsi que démarra réellement l'Afrique dite civilisée. Ces enfants devinrent fort logiquement les premiers éléments formés, aptes à suppléer un tant soit peu le colon dans l'exercice de certaines de ses fonctions...

De fait, nombreux sont nos premiers Chefs d'État dont la biographie commence par ces mots désormais consacrés : *« Fils d'une famille d'origine modeste... »*. Aussi amer que ce soit, il faut avoir le courage de dire que la grande majorité d'entre eux étaient des hommes traditionnellement faits pour obéir. Avec le colon, ils changèrent seulement de maîtres et trouvèrent l'occasion propice pour s'affranchir définitivement et s'imposer à leur tour. Cette "passation de pouvoir" explique bien des génocides, dans certaines contrées, justifiés par la raison d'État et honteusement appuyés par des puissances étrangères...

L'africanisation au rabais était née, pensée en faveur d'un pouvoir nouveau, qui ne dut se réfugier que dans les villes, lieux fondateurs de tous les malheurs du paysan. Un pouvoir conçu à l'encontre de tout développement des acquis princiers d'origine, et donc de tout développement rural, parce qu'au départ, l'école coloniale a été inconsciemment alimentée pour permettre à des hommes brimés, d'assouvir une vengeance. Ceci permet de mieux situer toutes les difficultés qu'éprouvent les paysans dans ces sociétés. L'on peut par ailleurs s'expliquer pourquoi les bonnes volontés manifestées dans les pays avancés, en faveur des déshérités d'Afrique, ne profitent qu'à des pouvoirs urbains, c'est-à-dire à des gens qui ont une revanche viscérale à prendre sur quelqu'un.

À la recherche de réactions positives chez les jeunes générations africaines (ou d'ailleurs), voici succinctement résumée l'évolution de ces peuples, dans leur grande majorité. De cette succession d'évènements, aussi désastreux les uns que les autres, a résulté une curieuse trilogie, de loin comparable à celle qui existait en Europe avant la révolution de 1789 (noblesse, clergé et bourgeoisie).

En Afrique, elle est faite du pouvoir d'État, de l'Armée et des masses salariales ; la Paysannerie constituant le quart-monde africain. Il se trouve malencontreusement que les deux premiers, qui ont droit de citer en convoitant pareillement le même pouvoir suprême (qu'ils partagent souvent !), ont chacun ses propres raisons d'en vouloir à l'autre, à qui il faut, dans tous les cas, "faire payer quelque chose".

La paysannerie africaine pour sa part, se trouve abandonnée, flouée par tous les camps, condamnée à supporter seule le poids de toutes les misères d'un continent, depuis les génocides jusqu'à la faim et aux épidémies. C'est ce schéma que les jeunes doivent bien connaître, afin d'éviter de tomber dans les mêmes travers que leurs aînés et d'aborder plus sereinement et plus efficacement les problèmes qu'ils auront à résoudre demain. C'est ce que tout un chacun devrait bien savoir aujourd'hui, afin d'éviter de basculer trop facilement dans un camp, pour en condamner un autre.

Aujourd'hui encore, cette notion d'ostracisme social, naguère douloureusement ressentie, se trouve dans bien des cas à la base de la soif du pouvoir chez la plupart des responsables politiques africains. La brèche s'est faite si profonde dans les esprits, que tour à tour, "nobles" et "esclaves" accédant au pouvoir suprême, s'en servent pour assouvir des vengeances personnelles ou tribales.

Ce jeu, on le voit, ressemble étrangement à celui de ce stupide serpent qui, dans son entêtement à vouloir mordre, se mit un jour à manger sa propre queue. Le cercle vicieux en Afrique naquit de l'aveugle, plongeant le continent dans un engrenage saugrenu. Accéder au pouvoir y est devenu une préoccupation primordiale ; un but final à atteindre coûte que coûte et que l'on interdit ouvertement aux autres. Le pouvoir, symbole offensif pour primer et s'exprimer !

L'Africain a réussi à inventer cette compétition à son détriment, laissant à penser qu'il n'existe pas de vrais patriotes sur ce continent. Car, quoi qu'on y fasse, la notion d'une tribu à imposer prime encore trop fortement sur les aspirations nationalistes. Le malheur a voulu par ailleurs que, ne sachant ni lire, ni écrire, au sens de la civilisation et au moment où se nouaient ces intrigues, nos aînés aient eu trop de mémoire pour les emmagasiner et dans bien des cas, les amplifier.

Ce rappel ne voudrait pousser qu'à une réflexion générale, afin de nous faire comprendre que ce n'est pas en ravivant les querelles du passé, que nous arriverons à construire au pluriel l'Afrique de demain. En ce début de 21e siècle, parler de Rois Nègres est devenu péjoratif, allant jusqu'à parler de "biens mal acquis"... Et pour le reste, il est simplement ahurissant de relever que certains de nos pays, faute de consensus internes, réalisent l'exceptionnel exploit de réunir sur leurs territoires l'ensemble de tous nos déstabilisateurs et dans le même temps ! Tout ce que l'on pourrait retenir dans ce jeu aussi mouvant que la notion de colonialisme, c'est l'importance effective des peuples soumis à la domination inconditionnelle des différents appareils de contrainte, qui savent retirer les marrons du feu, en se servant des mains de serviteurs africains.

II - SOUS LA BOTTE COLONIALE.

Le fait est que, malgré toutes leurs armées – qui convoitent souvent le même pouvoir ! –, la plupart de ces rois sont loin d'avoir le prestige de leurs aînés. Il suffit parfois que le peuple ait le courage de manifester son mécontentement, pour les faire choir du haut de leur piédestal. Sous leur arbitraire égide, les enfants d'Afrique font penser à quelque foule d'égarés, venue s'échouer au pied d'un bel arbre en plein désert. Un arbre qu'ils ont mission de surveiller et d'exploiter, pour le compte exclusif de lointains décideurs.

Il est immense, l'arbre ; tout comme il est vigoureux et porteur de fruits prometteurs. De quoi satisfaire tous les appétits qui l'ont vu grandir. Malheureusement, sur chacune de ses branches a été placé un gardien dont le devoir consiste à destiner les fruits à l'étranger. Par bonheur pour la foule affamée, les véritables propriétaires du végétal sont des gens "généreux" qui, philanthropes de leur état apparent, lui vendent chèrement en retour, des fruits rendus plus présentables.

De rares fois, légitimistes, certains éléments incontrôlés de la foule protestent contre cet à priori. Les maîtres daignent dès lors venir sur place identifier la branche ayant suscité tant de désordre, en chassent l'incapable gardien, qu'ils remplacent immédiatement par l'un des fauteurs de troubles. Satisfaite, la foule se calme et se remet à l'ombre ; et le cycle recommence, inexorable.

Dans la naïveté populaire africaine, beaucoup prennent ces changements d'étiquette à la bouteille pour des solutions acceptables. Eh bien, qu'ils se détrompent ; et qu'ils réalisent que, quels que soient les hommes choisis par les systèmes extérieurs, nos problèmes restent continuellement les mêmes, si ce n'est pire. C'est pour cette raison que nos dirigeants actuels devraient chercher à briser le carcan qui les soumet trop facilement aux corruptions et aux malversations, s'ils ne veulent pas constituer le premier obstacle à notre évolution, en regard du reste de l'humanité qui nous observe avec ironie et dédain. Il ne s'agit nullement de se faire violence, puisqu'il ne serait question que de retrouver une mémoire et des bases solides pour asseoir nos progrès. Autrement, tout esprit de revanche mis à part, quel sens véritable pourrions-nous donner à la participation de nos Chefs d'État à la course initiée par le colonisateur ?

Pour l'heure, nous avons à déplorer qu'au lendemain de nos indépendances politiques, le colon ait fait volte-face pour prendre leurs visages, dans un juste retour de mimétisme, comme pourrait en témoigner cette déclaration d'un haut fonctionnaire africain, sur une chaîne de télévision régionale française :

« Nous avons bien retenu les leçons que vous nous avez données et nous essayons de les mettre en application, du mieux de notre possible... »[46]

Cela se passe de commentaires ; et l'on ne retiendra de la déclaration que les deux mots génériques que sont "leçons" et "application", en matière de gestion de nos affaires. Où allons-nous donc ? L'Afrique subit tellement de pressions, qu'on ne sait même plus la situer. Elle n'a pour ainsi dire plus de passé, un présent des plus aléatoires et un avenir douteux, pour le moins. L'histoire de nos colons nous a pourtant bien montré que, du temps où il n'y avait que des monarques en Europe, ceux-ci avaient pour souci permanent de chercher à agrandir les territoires sous leur domination, tout comme le faisaient nos anciens souverains !

Aujourd'hui, en Afrique, non seulement l'on procède exactement du contraire, mais plus c'est petit et mieux l'on se porte. Alors, serait-ce également l'ère des "Rois fainéants d'Afrique" ? Des Rois qui manquent souvent de confiance en eux-mêmes et qui cultivent secrètement la peur de perdre des couronnes acquises dans des circonstances souvent inespérées. Ils deviennent méfiants et ne savent dans ces conditions, se rapprocher ni de leurs peuples, ni de leurs maîtres. Entre deux eaux, ils nagent, tels des pirates assoiffés de sang, le couteau entre les dents...

III - LE FAUX DÉPART

À la défense de nos rois (fainéants !), il faut bien reconnaître que l'héritage dont ils bénéficient est trompeur[47]. Les dispositions de départ, aussi alléchantes qu'elles aient été, constituaient en effet un piège difficile à déjouer. Mais, à bien voir les choses, ceci est très loin de constituer une excuse

---

[46] Déclaration faite sur FR3 à Toulouse, par un haut fonctionnaire ivoirien (ministre d'Houphouët-Boigny), dans les années quatre-vingt...

[47] Lorsqu'en 1962, Monsieur René Dumont lançait brutalement à la face du monde : « *l'Afrique Noire est mal partie* », des bras se levèrent, accusateurs et menaçants, des clameurs furent hurlées, des cheveux arrachés, des protestations élevées, des fureurs exprimées... Bref, tant de venins crachés, tout ce remue-ménage, pour reconnaître bassement que le bonhomme a toujours raison. Avant de "mieux partir", l'Afrique devrait d'abord savoir bien situer son point zéro !

recevable. Et pour cause ! Souvenons-nous un instant des années cinquante, en plein milieu du XXe siècle.

En ce temps-là, les produits d'exportation se vendaient nettement mieux – pas forcément bien pour tout le monde ! – Le secteur urbain de l'emploi était loin d'être saturé. Les zones rurales avaient moins de besoins et vivaient donc moins chichement qu'à présent. On pouvait même y trouver des gens heureux.

C'était bien entendu du temps des colons et comme de normal, nous étions tous de bons sujets (quelques rares fois, de bons citoyens !) français ou anglais. Ainsi, par exemple, dans l'ex-A.O.F., Noël dans bien des villages en zones forestières (chrétiennes), était une fête très fastueuse, au cours de laquelle, loin de constituer toujours l'essentiel, le Petit Jésus servait de prétexte commun pour égayer les populations et se livrer à d'interminables bombances.

Pour un temps, l'on abandonnait les forêts, où la faune et la flore reprenaient leur souffle, pour se régénérer. La période de la "petite traite" cacaoyère, durant laquelle l'on vendait une partie de ses récoltes, comptait son pécule, rétribuait ses métayers ; lesquels n'avaient plus, dès lors, qu'un rôle de surveillance dans les plantations, qui couvaient les plus grosses productions de l'année.

L'on ne chassait plus, la préférence étant accordée aux énormes troupeaux de zébus, que d'infatigables bouviers Peuhls traînaient le long des routes, de villages en villages, depuis le Niger, le Soudan français (Mali), la Guinée française (Conakry), ou la Haute-Volta (Burkina-Faso). Étant "des sujets français" au même titre, ces territoires ne souffraient nullement de la notion de frontières.

Pour les villageois, une espèce d'émulation naissait en même temps que l'Enfant Jésus. Chacun faisait montre de ses dispositions financières, et la cupidité africaine aidant, l'on s'offrait au moins un zébu par famille, sans compter les menus fretins que constituaient ovins, caprins, porcins et autres volatiles, toujours à la portée de tous, mêmes les moins nantis.

Bref, tout le monde y trouvait son compte ; et les vachers Peuhls rebroussaient chemin, débarrassés de leurs encombrants compagnons de route, mais la bourse lestée. Nous passons sous silence cet enrichissant contact humain, pour ne faire qu'un seul constat : au cours de cette transhumance abattoir, les pâturages, tout comme les forêts, étaient mis au repos là-bas, dans les pays d'origine des troupeaux. La vie reprenait son cycle harmonieux, sur les modalités d'une chaîne simple, mais presque sans faille, dans des écosystèmes naturellement posés.

Là-dessus, nos pays deviennent "souverains", après avoir été balkanisés. Chacun chez soi et le berger Peuhl, condamné à tourner en rond, pour faire du surpâturage. Ainsi naquit la divagation des bétails, les conflits éleveurs-cultivateurs et la désertification dans les pays du sahel. D'autant plus rapidement qu'en Afrique, personne ne s'est jamais préoccupé de l'herbe qui pousse, à la grâce du Bon Dieu !

Chez le cacaoculteur, les produits se vendirent moins bien ; les troupeaux de zébus n'arrivèrent plus, obligeant à s'adonner à la chasse à outrance ; les forêts et les savanes devinrent les domaines privilégiés des braconniers et des trafiquants (ivoire, corne de rhinocéros, peau de panthère, de python, de crocodile...), au point qu'aujourd'hui, de nombreuses espèces végétales et animales (les humains compris !), sont menacées de disparition en Afrique.

Pour aussi profonde qu'elle soit, cette mutation ne remonte qu'à la naissance du tiers-monde, c'est-à-dire, d'une notion relativement récente, qui a abouti à l'élaboration d'un concept nouveau, qui ne devait nous confier aucune entité. Souvenons-nous également de ce qu'étaient les organisations sociales en Europe, aux temps forts de la colonisation, aux XVIIIe et XIXe siècles. Les sociétés y étaient alors tripartites, qui comprenaient la noblesse, le clergé et la bourgeoisie. Les deux premières composantes se partageant l'essentiel de tous les pouvoirs et ne concédant que quelques miettes à la dernière, à qui l'on n'accordait qu'un semblant de contrôle économique et financier.

En 1789, cet ensemble explosa (sous la pression de peuples qui n'en pouvaient mais !), pour faire place, deux siècles durant, à deux modèles bien distincts de société :

- le modèle occidental, mené par les U.S.A. ;
- le modèle oriental, orchestré par l'Ex-U.R.S.S.

Ces deux modèles, chacun le sait, sont des entités, c'est-à-dire qu'entre autres critères, ils sont constitués de véritables blocs, qui n'ont besoin de personne de l'extérieur pour gérer leurs affaires ; qu'ils disposent en outre de leurs propres civilisations, dont ils font respecter les normes ; de leurs cultures, de leurs systèmes éducatifs, de leurs finances, de leurs monnaies, de leurs doctrines idéologiques ; ils sont écoutés de leurs peuples qui participent à certaines prises de décisions[48]... Par nostalgie pour les anciens éléments de la société, il leur fallut élaborer un troisième modèle ; et ce fut la conception au forceps, d'un monde dit "tiers", dans lequel tous les individus et leurs valeurs intrinsèques spécifiques furent d'emblée mis au même rang, dans le même sac. Conçue sur ce mode, l'Afrique moderne n'est, par conséquent, qu'une excrétion étrangère.

Comment donc vouloir censément régner dans de telles conditions d'approximation, sans atouts-maîtres, dans une partie qui oblige constamment à changer de camp et d'idéal, du soir au lendemain matin ? L'instabilité politique est l'un des freins majeurs au développement de nos pays. C'est elle qui rend vains tous nos efforts de concertation. N'oublions pas :

- Bandung en 1955 où, malgré Chu En Laï et Nehru, le choc fut patent : nos pays sont loin d'être émancipés et les interventions armées des puissances étrangères en Afrique font désormais partie intégrante de nos nouvelles traditions.
- Prague en 1961 ; là encore et malgré le poids de Tito, les "Non-Alignés" ne réussirent pas à trouver de bons terrains d'entente.
- Plus près de nous en Afrique même, le Conseil de l'Entente et l'O.CA.M. (Organisation Commune Africaine et Malgache) n'ont produit aucun effet positif avéré, si ce n'est la tendance accentuée de chacun à rester chez soi.
- Puis vint I'O.U.A. qui s'essouffla rapidement, sans avoir réussi à susciter de profondes aspirations à l'unité chez ses membres (rien que ceux-là !). Elle contribua à son tour à renforcer la notion de l'intangibilité des frontières entre nos États.

[48] Malgré la désintégration de l'ex-URSS, ces dispositions demeurent, et des dirigeants africains continuent d'adhérer aux idéaux de ces deux camps, d'autant que des frasques actuelles entre les U.S.A. et la Russie ont tendance à réchauffer des relents de cette époque... froide.

- Aujourd'hui, l'U.A. ne reste toujours qu'une triste caisse de résonnance, où l'on cultive la soumission sans conditions, en privilégiant une médiocratie sans limites... De quoi susciter la création d'une Cour "Internationale" de justice, spécialement destinée aux Africains, sans occasionner la moindre révolte, sous l'arbre à palabres que nous dépeignions ci-dessus. Simplement pitoyable !

En outre, l'on peut souligner que, l'autre bonne preuve que nous nous refusons à tout consensus continental durable, c'est d'être tombés dans la fâcheuse habitude de tant en parler. L'heure devrait être aux actes et non aux grands discours.

IV - INCIDENCES DES RELIGIONS CONQUÉRANTES.

Comme nous l'avons dit à plusieurs reprises, l'Islam et le Christianisme ont été les pionniers de la pénétration étrangère en Afrique. Aujourd'hui, leurs prosélytes sur le continent sont légion ! Insatiables, ces religions conquérantes continuent de gagner irrémédiablement du terrain. Avec leurs lots de tabous, elles impactent lourdement les modulations sociétales dans les pays africains : leurs adeptes se refusent à assumer certaines de leurs responsabilités, pour les confier indifféremment à Allah ou à Dieu, sans mélange possible ! Quel dommage que Noël, Pâques, Ramadan ou Tabaski, ne réussissent pas à réunir leurs adeptes autour de deux prophètes, exemples d'humilité et de pauvreté. La bonne blague !

Bien que minoritaires dans certains de ces pays, elles sont à la base de cette profonde modification des mentalités et par voie de conséquence, en partie la cause de ce que les Africains soient aussi fortement tournés vers l'extérieur. Ces religions ont été les véhicules les plus sûrs pour asseoir les civilisations étrangères sur nos territoires. Or à quoi nous servent-elles concrètement aujourd'hui ?

1. L'ISLAM

Pour avoir été introduit le premier en Afrique noire, l'Islam s'est implanté dans des conditions très difficiles, qui n'expliquent toutefois pas les brutalités qu'il continue d'y occasionner. Il faut néanmoins ajouter que ses pionniers, les Almoravides venus du Maroc – aidés quelquefois par des mercenaires Espagnols –, avaient pour traits dominants d'être avant tout des aventuriers, des guerriers et des nomades ; des faits qui, à l'époque, étaient communs au monde arabe dans son ensemble.

Après avoir sévèrement réprimé les populations et supprimé les religions traditionnelles, ils érigèrent d'autres modèles de sociétés, en remplacement des originels. Des Marabouts y supplantèrent nos princes et s'emparèrent de tous les pouvoirs (économique, financier, foncier, politique, législatif et militaire), à la tête de territoires, la plupart du temps désorganisés. Dans ces dispositions nouvelles, la propriété devint individuelle et tomba sous le contrôle de chefferies égoïstes, en même temps qu'apparaissaient d'autres habitudes :

- La trop grande soumission de la femme dans les communautés et donc la radicale suppression de ses impacts souhaitables et bénéfiques sur celles-ci.

- La disparition progressive de l'esprit de terroir, à cause de l'insécurité permanente engendrée par les guerres et d'un nomadisme excessif.

- La mise en place de castes dominantes qui, encore aujourd'hui, rançonnent honteusement les masses paysannes, après s'être solidement alliées aux pouvoirs urbains...[49]. Le Djihad, déjà !

Comment procéder autrement ? Avant Charles Martel à Poitiers, jusqu'à Sangatte aujourd'hui, le conflit a été permanent entre chrétiens et musulmans. En conséquence, il faut bien admettre qu'il existe un racisme sur fond de religion. Le fait que les croisades d'antan n'aient plus cours (du moins officiellement !), n'y change rien. Si bien qu'à charge de revanche, certains potentats de l'Islam continuent de harceler l'Occident, où fleurissent désormais les mosquées et d'autres lieux de culte, à la gloire de Mahomet. Qui plus est, le racisme anti-arabe se trouve de plus en plus affirmé, sous bien des horizons européens.

Il est par conséquent absurde que les "faiseurs de mort" continuent tout autant de vendre des armes à leurs propres adversaires, tout en faisant semblant de leur en interdire l'usage (contre eux !). Cela paraît d'autant plus absurde, que les jeunes

---

[49] Des Marabouts continuent de détenir un réel pouvoir politique et économique dans certains pays africains : Sénégal, Mauritanie, Niger et pays du sahel, en général...

générations musulmanes vivant en Europe sont, pour la plupart, des désœuvrés qui trouvent leur survie dans le maniement des armes. Ils constituent donc un véritable ferment, prêt à l'action et habilement manipulé par ceux qui y trouvent de gros intérêts. Par actes terroristes interposés, la troisième guerre mondiale est en cours. Comment l'empêcher ? Une guerre larvée, qui s'étend au monde entier, jusqu'en Afrique. Partout où le Djihad trouvera à frapper les intérêts des Occidentaux ; même si des populations indigènes doivent en faire les frais. Les attaques terroristes au Mali, en Côte d'Ivoire, au Burkina-Faso... en sont de bons exemples. Et que dire du quotidien vécu au Mali, en Mauritanie, en Algérie, en Libye, au Tchad, au Niger, au Nigeria...

Au total et les choses purement religieuses exceptées, les empreintes de l'Islam sur les sociétés africaines laissent à redire. Et en tout état de cause, à l'instar des émirs arabes, les hauts dignitaires musulmans africains ne se soucient exclusivement que d'épargner, eux aussi, leurs pécules dans des banques suisses, plutôt que d'investir sur place et contribuer à lutter contre les misères qui les entourent, jusque dans le ventre des mosquées !

Il est d'autre part significatif de pouvoir constater que les pays africains les plus sévèrement touchés par les problèmes de sous-développement, sont souvent ceux dont les populations sont en majorité musulmanes. Un signe, ou un destin en soi, sous le signe de la zakat ? De ce point de vue et pour de nombreuses raisons, l'Islam rend paresseux et oisifs des disciples complètement absorbés par une idéologie trop stricte, qui les incite parfois à la démission devant nos problèmes, pour en confier les solutions aux bons soins des Marabouts et d'Allah.

Aujourd'hui, ses tendances les plus radicales sont en quête de territoires pour asseoir un État. Prises sous les assauts des Occidentaux au Moyen-Orient, il est fort à parier qu'elles ne cherchent à se rabattre sur une zone saharo-sahélienne, coincée entre le Mali, l'Algérie, la Libye, le Niger et le Tchad ; c'est-à-dire en plein cœur de l'Afrique. Le terrorisme international aura trouvé durablement son berceau, pour faire de l'Afrique une cible trop facile pour les autres continents. Dès lors, loin de l'Occident, s'engageraient d'interminables négociations, à l'instar de celles qui courent entre Israël et la Jordanie, depuis de multiples décennies. Le Royaume d'Hadès ne s'en porterait que mieux, loin des soucis des autres continents.

2. LE CHRISTIANISME

Vecteurs d'une autre "civilisation" et fortement appuyés par les forces coloniales, les missionnaires chrétiens ont eu pour souci premier, de contrer l'Islam sur un terrain neuf. Cela "faisait bien", parce que de vieilles traditions guerrières se perpétuaient, permettant de "garder la main" au détriment d'autres traditions. Ils eurent ainsi le jeu facile (l'Islam ne s'intéressant qu'aux seules zones plus "découvertes") et évangéliser les populations soumises consista d'abord à détruire tous les repères des religions africaines. Dans les faits, ils procédèrent exactement de la même manière que leurs émules, mais dans un système protectionniste à visage plus "humain".

Parlant des missionnaires catholiques en Afrique, l'Abbé Melin écrivait en 1896[50] :

« ... Au premier rang de ceux qui travaillent le plus activement à répandre la civilisation dans les pays non civilisés, citons nos infatigables et héroïques missionnaires. Leur but principal est la propagation de la foi, c'est-à-dire de la véritable civilisation. Ils sont non seulement apôtres, ils se font encore instituteurs, architectes, agriculteurs. Sur bien des plages inconnues, dans l'intérieur des terres, ils devancent souvent les explorateurs, s'avançant sans escorte et sans armes, n'ayant pour toutes ressources que les aumônes de la charité, et fondant partout des sociétés de chrétiens, auxquelles ils apprennent à aimer Dieu et la France... »

La messe était dite, de ce temps-là ! Ces propos, aujourd'hui, laissent quelque peu pantois. Surtout en provenance de la "Fille aînée de l'Église" ; du pays de la démocratie et des Droits de l'Homme ! Voilà en effet des gens, apôtres de leur état, qui arrivaient à faire des miracles avec "rien" ! La bonne volonté des missionnaires en Afrique aurait-elle succombé elle aussi au manque d'enthousiasme général ? À moins que l'Église y ayant

[50] Le père de l'Atlas du même nom, et concepteur des programmes d'histoire et de géographie pour le baccalauréat et l'École de Saint-Cyr, au début du XXe siècle.

définitivement assuré ses assises, le sort des populations n'ait plus d'importance, qu'au regard du salut de leurs âmes ?[51]

Il est, en tous les cas, curieux de voir qu'au moment où les techniques de communication sont devenues relativement plus aisées d'accès (le langage comme les autres moyens), les missions deviennent moins actives et ralentissent même leur ardeur, cependant que les pouvoirs politiques assurent bon nombre de leurs services de jadis. Du coup, l'on peut s'interroger quant à la finalité réelle de l'Église dans le tiers-monde en général, et en Afrique en particulier.

L'on retiendra, au premier chef, que de tout temps, les missionnaires ont fait "bande à part", perpétuant en d'autres lieux et sous d'autres cieux, la séparation des pouvoirs entre l'Église et l'État. Ils avaient dès le départ leurs dispensaires, leurs écoles, leurs plantations, leurs finances (la charité !) et surtout, leurs adeptes. C'est le contrôle effectif de cet ensemble d'éléments dont se sont peu à peu emparé les pouvoirs politiques qui, en Afrique, poussent le zèle jusqu'à procéder aux nominations des potentats de l'Église. Cette perte d'influence a probablement contribué à atténuer l'enthousiasme des missionnaires à aider les populations ; ce ne sont, après tout, que des hommes !

Comment, dans ces conditions, le Vatican compte-t-il objectivement fonder un quelconque avenir de l'Église en nos pays ? En jouant sur la loi des grands nombres ? Sur le sentimentalisme fondé sur la misère ? En encourageant la croissance démographique ? La démarche en est très simple : plus on est nombreux et pauvres, et plus on est croyant. D'où cette farouche opposition au contrôle des naissances ? Même si Elle n'a pas forcément tort de le faire dans bien des cas, Elle serait quand même marginalisée, par rapport à certains de nos impératifs de développement. Alors, l'Église contre le développement en Afrique ?

Malgré tous leurs efforts, qui sont réels dans de nombreux secteurs d'activité (religieux, spirituel, culturel, social, politique...), les missionnaires ont trop tôt perdu de leur

[51] L'évolution actuelle de l'Église dans les pays avancés et les fréquents voyages du Saint-Père dans le tiers-monde, font penser qu'au contraire, l'avenir du Vatican passe aussi et surtout, par l'Afrique !

compétence, particulièrement auprès des populations paysannes. En Afrique, même l'Église est conçue pour la ville ; et ses élus africains ont réussi à constituer une caste bien plus séparatiste encore, que ne l'était celle de leurs aînés et maîtres étrangers. Après avoir pris le relais, ils ont modifié le sens de la course en leur faveur. De ce point de vue, l'Église africaine bloque effectivement certaines voies d'accès au développement. C'est un grand dommage, compte tenu de l'audience qu'Elle continue d'avoir auprès de ses fidèles.

Sans les vouer pour autant aux gémonies, il n'est pas faux de dire que les religions conquérantes ne contribuent pas, à la bonne hauteur, au développement des nations qui continuent de les entretenir, au profit de l'étranger. Au contraire, après avoir assis les civilisations qu'elles représentent, elles sont à plus d'un titre, devenues des poids supplémentaires dans le mauvais plateau de la balance ; et leurs responsables premiers ne sont, dans bien des cas, que des hommes d'affaires ou des politiques déguisés, qui ont pris la foi en otage, sous l'inattaquable couvert de Dieu.

V

L'AFRIQUE FACE À SON DESTIN

ooo

I - L'ÉTAT DES LIEUX

Dans l'état actuel de l'évolution des peuples en Afrique, l'on a trop vite pris l'habitude de rejeter systématiquement la faute au colon. Les problèmes sont dans presque tous les cas considérés, à tort ou à raison, comme des conséquences de faits coloniaux ; ce qui, fort logiquement et pour des soucis de facilité, incite le politique africain à se complaire dans sa léthargie. En réalité et même lorsque nous n'avons pas de mémoire écrite de notre histoire, nous devrions quand même savoir effectuer un repli sur notre passé, pour n'en retenir que les faits les plus marquants. Des faits bien ancrés dans la ténacité de l'oralité.

Comme nous l'avons déjà énoncé, nos déboires actuels, à bien des égards, ont été en grande partie engendrés par des circonstances et des complicités, souvent la volonté de classes sociales africaines, ayant du goût du pouvoir une vue singulière et une avidité morbide. L'histoire a seulement voulu que des étrangers viennent de loin influer sur les destins et modifier dans un sens aussi inattendu les organisations existantes... Dès lors, il conviendrait de nuancer certaines attitudes et prises de position. Car si le colon est souvent fautif dans bien des cas, l'Africain l'est encore bien davantage, à plusieurs titres. En conséquence, il doit d'abord assumer sa part de responsabilité.

Ainsi brossé, le tableau de l'héritage que nous ont laissé nos "civilisateurs" est plus que discutable et se trouve même empreint de beaucoup d'incompréhension. Il montre qu'au point de vue social, les populations africaines, dans leur majorité, n'en sont toujours qu'à un stade d'évolution moyenâgeux, avec des structures sociales bancales, au sein desquelles tous les pouvoirs se trouvent concentrés entre les mains des moins nombreux et des moins productifs. Exactement comme par le passé.

Comme nous le verrons tout au long de cette réflexion, ces peuples ont connu, de près ou de loin, une évolution réelle, depuis l'antiquité jusqu'aux temps modernes. Ils ont eux aussi été confrontés à tout ce qui ailleurs, a contribué au développement, c'est-à-dire aux mêmes idées de base, émises par ceux-là mêmes qui ont créé toutes les technologies nouvelles que nous connaissons actuellement.

Malheureusement, au cours de cette évolution, nous avons été les naïves victimes d'un gigantesque tour d'escamotage, qui nous fait encore croire que nous devons opter pour les idées extérieures, à l'exclusion des nôtres. Nous avons fondé tous nos espoirs et notre salut sur des modèles étrangers aguichants certes, mais qui resteront encore longtemps inaccessibles à la moyenne des Africains, parce qu'ils ne sont pas adaptés à nos mentalités. Dans ce que d'aucuns appellent "l'éveil du nationalisme africain"[52], il y a eu des faux-pas que nous devons avoir l'honnêteté de reconnaître, afin de rectifier le tir, avant qu'il ne soit vraiment trop tard.

Une telle rectification est-elle encore possible ? Telle est la grosse interrogation à laquelle nous sommes confrontés. Beaucoup pensent que non, préférant trouver une certaine forme de simplification dans une assistance exogène "perpétuelle". Ils ont tort et devraient savoir que cette attitude ne témoigne que d'un manque de courage et de conscience. De toute évidence, ce n'est pas parce que le chemin pour sortir du tunnel est difficile et parsemé d'embuches, que nous baisserions les bras sans avoir rien tenté. Notre "éveil", c'est avant tout notre aptitude à susciter celui des consciences, que nous devons considérer comme l'un des éléments moteurs de notre envol futur.

Du courage, il nous en faut en effet, à tous les niveaux de la pyramide sociale africaine. Cependant, un plus gros effort (financier et en ressources humaines) devra être consenti par nos masses salariales qui seules, peuvent servir d'appuis dans les grandes négociations à venir et d'éducateurs auprès de nos paysans qui manquent cruellement d'informations utiles et de tous moyens d'expression dans l'interface entre les milieux urbains et les zones rurales. L'intellectuel africain peut en effet

---

[52] La période qui précéda immédiatement la longue marche vers nos « indépendances » politiques.

modifier positivement le reflet de nos sociétés, en donnant un exemple populaire plus adéquat qu'il ne l'a été jusqu'à présent. Pour y arriver, il devra réapprendre à conjuguer les verbes "être" et "avoir" au pluriel.

Prendre conscience de notre existence au même titre que les autres hommes de la Planète, c'est cela, notre véritable éveil, qui doit nous mener à une plus ample autonomie dans la gestion de nos affaires. Nous devons sans cesse nous répéter que si nous tardons tant à décoller, c'est parce que nous manquons trop souvent, sérieusement de bons gestionnaires, et que nous devions faire appel à une assistance étrangère trop lourde, bien que de toute évidence, elle ne saura jamais concevoir de l'extérieur une Afrique africaine.

Au regard de tout ce qui précède, une seule observation s'impose : l'Afrique est réellement en danger. Il est donc urgent de chercher à la sauver. Autant "tirer des plans sur la comète !", disent crument certains. Voilà qui n'est plus une mince affaire en effet, tant les possibilités d'approche sont compromises. Cependant, il faut arriver à se convaincre de ce qu'elles existent bel et bien et ce, en chacun de nous.

L'Africain, à tous les niveaux de nos sociétés, possède en partie les clés pour résoudre ses problèmes. Il lui appartient seulement de se retrousser les manches et de se mettre au travail ; de payer un peu de ses efforts utiles et de sa sueur ; de chercher à bâtir d'autres modèles de sociétés plus adaptés à ses réalités, en accordant davantage d'importance à ses propres ressources humaines.

Retenons, à titre d'exemple, le troublant modèle chinois, dont tout le monde parle comme d'un cas peu banal. Et pour cause, trois révolutions en un peu moins d'un quart de siècle, ne fallait-il pas le faire ? Ils l'ont fait, les Chinois, malgré le prix qu'il leur en a coûté. Et que dire du truculent modèle de Singapour, bâti sans révolution autre que celle de la volonté d'un peuple en harmonie avec lui-même !... Sans être pour autant le laudateur d'un quelconque modèle conçu ailleurs, nous voudrions rester réaliste et reconnaître en toute honnêteté le courage de ces peuples. De tout le tiers-monde, la Chine est à peu près la seule nation à pouvoir subvenir à ses besoins, notamment alimentaires, sans avoir à mendier. Et pourtant, Dieu Seul sait –

un peu les hommes aussi ! –, qu'ils sont quelques bouches à nourrir, ces gens-là. Le tout, sans compter que leurs progrès technologiques, comme une conséquence logique, s'effectuent à pas de géant. Et de fait, la Chine ne s'inscrit plus au rang des pays du tiers-monde.

Cette Chine-là est sortie du sombre tunnel du sous-développement et ce, notamment grâce au nombre de ses enfants et à la farouche volonté de ceux-ci à s'investir à tous les niveaux. Quant à Singapour, qui aurait cru, jusqu'au soir du XXe siècle, que ce petit lopin de terre viendrait un jour à prêter de l'argent à des nations plus puissantes, y compris aux U.S.A. ? Simplement incroyable, mais vrai !

Alors pourquoi pas les pays africains ? Parce que l'Africain a pris trop d'habitudes rétrogrades. Il est de plus en plus paresseux et assisté. Il se complait dans sa léthargie et dans des interdits absurdes, en pensant que les autres continueront de pourvoir indéfiniment à l'essentiel de sa survie. Il ne se dit pas un seul instant qu'après tout, ils ne sont pas tenus de le faire. Il sait très bien faire l'autruche et s'enfouir la tête dans le sable, alors même qu'un continent hurle à la mort en cherchant à le regarder au fond des... yeux. Longtemps encore après les premiers méfaits de la colonisation, nous avons le tort de trouver des excuses trop faciles pour "justifier" et refuser de regarder en face notre déchéance qui, quelle que soit la direction du vent (d'Est ou d'Ouest), est toujours la même. Si nous avions à adopter une maxime expansionniste, elle ne devrait pas être loin de celle-ci : *« quoi que nous ayons à faire, essayons de le faire par nos propres moyens ! »*[53].

Dans ce cheminement, au lieu de nous embarrasser d'une litanie de questions, nous n'en devrions retenir qu'une seule : comment nous en sortir ? Mais, pourrait-on rétorquer, pour sauver cette Afrique-là, encore faudrait-il savoir exactement de quoi ou de qui ? À quoi la réponse, à travers tout ce que nous vivons au quotidien, paraît évidente : des Africains eux-mêmes. Ceci n'est un paradoxe qu'en apparence ; d'autant qu'aujourd'hui, avec les performances des médias, les problèmes de la faim, de la soif, des maladies, des guerres tribales et des autres fléaux en

[53] Cela résume à peu de chose près les mots d'ordre du Ghana des années quatre-vingt, sous l'ère Rollins...

Afrique, sont le lot quotidien de toute la Terre. Cet élargissement suscite des actions "curatives" menées avec des fortunes diverses, sans que l'on ne se dise vraiment que ces fléaux sont parfois la conséquence d'une succession de faits, qu'il conviendrait d'abord de déterminer avec précision, avant de chercher à aller au fond des choses.

Les remèdes en Afrique doivent avant tout être préventifs. C'est également le sens que nous avons tenu à donner à cette réflexion. Et c'est la raison pour laquelle, plutôt que de noyer les problèmes dans des considérations "techniques" et fastidieuses, nous essayerons au contraire de les caricaturer, afin de les mieux mettre à la portée de tout un chacun, quitte à décevoir les experts.

II - LA VOLONTÉ POLITIQUE

Si l'Afrique nous colle tant aux doigts, c'est, doit-on pouvoir le dire sans détour, faute d'avoir de bons gestionnaires et surtout en raison de l'esprit sectaire qui régit toutes nos relations inter-États. Comme une conséquence logique de cet état de fait, les cabinets ministériels africains regorgent de conseillers techniques et d'experts venant de loin nous apprendre à gérer nos nations à leur profit. La chose est aussi adroitement conçue, qu'au sommet de notre pyramide sociale, l'on nous apprend à penser et à agir autrement que par nous-mêmes.

Comment pouvoir dans ces conditions, aborder objectivement des programmes de développement ? Le fait est que l'Afrique ne dispose pas encore d'assez de personnalités politiques marquantes, dans un sens vraiment nationaliste. Si bien que le jeu a consisté à nous conférer une étroitesse d'esprit, qui nous écarte de toutes les décisions importantes, en nous faisant croire qu'en Afrique plus qu'ailleurs, le plus précieux passe par le morcellement. L'esprit du "chacun chez soi" cher à beaucoup, qui fait qu'ainsi cloisonnés, nous soyons plus manipulables. Il nous appartient de faire valoir qu'au contraire, nos élans patriotiques (ou nationalistes), qu'ils soient modérés ou fanatiques, doivent avoir pour unique véhicule communautaire, la notion d'un continent faisant bloc face à ses problèmes et à ses exploiteurs.

"L'intégration" doit recouvrir son plein sens en nous. Rien ne sert de chercher des différences là où, au vrai, il n'en existe point.

Dans la conception du tiers-monde, il n'y a jamais eu de graduation ; et en termes de développement, pays "sous-développés" ou en "voie de développement" (ou d'émergence !), ne diffèrent en rien. D'ailleurs, le "Larousse" ne définit-il pas l'adjectif "sous-développé", appliqué aux pays en ces termes ?

« Se dit d'un pays dont les habitants ont un faible niveau de vie moyen, en raison, notamment, de l'insuffisance de la production agricole et du faible développement de l'industrie, autre qu'extractive, facteurs fréquemment aggravés par la croissance démographique, plus rapide que la progression du revenu national. (On dit aussi pays en voie de développement) ».

Et justement, tout est dit et très clairement ! Par son manque de concision, cette définition est explicative et met en relief des faits incontournables :

- Aux yeux des pays avancés, nos pays (sans exception) traduisent exactement les mêmes tares, répondent aux mêmes normes et sont logés à la même enseigne.

- Elle met en évidence les facteurs fondamentaux dont l'absence induit le sous-développement, à savoir : l'insuffisance de la production agricole, la faiblesse des infrastructures industrielles (il est en effet très important qu'elle sous-entende que les industries extractives, condamnées à disparaître à brève échéance, n'appartiennent pas encore à nos pays), et enfin, l'effrayant spectre de la croissance démographique.

Quel est donc, d'entre tous les pays africains, celui qui peut avantageusement se flatter de trouver de bonnes dispositions face à ces trois facteurs ? Aucun. Et tant que nous ne nous résoudrons pas à provoquer une mobilisation sociale générale pour susciter de réels efforts, nous continuerons de donner indéfiniment des coups d'épée dans l'eau ; et les Africains de subir passivement toutes sortes de brimades, à l'intérieur comme à l'extérieur, symboliques ou non.

Il n'y a ni à donner, ni à recevoir des leçons de nationalisme ou de patriotisme. Nous avons seulement à regretter ensemble qu'à l'heure où la Terre entière a besoin de toutes les imaginations créatrices pour assurer un meilleur avenir à tous ses enfants, l'Africain ne se contente que d'obéir à des ordres, en se convaincant de ce qu'il ne peut certainement pas faire autant que les autres. Or, qu'en est-il actuellement, de l'évolution socio-économique des pays industrialisés ? Le cas de la plupart des pays occidentaux (et plus particulièrement d'Europe) est très indicateur, dans lesquels la dégradation se glisse à tous les niveaux. À telle enseigne, qu'afin de se donner bonne conscience, certains de leurs responsables trouvent volontiers des boucs émissaires étrangers, qu'ils accusent ouvertement d'être la cause de tous leurs malheurs.

Cette forme de brimade "bien pensée" à la base, devient ainsi un argument fort pour des gens qui, de la sorte, trouvent de même, en la personne du travailleur immigré, un exutoire sur lequel ils peuvent, à leur guise, se soulager du poids de problèmes qui, sommes toutes, ne sont que le reflet de sociétés progressivement décadentes : Les concepts socio-économiques, culturels et éducatifs de la plupart de ces pays industrialisés commencent à être dépassés ; et si nous avons du "bon" à tirer de chez eux, l'obligation nous est de prendre acte de leurs problèmes internes qui, à moins de ne savoir les éviter adroitement, finiront par devenir les nôtres dans un avenir très proche.

La situation d'ensemble dans ces pays périclite et bientôt, l'insécurité risque d'y basculer vers un impitoyable déséquilibre social, qui sera fatal à ceux de leurs étrangers qui commettront la maladresse de provenir d'horizons interdits. Déjà, elle s'installe dans les usines, dans les rues et dans les écoles où, murmure-t-on sournoisement, l'affluence de certains étrangers serait la cause première de la mauvaise qualité de l'enseignement que l'on y dispense[54] ? Le paradoxe voudrait que dans ce même temps, le leadership mondial en matière de technologies, provienne d'une région de la Terre où se trouvent amalgamées toutes les races humaines... Un sac de nœuds à n'y rien comprendre !

Ces pays sont agités par un épiphénomène de racisme séculaire rampant, auquel l'on accorde dans tous les cas trop d'indulgence populaire, parce que cette façon de poser les problèmes simplifie bien des choses à leur niveau. Hier le Juif, aujourd'hui le Nègre et l'Arabe, Bof ! Là-dessus, des pays tels que la France, l'Angleterre ou l'Allemagne sont "démocratiquement" contraints de refouler des "faiseurs de chômage". La France, dont l'hospitalité a longtemps rivalisé d'avec l'incomparable africaine,

54 Cependant que, dans les années quatre-vingt-dix, un pays tel que la France comptait près de 18% d'analphabètes (chiffres compensés !).

est obligée de pratiquer un racisme politiquement autorisé. Et pendant ce temps, nous continuons de rêver tranquillement, en attendant d'agir sous dictée !

À l'inverse des autres continents, l'Afrique a définitivement rompu la cadence de la marche vers le progrès ; elle en a même perdu le pas et évolue dorénavant à reculons. La situation dans certains de ses pays, dits en voie d'émergence, est pire qu'elle ne l'était du temps de la colonisation initiale. C'est à pleurer ! D'autant plus que nos pouvoirs politiques se complaisent à cautionner cet affreux postulat, qui veut que les riches le deviennent davantage et que les pauvres le restent longtemps.

Dans cette Afrique des amertumes, où le mot démocratie n'est parfois réduit qu'à une triste façade, l'on ne peut hélas, valablement retenir que quelques repères dangereux, dont la seule évocation devrait faire trembler les esprits positifs :

- Un large pouvoir accordé à la police et/ou aux armées.
- L'impossibilité pour les masses populaires de "vivre avec" les parvenus sociaux.
- L'impossibilité pour les pauvres d'accéder à la propriété.
- L'inexistence d'un arbitrage public correct pour les syndicats, quand ceux-ci existent.
- L'inégalité des salaires entre étrangers (Blancs) et Africains (Noirs)...

La liste est loin d'être exhaustive et des exemples d'inégalités sociales (raciales ?) en Afrique, l'on ne retient plus que cela. De toute évidence, ces manières de procéder stigmatisent une forme plus fruste de cette chose abominable qu'est l'apartheid.

L'Afrique est également malade d'une volonté politique de groupe. La sauver exige que l'on la tire d'un racisme continental à nul autre pareil : celui du profit dans un ostracisme dirigiste. Cela paraît tout à fait irréalisable pour le moment, puisqu'il s'agirait tout simplement :

- D'être moins égoïstes et moins sensibles à la corruption.
- D'abandonner les luttes tribales et partisanes.
- De se mettre au contact direct des autres nations, autrement que par le feu des canons.

- De vouloir rester des Africains, au sens expansionniste du terme, afin de briser une fois pour toutes cette impensable notion d'intangibilité de frontières artificielles séparant nos nations.

- De rechercher l'intégration économique, financière, monétaire, culturelle...

De tels préalables semblent relever de la simple utopie. Et pourtant, ils constituent aujourd'hui l'une des voies d'accès obligatoires pour déboucher sur des efforts constructifs, tant au plan de nos nations, qu'à l'échelon continental et international. Il paraît infiniment insensé de faire de nos pays des lambeaux de terre coplanaires, que l'on prend un malin plaisir à comparer entre eux, dans des efforts trop isolés. Un peu à l'image d'un entonnoir, il nous faudrait trouver deux ouvertures à nos problèmes et nous répéter sans relâche que tout effort entrepris sur un plan national, devrait avoir un écho positif chez le voisin ; un rayonnement récurrent.

Au niveau des décideurs politiques africains, les attitudes devraient se résumer à peu de chose :

- Tous les pouvoirs étant détenus par eux, ils pourraient en abuser utilement en imposant de véritables programmes de développement (conçus de l'intérieur), qu'ils obligeraient à faire appliquer à la lettre.

- L'exode rural, tout en étouffant les villes, permet de mettre involontairement une grande part des terres au repos ; ce qui, en l'état actuel des choses, n'est pas négligeable, à la recherche de bonnes solutions.

- Concevoir des projets agricoles viables sur ces terres et en faveur des masses paysannes...

En quelque chose malheur étant bon, ce sont là des aspects qui pourraient servir d'appuis dans l'élaboration de structures nouvelles de stabilisation et dans l'élaboration de projets de société fiables.

C'est en effet à eux que l'on pourrait accorder nos priorités qui sont elles aussi de deux ordres : les priorités nationales et les relations entre États.

III - LES PRIORITÉS NATIONALES

Outre la santé et la protection sociale (dont nous parlerons en infra), les deux autres grands cordons ombilicaux trainant à leur suite tous les autres problèmes, sont l'éducation (au sens large du terme), et l'organisation de la vie à la campagne. Là se trouve en effet le cœur des problèmes africains.

1. L'ÉDUCATION

L'éducation, dans l'entendement du colon et de ses héritiers d'Afrique, est synonyme de destruction. Tel est le grand dommage que nous avons déjà déploré, mais qu'il faut se répéter sans cesse. Parler d'éducation en Afrique revient systématiquement à ce souci de vouloir former des "cadres" en vue d'une relève toujours aussi difficile à situer. Elle devient strictement scolaire et se borne à fabriquer des bureaucrates.

Dans cet élan de départ et sur l'initiative du colonisateur, cela faisait partie d'une vaste campagne d'alphabétisation, qui consiste encore à instruire le maximum de gens, sans trop se soucier de leur utilité future. Cela faisait partie d'un tout pour être conforme aux normes d'une certaine évolution[55].

Comme une conséquence première d'un tel élan, nos intellectuels n'ont de vraie place dans leurs sociétés, que la négation d'eux-mêmes. Et à l'heure où les peuples développés jouent à domicile avec des ordinateurs et vont présider aux destinées de la Planète dans l'espace, l'intellectuel africain se contente de s'émerveiller devant leurs prouesses. Une attitude qui fait que demain, nous n'aurons plus rien à dire à personne, à cause d'un manque de prise de conscience. En ce troisième millénaire, nous ne pouvons même pas nous flatter de savoir correctement creuser le moindre puits. C'est tout de même ahurissant ! Alors, entre l'éducation vraie et le crétinisme organisé, il va falloir un jour choisir !

Si le bilan d'ensemble nous est aussi défavorable, c'est surtout parce que nous avons de tout temps confondu l'alphabétisation

---

[55] Lorsqu'en 1946, la question fut posée à l'Union Française, de l'accession des peuples d'Outre-Mer à la citoyenneté française à part entière, le gouvernement français répondit, avec le plus grand sérieux : *« Oui mais, à condition qu'ils aient d'abord un certain degré d'évolution... »*. Ceci explique donc cela...

avec la "civilisation" et l'évolution en général. Trop longtemps, nous avons cru que savoir lire, écrire et parler *chôcôbi*, suffirait à assurer une réussite sociale, en offrant la possibilité d'aller "travailler" dans un bureau, à la ville.

De la sorte, l'éducation devenait logiquement un mal bicéphale. Ne pas la posséder d'une part, relègue au rang des demeurés sociaux. Alors que, d'autre part, l'acquérir dans la pléthore, constitue à n'en pas douter, l'une des causes majeures de l'exode rural. Quel que soit le degré d'instruction que l'on possède en Afrique, il est toujours indiqué de venir "plus près du progrès" à la ville où, croit-on, il y aurait mille et un moyens de trouver chaussure à son pied, pour améliorer sa condition de vie. Il est dans tous les cas hors de question de concilier le certificat d'études avec les "salissants" travaux des champs ...

Ainsi naissent la délinquance, la prostitution, le banditisme et tant d'autres fléaux autour de nos villes qui, tout bien considéré, ne sont que de petits noyaux de béton, d'acier et de bitume, cernés par des bidonvilles, ces villages d'un autre genre. C'est cette transposition qu'il nous faut à tout prix savoir éviter, d'autant plus que l'agglutination autour des villes débouche invariablement sur la migration à l'étranger et donc sur les brimades extérieures, qui sont de ce fait la conséquence directe de l'inaction et du manque de rigueur des pouvoirs politiques africains.

Comment faire ?

D'abord, supprimer de l'esprit des gens l'analogie entre l'alphabétisation et les "facilités" bureaucratiques. Peut-on bâtir une nation avec seulement une majorité de bureaucrates ? Et c'est pour cela qu'il serait opportun de susciter un sens civique chez nos écoliers dès leur plus jeune âge, et leur apprendre que nos villes actuelles, n'étaient à l'origine que de simples hameaux, souvent plus misérables encore que les leurs qu'ils fuient aujourd'hui. Il paraît indispensable de leur enseigner la notion de terroir à notre avis, fondamentale pour asseoir un vrai patriotisme. En somme, il s'agit pour nous de semer la bonne graine très tôt, afin que plus tard s'inversent, en même temps que les mentalités, ces flux humains ininterrompus entre la campagne et la ville.

Bien sûr, ce travail de base sera de longue haleine et de toute manière, il ne résoudra pas dans l'immédiat nos problèmes, dont certains peuvent trouver de bonnes solutions dans des voies indirectes, faisant appel à des volontés autres que celles des seuls nationaux africains.

Éduquer nos populations signifie également les former à des tâches utiles. Cette formation concerne de même une catégorie d'étrangers, que l'on pourrait classifier comme des "travailleurs immigrés" (de la même manière qu'on le fait ailleurs !), même si le fruit de leurs "efforts" ne profite pas à nos pays.

Les contradictions dans les comportements des étrangers à l'égard de l'Afrique sont trop criardes, pour qu'on les passe sous silence. Selon qu'ils sont à l'intérieur ou hors de nos frontières, ils adoptent des attitudes totalement discordantes.

Ainsi, en longueur d'année, l'Afrique est sillonnée par d'interminables convois de bienfaisance, que lui destinent des volontaires. Des convois formés par des gens dont la plupart n'agissent que sur l'élan du cœur, mus par un esprit de solidarité internationale. Ces entrepreneurs d'une autre dimension (qu'il faut saluer !) ne disposent que de leur enthousiasme pour poser des actes de sauvetage, qui ne relèvent pas toujours d'une expertise poussée, autre que la seule manière de collecter des dons et d'organiser leur acheminement à "bon port"; ce qui tient souvent de l'exploit, lorsque l'on sait la rapacité de certains de nos responsables africains à détourner ces convois à leur avantage personnel ; et parfois même, à rançonner sans vergogne leurs pourvoyeurs. Drôle de philanthropie ! Et l'aide de coûter toujours très cher à quelqu'un !

Ce premier comportement des étrangers permet de tirer plusieurs enseignements :

- Bien qu'utilitaires à court terme, ces convois ne sont pas souhaitables. Ils risquent de condamner l'Afrique à une assistance permanente. À juste raison, habituer l'Africain à consommer des galettes protéinées à base d'un blé qu'il ne saura sans doute jamais cultiver, tient tout simplement de l'erreur à éviter.
- La misère des populations ne préoccupe les responsables africains, que dans la mesure où ils s'en servent pour s'enrichir un peu plus.

- Enfin, le plus important, c'est de savoir que ces aides ne sont que le fruit de la bonne volonté de bénévoles, qui pourraient tout aussi bien s'occuper autrement et à leur seul avantage ; d'autant qu'ils ne récoltent en retour que des déboires dans l'indifférence, y compris celle des populations secourues.

À l'opposé de ces bonnes volontés, nombreux sont les autres étrangers qui sillonnent l'Afrique, dans le seul but de s'enrichir aux dépens des mêmes misérables qu'ils côtoient au quotidien, dans une indifférence bien plus cruelle encore. Dès lors, la question est *« faut-il être étranger à l'Afrique et résider hors de ses frontières, pour être sensible à ses problèmes et daigner la prendre en considération ? »*.

Tout bien considéré, des étrangers fortunés qui pourraient (et devraient !) contribuer à trouver de bonnes solutions en Afrique, l'on ne rencontre que cela, de Dakar à Hafun et de Carthage au Cap ! Alors qu'est-ce à dire ? Que la sensibilité de l'étranger serait différente, selon qu'il se trouve près ou loin de nos pays ? C'est fort probable ; autrement, comment s'expliquer que tant de gens, enrichis par nos biens (les hommes comme les terres et les autres richesses !), se refusent aussi obstinément à nous renvoyer quelque peu l'ascenseur ? Ces gens détiennent la quasi-totalité de nos possibilités de développement, puisqu'aussi bien, toutes les structures économiques "porteuses" leur appartiennent.

Cet autre exemple ne traduit que le manque de volonté politique de groupe, ainsi que la démission de nos gouvernants, sous l'emprise de l'extérieur. Le jeu, pour être équitable, doit consister à faire payer quelque chose en retour à tous ces gens qui puisent gratuitement dans nos ressources. Il n'y a pour cela qu'ils deviennent des rouages concrets dans nos efforts de développement, plutôt que de rester perpétuellement des ectoparasites insatiables. Ils doivent contribuer à l'éducation et à la formation professionnelle en Afrique.

Chaque entreprise étrangère dans nos pays devrait au moins se porter garante de la formation de nationaux, du parrainage d'étudiants, en vue de leur donner de bonnes qualifications et pourquoi pas, de les employer plus tard à des emplois créatifs. Cela, on le voit, allègerait considérablement les charges inhérentes à une assistance technique farfelue. Cela conduirait de même à activer le développement rapide des secteurs clés, que sont l'agriculture et l'industrie.

La véritable relève passe nécessairement par cette voie. Que des étrangers viennent faire fortune en Afrique, devrait se payer un juste prix, avant que demain, tout un continent ne devienne une carcasse dénuée de tout intérêt. Ces entreprises étrangères doivent cesser d'être des "colonies à part", qui exploitent sans souci nos ressources, en utilisant une main-d'œuvre trop bon marché, qu'elles n'ont jamais contribué à former. Une autre brimade, qui ne fait que trop durer !

Dans un premier temps, il faudrait en appeler à la bonne volonté de collaboration de tous. Personne n'est donc à brusquer, afin que soient préservées des structures encore très fragiles et par conséquent sensibles aux humeurs, par malentendus et incompréhension. Plus tard cependant, l'obligation politique dans le respect des nations, nous incombera de vouloir chercher à gérer nous-mêmes nos affaires[56].

L'exemple du cuivre chilien (il n'est pas unique dans le tiers-monde !) doit nous inciter à la prudence dans la sagesse, pour aboutir à un juste compromis. Cette composition ne peut se faire dans des conditions acceptables, que si l'Afrique fait bloc ; que si nos dirigeants mènent une action concertée à la base. L'Afrique a besoin d'un peu de fermeté et de fidélité, dans les promesses de leur part.

Comme nous pouvons le constater, éduquer les populations en Afrique, au sens large de l'expression, déborde du cadre des écoles et revient à initier une série de mesures politiques.

2. La réorganisation de la vie à la campagne[57].

À la campagne comme à la ville, il est surtout question de modifier certaines habitudes. Mais pour bien connaître les sources profondes des misères au niveau des masses paysannes, il faut d'abord comprendre le fonctionnement des mécanismes de vie dans nos campagnes ; dans des habitats restés primitifs, à bien des égards.

---

[56] Les programmes de privatisation (appels de capitaux étrangers), dans la plupart des pays africains, devrait logiquement aboutir à la cession des entreprises concernées, à des nationaux africains.

[57] Nous n'abordons, dans ce passage, que l'aspect conceptuel des campagnes, les problèmes de la paysannerie faisant l'objet d'un chapitre à part.

Le concept de village, en Afrique noire, n'est souvent que l'expression de deux ou trois familles ; ce qui explique que l'on n'ait affaire qu'à des hameaux, abritant chichement de petits clans, aussi nombreuses que soient les familles. Et c'est pour cela que l'Afrique entière, aux dires de certains experts, ressemble à un immense "désert". Nos villages sont autant de cellules évoluant selon des règles rigides, qui en font la plupart du temps des communautés très fermées.

À l'origine, les seules relations entre eux se limitaient aux conflits de voisinage, ou aux alliances tribales occasionnées par des mariages. Cette sorte de cloisonnement entraîna le morcellement initial des terres, qui furent dès lors exploitées jusqu'à l'épuisement total de leurs ressources ; et ce, d'autant plus facilement que ces peuples ne pratiquaient que très rarement l'assolement et l'alternance agricole. À cela vint s'ajouter la culture des produits destinés à l'exportation. Dans tous les cas, ces terres restèrent la propriété de quelques paysans privilégiés, ainsi que d'autres pouvoirs ne possédant pas toujours les connaissances requises pour les mettre en valeur[58]. Toutes choses qui vont occasionner la diversification et la distribution du travail.

Cette fixité est toujours de mise ; et c'est ainsi que dans des régions telle la "boucle initiale du cacao" en Côte d'Ivoire, des paysans exploitent tant bien que mal de ridicules plantations de plus de quatre-vingts ans ; des plantations créées par des parents eux-mêmes décédés et qui, tout en condamnant une grande part des terres cultivables, ne peuvent plus contribuer à améliorer les productions de ce pays en cacao ou en café.

D'une manière générale, ce type de "planteur africain", tenu à l'écart des techniques agricoles modernes, refuse d'entendre parler de recépage, parce qu'il ne comprend toujours pas que l'on puisse valoriser une plantation, en détruisant une partie de ce que l'on s'est donné tant de mal à faire pousser. Le jeu consiste donc pour lui, à trouver des terres nouvelles à condamner ; d'où la rapide disparition des forêts soumises, entre autres désastres, à un perpétuel déboisement ; d'où également, une rentabilité moindre des paysans, qui passent le plus clair de leur temps à

---

[58] Nous avons déjà vu qui étaient ces autres propriétaires terriens.

s'échiner inutilement sur des pistes de plus en plus longues et impraticables.

Ce schéma fonctionnel de nos structures villageoises est à changer, car il en ressort que l'exode rural trouve également son fondement dans des volontés familiales, chez des gens préoccupés par une réussite égocentrique au sein de clans sans réels rapports communautaristes. L'Africain, à la ville comme à la campagne, est sectaire, jaloux et égoïste. Nos villages n'ont encore aucun sens d'une collectivisation ouverte, qui aboutirait à une meilleure organisation des structures de vie.

Le rôle du politique doit donc consister à trouver des étapes de transition entre la campagne et la ville. Il devrait se résumer à la création de centres d'activités et de pôles d'attraction dans certains milieux ruraux. Ailleurs, cela s'appelle la décentralisation, la déconcentration et le développement rural. En Afrique, cela équivaudrait à freiner considérablement l'exode rural.

Malheureusement, parler de transfert de populations dans nos pays est toujours entaché d'arrière-pensées malsaines. Or si le fait n'est pas systématiquement envisageable, il faut tout de même croire que dans bien des cas, il pourrait s'avérer salutaire, parce qu'à la base de solutions à la fois bonnes et durables.

Serait-ce vraiment "déplacer des populations", que d'inciter des familles à se regrouper dans de vrais villages, dans la bonne entente ? La nuance est à faire, car dans les faits, il ne s'agirait que de réunir toutes les forces vives paysannes, d'y insuffler une volonté collectiviste, afin de canaliser les efforts en direction des buts déterminés ; le tout, sans avoir à brusquer la pensée africaine profonde et les traditions, qu'il nous faut respecter, à chaque instant.

Résumons-nous et disons que la réorganisation de la vie dans les campagnes doit consister à :

- estomper l'esprit de clans qui alimente celui de la notion de tribu ;
- créer des villages plus importants, en regroupant certains hameaux existants ;
- donner des vocations agricoles aux différentes communautés ainsi formées ;

- provoquer une émulation créatrice entre ces dernières et entre les régions, après les avoir rendues responsables d'attributions bien définies.

Présentés comme des devoirs nationaux, et le politique détenant tous les pouvoirs, tous ces points pourraient être imposés et réalisés, dans une grande souplesse. Commençons donc par déterminer des emplacements stratégiques, implantons-y des communautés villageoises plus conséquentes, et nous aboutirions très probablement à des progrès concrets, auxquels les étrangers seraient obligés de participer, voici pourquoi.

En observant la carte d'Afrique, la première anomalie dont on s'aperçoit, est que tous les pays ayant directement accès à l'océan ou à la mer, ont pour capitales économiques des ports. Un autre fait marquant est qu'en ce qui concerne les pays de l'intérieur, les grandes voies de communication se dirigent invariablement vers ces ports.

Que signifient ces dispositions ? Tout simplement que nos pays sont encore trop tournés vers l'extérieur. Le colon a aménagé ces ports, afin d'écouler plus facilement ses marchandises et expatrier les matières premières dont il a besoin chez lui. Implantons en conséquence certaines de ces places fortes à l'intérieur des terres, et ce même exploiteur contribuerait à améliorer les moyens de communication pour y accéder, parce qu'il y retrouverait ses intérêts. Tout ce processus ne dépend que de la volonté de nos dirigeants politiques.

IV - LES RELATIONS INTER-ÉTATS

"Chacun chez soi et diviser pour mieux régner !".

Le précepte serait né des Africains, qu'ils ne sauraient mieux l'appliquer. Au point qu'aujourd'hui, l'Afrique se trouve abominablement morcelée, non pas seulement à cause de ces frontières insensées introduites par les faits coloniaux, mais surtout en raison d'une exaltation des conflits internes, sans doute due à la peur de certains, de voir les peuples retourner un jour aux normes sociales d'antan. Dans ce morbide esprit d'une revanche à prendre, les Africains sont devenus d'incomparables champions pour cultiver la haine, la discorde et la zizanie dans leurs tribus et à travers elles, entre les nations qui les secrètent.

Dans leur course à l'armement, ils consacrent le plus vital de leurs efforts à la constitution de systèmes de défense qui absorbent l'essentiel de leurs ressources. Des accords sont tous les jours signés ; des achats effectués en matière d'armement, sans que personne ne daigne réaliser qu'en fait de puissance et de force de frappe, tous ces pays sont une fois de plus logés à la même enseigne, puisqu'ils ont dans tous les cas les mêmes fournisseurs. Le prestige seul veut que s'équiper mieux que le voisin, revienne à s'endetter en conséquence, dans des proportions démesurées.

Nous voici très loin de tout développement, étant donné que les guerres n'engendrent même pas l'obligation d'un progrès technologique en vue de se mieux défendre, comme c'est toujours le cas dans les pays avancés. Notre "puissance" de frappe et nos forces de "dissuasion" reposent exclusivement sur la sophistication des moyens de défense et de destruction conçus et élaborés par de lointains et habiles marchands. La pratique est inepte à l'extrême, au moment où l'heure devrait sonner de situer notre volonté ailleurs et autrement que dans l'expression des humeurs belliqueuses et des susceptibilités.

Ce genre de conditionnement ne permettra jamais de former de vrais patriotes et encore moins, des Africains aux idées autrement plus larges dans la tolérance. Car à la fin, en dehors du grondement des canons, du feu de la poudre et du "berceur" rugissement des avions de combat, où en sommes-nous effectivement dans nos relations de voisinage ? En guise de repères, prenons comme exemples quelques pays francophones d'Afrique, depuis leur accession à ces formes ambiguës de souveraineté.

1. Économiquement

Ce fut, dès les premiers jours, la noble idée de mettre sur pied quelque organisation panafricaine susceptible de nous permettre de faire bloc, au cours des négociations délicates. Et ce fut l'avènement de l'O.A.M.C.E., qui connut très rapidement ses premières difficultés en 1962, au cours des conférences de Lagos et de Libreville.

Le projet, de toute évidence, était prématuré et ces pays, pas assez préparés pour le recevoir et le rendre viable. Si bien que l'on éprouva le besoin de lui trouver une bonne tutelle ; et la

C.E.E se vit confier cette responsabilité. Cela se passa à Yaoundé, en juillet 1963. Cependant, la tutelle ne convint pas à tous et l'on sait tous les tracas qui s'ensuivirent... L'expérience donna d'autres idées ; et en 1964 naissait à Genève, la toute puissante CNUCED, tronc commun par lequel transitaient indifféremment l'Est et l'Ouest, pour s'implanter dans les pays du tiers-monde.

De fait, de voyager à travers l'Afrique actuelle offre à visiter, dans une incroyable contraction d'espace et de temps, les U.S.A. (multinationales capitalistes), l'Ex-U.R.S.S. (OIG, COMECOM et d'autres multinationales "rouges"), l'Europe (C.E.E.), sans compter que nous recevons de plus en plus – ce n'est qu'un moindre mal en soi – d'autres multinationales issues de pays du tiers-monde.

2. POLITIQUEMENT

Accabler nos dirigeants actuels et leur attribuer toutes les responsabilités, au moment où nous traversons des périodes aussi difficiles, ne serait pas juste ; et pour cause ! La plupart d'entre eux n'ont fait qu'hériter d'une situation déjà solidement établie qui expliquerait leur "manque de bonne volonté" qui n'est, on va le voir, que la conséquence d'un pacte absurde.

Quels sont en effet les faits qui se cachent derrière nos "indépendances" ? Et surtout sous quelles conditions ont-elles été octroyées ? Nous ne ferons que stigmatiser la succession des événements. Pour les colonies françaises d'Afrique (territoires ou "sous mandat"), tout a commencé effectivement en 1958, lorsque le 4 octobre, la mise en application du Titre II de la Constitution française amena à distinguer entre deux types de communautés[59].

a/ La Communauté Institutionnelle, qui comprenait :

- La république française (Métropole, Algérie, Sahara, Antilles, Guyane et Réunion).
- Les anciens territoires d'Outre-Mer, d'A.O.F., d'A.E.F. et Madagascar.

[59] Avant d'en arriver à cette date, l'on a chronologiquement connu : l'Empire français (1939), auquel succéda l'Union française (1946), qui devint elle-même caduque en 1958.

- Les Somalis, les Comores, Saint-Pierre et Miquelon, la Polynésie française, la Nouvelle Calédonie, les territoires australs et antarctiques.

En principe, les ressortissants de ces états jouissaient d'une autonomie d'administration et géraient "démocratiquement" et "librement" leurs affaires. Ils avaient par ailleurs les mêmes devoirs et les mêmes droits que tous les autres citoyens français. Ils pouvaient enfin librement entrer ou sortir du cadre de la Communauté. Et très tôt du reste, bon nombre d'entre eux firent valoir leur volonté de s'en démarquer et de devenir indépendants ; ce qui donna au législateur l'idée de la création d'une variante dite "contractuelle".

b/ La Communauté contractuelle

Tout en reconnaissant aux États membres la libre gestion de leurs affaires, la Constitution (française) de 1958 prévoit en supplément, ce qu'elle baptisa le *« domaine de compétence de la Communauté »*. Domaine qui couvrait la politique étrangère, les finances, la justice, la politique des matières premières stratégiques, l'enseignement supérieur, l'organisation générale des transports extérieurs et communs et les télécommunications ; c'est-à-dire tous les secteurs clés de ces États.

Le 2 juin 1960, face à l'insistance de plus en plus pressante de certains d'entre eux à accéder à leur indépendance de fait (à moins de ne l'avoir déjà obtenue : Ahmed Sékou Touré et la Guinée française en 1958), ces dispositions constitutionnelles de 1958 furent sensiblement amendées ; et il fut établi *« qu'un État membre de la Communauté pouvait devenir indépendant, sans pour autant cesser d'appartenir à celle-ci, par le biais du domaine de compétence... »*. Nous nageons en pleine nébuleuse ! Il n'empêche que, derrière ces nouvelles dispositions, se profilaient clairement des accords de coopération qui eurent pour premier effet de diviser ces États en deux groupes :

* D'une part, les États signataires des accords de coopération et de participation à la Communauté nouvelle, avec en sus, un transfert des compétences communes (assistance technique, sous sa forme actuelle !). On comptait dans ce groupe, entre autres

pays : le Sénégal[60], Madagascar, la Centrafrique, le Gabon, le Tchad, le Congo Brazzaville...

* D'autre part, les États ne participant pas à la Communauté Contractuelle, mais ayant quand même signé des accords de coopération. Dans ce brouillard figuraient la Côte d'Ivoire, le Niger, la Haute-Volta (Burkina-Faso), le Soudan français (Mali), le Dahomey (Bénin), la Mauritanie...

À première vue, cette deuxième catégorie d'États aurait eu, au départ de cette affaire, une volonté plus affirmée d'accéder réellement à son indépendance. Malheureusement, cette volonté se trouva étouffée, puisque ces accords concernaient exactement les mêmes secteurs que ceux prévus par le domaine de compétence de la Communauté. En clair, cela revenait à dire : *« vous devenez indépendants, soit ! Mais dans les faits, nous restons comme avant ! »*. C'est cela, la grande nébuleuse qui devait inscrire fermement ces pays dans un cadre aussi absurde. Malgré la transparence des intentions et la clarté du langage, il n'y eut pas de modification des stratégies (faute de vues consensuelles au niveau de nos dirigeants d'alors !), et ces accords furent signés, pour aboutir aujourd'hui aux conséquences que nous vivons ! Et c'est là-dessus que devait naître l'éphémère – et pour cause ! – U.A.M., qui dut céder le pas à l'hésitante O.U.A.[61], à Addis Abeba, en mai 1963.

Dans cette "volonté d'union", les ambitions devinrent rapidement contradictoires ; les uns (Ghana, Guinée française, Kenya...) affichèrent d'emblée des idées jugées trop expansionnistes ; alors que les autres (Côte d'Ivoire, Madagascar, Haute-Volta, Niger, Togo...) optaient pour le cloisonnement. De cette divergence de vue naquit I'O.C.A.M.[62], à Nouakchott en 1965, pour ériger de solides barrières aux frontières de ces nations. L'Organisation fit signer avec fermeté le *"pacte de non-*

---

[60] Le Sénégalais était un citoyen français à part entière, là où les autres Africains n'étaient que des sujets français...

[61] Hésitante, en raison même de son appellation : l'Afrique n'en était qu'à la recherche de "l'organisation" de son unité, alors même qu'il fallait commencer par-là ! Comment pouvait-on, dans ces conditions, bien situer des débats à l'échelle continentale d'abord, et mondiale ensuite ?

[62] Organisation Commune Africaine et Mauricienne et non Malgache, comme on aurait tendance à le croire. Du reste, Madagascar quittait cette organisation, en 1973...

ingérence" dans les affaires intérieures des uns et des autres, et mit un point d'honneur à la notion *"d'intangibilité des frontières"*, avec l'encouragement de flatteurs observateurs étrangers. La division pour mieux régner ! La balkanisation de l'Afrique prenait définitivement effet.

Plus de soixante ans après, où en sommes-nous politiquement avec ces dispositions ? De nos relations entre États, l'on ne peut malheureusement retenir que les innombrables conflits frontaliers. Avons-nous de réels terrains d'entente ? Sur quoi les Africains peuvent-ils baser leurs efforts pour arriver un jour à contrer à l'unisson leurs problèmes ? Dans l'esprit des accords, sous l'égide de la Communauté française ou de son émule, le Commonwealth britannique, les dirigeants africains ont trop tôt lâché prise, juste au moment de faire preuve de concorde pour mieux ajuster les premiers jalons de ces efforts.

VI

LES MAUVAISES HABITUDES

ooo

I. LE MIMÉTISME

- ***L'art du « copier-coller »***

De tout ce qui précède, il résulte que l'Africain "civilisé" n'est qu'une grossière copie ; une copie non conforme. La conformité ici, n'est pas tant de ressembler à quelqu'un ou de se rallier à quelque chose ; nous venons un peu de le montrer. Cependant, et dans le cas précis des pays africains, elle devrait être considérée comme une autre valeur fondamentale, dans la recherche d'une identité ; dans l'approche d'une appartenance raciale. Sous cet aspect, elle intègre le progrès.

Face à cette terminologie, il faudrait faire preuve de courage et se placer à la limite de la rupture, en considérant la contradiction qui établit que l'Africain "civilisé" soit une copie réelle en tant que tel certes, mais une copie de rien du tout, puisqu'au départ, il n'y a pour ainsi dire, jamais eu de modèle. À l'origine, il a seulement été savamment "décivilisé", rendu apte à tirer un trait sur ses racines, par des gens eux-mêmes loin de pouvoir se comporter comme s'ils avaient été placés dans leur environnement naturel. Cette manière de procéder n'est qu'une autre forme d'anesthésie, avant que des étrangers ne donnent d'irréparables coups de scalpels dans le vif de nos civilisations. Nous l'avons également évoqué, les deux principes anesthésiants dans cette opération furent les religions conquérantes.

On pourrait en donner pour preuve le fait qu'encore aujourd'hui, alors même que l'Afrique ploie sous le poids de toutes les misères, ses populations actives trouvent, bon an mal an, les moyens d'apporter leur écot pour assurer la survie de religions qui, chez elles, n'ont plus de valeur réelle que dans la mesure où elles interviennent sur le tard, pour essayer de les "aider" à panser des blessures qu'elles ont du reste contribué à provoquer, dans bien des cas.

Il ne faudrait tout de même pas trop mêler Dieu aux intérêts de quelques hommes ! Le plus préoccupant dans cette situation alarmante – et quitte à choisir vraiment – est de chercher d'abord à vivre décemment sur terre, en laissant à l'Éternel, qui sait plus que quiconque faire la part des choses, le soin des âmes. Au demeurant, depuis quand le Nègre possèderait-t-il une âme ? Contre toute logique, l'Africain continue de payer lui aussi son denier de croyant, comme l'on accomplit un devoir civique. Sa seule excuse, c'est que d'entrée, l'anesthésie se soit avérée efficace et que sa transformation et son extraversion se soient opérées à son insu.

Triste conséquence de cette intervention, le voilà robotisé, sévissant à son tour au sein de nos sociétés traditionnelles ; celles-là qui l'ont malgré tout couvé, avant de le présenter comme un réel espoir aux yeux du monde. Il intervient à son tour pour rançonner de malheureuses gens, qui ne savent plus donner la main qu'à leurs misères. Dans ce qu'il croit être son ascension sociale, il s'est résolument jeté dans la course et à la question *« à qui voudriez-vous ressembler ? »*, il a répondu sans hésiter, *« à l'autre ! »*.

Depuis, il s'est posé en preneur d'otages et se sert des masses populaires, en majorité composées d'analphabètes, pour justifier une certaine différence, tout en essayant vainement de s'introduire dans un circuit de distribution de richesses auquel il n'a qu'exceptionnellement accès. Il demeure un produit fini, mais difficile à consommer, faute d'assimilation. Moitié chair et moitié poisson ? Mi-figue et mi-raisin ? Sous ses aspects caméléon, il s'efforce à jouer les mantes religieuses : un pas en avant et deux pas en arrière. La valse à l'africaine.

- ***La révolte du mouton enragé ?***

Tous les modèles de sociétés connus, depuis l'origine des temps jusqu'à nos jours, sont hiérarchisés selon un type pyramidal. À leur base, on trouve infailliblement les masses laborieuses ; le peuple des vrais bâtisseurs qui édifient les fortunes personnelles et la puissance des nations. Mais c'est également à leur niveau que l'on rencontre toutes ces "fortes têtes" qui couvent les mots d'ordre avant-coureurs des révolutions sociales. À telle enseigne que, dans les nations démocratiques, ces "gens de rien" sont pris en compte par le train du progrès ; celui-là même qui, dans le tiers-monde, devient simplement le train de vie, composé d'un convoi fou qui ne s'embarrasse jamais des "déchets humains". On y refuse systématiquement tous ceux qui ne détiennent aucune valeur économique et donc sociale. Le peuple y devient de ce fait sans conscience et sans recours, et se trouve réduit à se taire.

Les masses populaires sont partout les mêmes. Seuls les différencient leurs dirigeants, dans la mesure de leur appétence et de leur soif du pouvoir. En Afrique, certainement plus qu'ailleurs, la plupart des régimes en place ressemblent à s'y tromper à des groupes d'intérêts économiques, œuvrant en faveur de l'Autre et de lui seul ! À l'intérieur de cette pyramide, les intellectuels – donc les civilisés ! – représentent la seule planche de salut susceptible de jouer un rôle de tremplin entre nos valeurs oubliées et celles que nous avons reçues secondairement. C'est là une priorité absolue dans nos nécessités.

L'heure devrait enfin sonner de ne plus opter aussi singulièrement pour l'Extérieur. Il est dans tous les cas honteux d'estimer de son importance sociale en se comparant à des gens qui ne disposent de rien. Au sortir de l'école, l'intellectuel africain résume le reste de son existence à une seule consonance : L'ARGENT ! Cet argent qu'il perçoit par petits morceaux, sans jamais se demander s'il en gagne réellement, ou si au contraire, l'on lui en vole. Cet argent qu'il laisse de toute façon s'échapper, tel un filet d'eau claire entre les doigts, au profit de l'étranger.

En règle générale, le mouton est le symbole de la douceur et de la soumission, c'est connu. Partant, il ne mord pas. Cependant, si vous laissez la main traîner trop longtemps dans son museau, il finit par resserrer les mâchoires. De ce simple geste réflexe naît la notion du "mouton enragé". Un geste qui le condamnera aux pires sévices... Dès lors, imaginons qu'à force d'incompréhension et de brimades, les masses populaires, qui n'auraient plus rien à perdre – même plus leur vie –, viennent à manifester durablement leur mécontentement. Imaginons un seul instant tous les paysans africains aux portes des villes. Qu'adviendrait-il de nos sociétés actuelles en cas d'un soulèvement populaire général et spontané ? La première réaction des classes dirigeantes serait d'ordonner une répression dont elles seules ont le secret. Pour certains, ce ne serait qu'une simple question d'habitude. Ils n'en seraient plus à un génocide près, à la différence qu'à l'issue de celui-ci, la pyramide sociale s'ébranlerait dangereusement pour perdre de sa hauteur.

Alors seulement, nous réaliserions, un peu tardivement – une autre habitude !– que l'intellectuel africain ne représente pas grand-chose, dans des systèmes chaotiques où il ne fait que se bercer d'illusions. À l'issue d'un tel chaos, deux possibilités s'offriraient à lui :

- faire tout naturellement partie de la nouvelle base de l'édifice ;
- ou bien alors, essayer de résister à la chute et chercher à se hisser vers le sommet.

Dans ce dernier cas, il devrait constamment avoir en mémoire que son ascension s'effectuerait dans un sombre labyrinthe hanté par des gens échaudés qui, à coup sûr, chercheraient quant à eux, à protéger les avantages acquis avec le concours d'alliés étrangers ou d'émules militaires locaux.

Dans cette hypothèse, aussi inenvisageable qu'effrayante, l'intellectuel africain resterait égal à lui-même : "moitié mouton et moitié loup" et ce, uniquement parce qu'il refuse de se mettre à sa vraie place dans sa société ; celle-là où, en ayant des ambitions mieux situées, il serait à même de jouer cet inégalable rôle de médiateur qui lui échoit au naturel. Il devrait dès à présent s'employer à la réduction de l'apothème de la pyramide, en cherchant à faire de son sommet non plus seulement cette pointe égoïste, mais une plateforme sur laquelle il y aurait davantage de places pour ses concitoyens. Alors seulement, il aura trouvé un sens utile à son existence, en aidant nos peuples à se mieux définir ; il aura enfin trouvé un but noble à la course imposée par les normes de la "civilisation".

Un tel langage tient de la "dissidence", dans la plupart des pays africains. Et instantanément, l'on taxe ses adeptes d'intelligence avec des camps interdits. Toujours en vertu de cet affreux complexe d'infériorité, qui veut que l'Africain soit systématiquement exclu des sphères de pensées autonomes. Si Washington, Paris, Moscou, Londres, Madrid, Pékin ou Tokyo sont diversement appréciables, tant au niveau de leurs cultures respectives que des traditions profondes de leurs peuples, la grande majorité des capitales africaines n'en sont que de pâles copies... non conformes. Où sont donc passées nos traditions ? Pourquoi ne vouloir obstinément trouver dans les cartables de nos écoliers que des ordinateurs ? La "civilisation" nous oblige-t-elle vraiment à modifier aussi totalement nos modes de vie ?

L'Afrique noire est en train de perdre irréversiblement son... âme ! Drôle d'euphémisme que celui-ci ! Mais au-delà des assertions de ce bon vieux missionnaire dans l'ex-Congo Belge, le constat est autrement plus sérieux : l'Afrique profonde s'étiole au fil des générations, après nous avoir brutalement échappé, au lendemain de notre mise en contact avec les reflets d'ailleurs. Ailleurs où paradoxalement, des esprits bienpensants s'efforcent à démontrer que certaines de nos valeurs sont inestimables, parce qu'irremplaçables. L'intelligence voudrait que nous nous saisissions de la perche qu'ils nous tendent aussi fortuitement, pour nous mettre enfin au diapason de notre évolution en tant que peuple. Nous pouvons encore le faire ; et notre erreur est de croire que cette tâche incombe à des chercheurs et à des savants venant d'ailleurs, ou pire encore, à des pouvoirs politiques de tous les bords confondus.

II - L'ÉGAREMENT DES INTELLECTUELS.

Éveiller les consciences !

Cet impératif s'adresse tout particulièrement aux intellectuels et aux masses salariales, qui restent notre plus grande chance de réussite. Le tout demeure de les convaincre de changer leurs mentalités négatives ; autant dire appliquer un cautère sur une jambe de bois !

C'est ici le lieu de considérer que la non-participation de nos masses salariales aux prises de décisions et à la mise en application des différents programmes de relance, constitue un gros handicap à nos possibilités de développement. Il est pourtant aisé d'admettre que si ces masses salariales n'existaient pas, nos nations disparaitraient elles aussi. L'ensemble des salaires que nous percevons constitue en effet l'un des moteurs vitaux de nos économies ; mais malheureusement, un moteur qui tourne à contretemps et dont il faut arriver à inverser le mouvement, si nous ne voulons pas que son rendement profite continuellement à l'extérieur.

Le salarié africain sait-il réellement à quoi correspond son traitement ? A-t-il conscience de cet argent trompeur qui ne fait que transiter entre ses mains, pour retourner immédiatement à l'étranger, sans qu'il se soucie de ce qu'il pourrait lui-même créer, en s'en servant autrement ? Certains de ses comportements font croire que non. Si bien que l'éveil, à ce niveau, doit consister à bien comprendre le circuit de cet argent fou qui gravite autour de lui sans qu'il y ait vraiment accès.

Dans la plupart de nos pays, près de la moitié des populations actives sont des gens alphabétisés, susceptibles d'occuper des emplois dans des entreprises et de percevoir en conséquence des salaires. Que ces entreprises soient privées ou publiques, d'où provient donc cet argent servant à payer tant de monde ?

À l'origine (après nos souverainetés nationales), il a bien fallu constituer un capital de base. Et comme nous ne disposions pas d'institutions financières autonomes, il a tout naturellement fallu emprunter auprès du colonisateur, qui tire lui-même une grosse part de ses richesses de nos biens naturels[63]. Cet emprunt, ajouté à d'autres concours financiers (aides, subventions, "dons") concernant d'autres secteurs d'activités, constitue ce que l'on appelle communément notre "dette extérieure", que nous sommes tenus de rembourser avec de forts taux d'intérêt ; simple histoire de "l'argent faisant de l'argent". Et c'est tout logiquement pour cette raison que nous payons certains impôts.

Toutes ses nombreuses charges déduites de son traitement, le salarié africain se trouve à la tête d'un modique capital personnel, qu'il doit gérer pour survivre. Et c'est à ce moment que se pose le problème de sa contribution à l'édification de sa société et qu'il provoque le "scandale", parce que dans cette gestion, il se borne à redonner la quasi-totalité de son capital-avoir à ses créanciers, qui le reprêtent à nos gouvernants ; et la boucle se trouve bouclée.

En effet, tous les biens de consommation rencontrés sur nos marchés proviennent de l'étranger, depuis la voiture utilitaire, jusqu'au simple morceau de sucre, à la moindre goutte d'huile, ou à la buchette d'allumette. Nous ne produisons strictement rien pour assurer notre autosuffisance et par voie de conséquence, ne

---

63 Pour les anciennes colonies françaises, nous insisterons sur cette escroquerie d'impôt de capitation, qui court depuis le début du 19e siècle.

possédons pas de marchés intérieurs pouvant retenir un temps à domicile, une part de nos capitaux. Cette part qui devrait nous permettre de créer des structures de développement auto générées.

À la ville comme à la campagne, nous subissons la même hémorragie ; nous sommes confrontés aux mêmes aliénantes réalités, qui nous font admettre que la barre de chocolat et la tasse de café sont des produits de luxe[64]... Pris dans cette solide toile d'araignée, devrions-nous rester sans réaction ? Le salarié africain devrait malgré tout arriver à se dire que le bonheur qu'il croit dans certains cas être le sien, ne lui appartient pas dans les faits, parce qu'il est trop fictif et trop fondé dans des acquisitions non seulement périssables, mais qui lui coûtent de plus en plus cher.

Une fois encore, sans avoir à chercher "à qui la faute ?", il serait opportun que chacun de nous s'interroge sur cette situation et dans la mesure de son possible, fasse jouer son imagination en vue d'arriver à faire autrement. Si nous tenons à évoluer dans le bon sens, la rigueur nous impose de mettre en cause certains de nos comportements ; de chercher à déterminer tout ce qui, en nous et autour de nous, nous tient aussi solidement attachés à des habitudes absurdes.

Puisque nous possédons cette faculté inouïe de pouvoir rêver éveillés, changeons donc de rêve ! Car au demeurant, si nous établissions objectivement le parallèle entre ceux que nous nous évertuons à copier et nous-mêmes, nous nous apercevrions très vite que les écarts et les lacunes qui nous en séparent sont énormes, et seulement aux dimensions de notre continent, dans le laisser-aller. Nous pensons avoir suffisamment décrit le processus de cette déchéance, dans le chapitre consacré à l'alphabétisation...

Ainsi, au bout du chemin, l'intellectuel africain aura amassé beaucoup de connaissances pour devenir improductif et sans impact aucun sur son modèle de société. À la différence de l'Occidental, il a réussi à créer cet extraordinaire monde à demi-teinte de technocrates inutiles, mais se prenant quand même très

---

64 Nous avons déjà vu que la Côte d'Ivoire reste l'un des leaders mondiaux pour la production de ces denrées...

au sérieux, parce que dans leur for intérieur miné par les tromperies, ils croient sincèrement représenter quelque chose.

Un faux argument consiste à dire : *« oui, mais l'Occidental lui, a les moyens de s'exprimer et de se mettre en valeur, alors que nous ! ... »* En réalité, le problème pour nous c'est, en dehors des moyens en question, la confiance et la motivation que nous nous accordons pour susciter ensuite une crédibilité aux yeux de décideurs qui, africains ou autres, donnent leur préférence à des étrangers.

Et pourtant !

Pourtant, il existe des "génies" en Afrique, soit dit sans euphémisme. De "grosses têtes" dont on ne fait que de simples "ronds de cuir" dans des bureaux, où l'on décide de loin à leur place. Des génies sans moyens d'expression, étouffés par le marasme continental, parce que sous-estimés, méconnus et ignorés. On leur impose parfois pour maîtres à penser des gens qu'ils ont dans certains cas surclassés dans les facultés étrangères ; des assistants "techniques" qui, bien que ne disposant pas toujours des compétences requises pour faire avancer nos pays, priment lourdement à tous les niveaux de notre développement.

Ceci n'est que la conséquence logique d'une abdication trop facilement consentie, dès notre prime enfance. Nous restons pris au piège de cet étonnant complexe d'infériorité qui nous interdit de réaliser que nous sommes parfois les meilleurs ambassadeurs de ces mêmes cultures étrangères qui nous assujettissent.

Toujours dans le cadre du parallèle amorcé plus haut, quels sont les écarts financiers séparant, à qualification égale, le "cadre" africain du "coopérant" étranger ? Prenons comme exemples le traitement salarial de deux ingénieurs NTIC débutants : l'un, expatrié Français ; et l'autre, Africain, à domicile. Tous deux ayant effectué les mêmes études et obtenu le même diplôme, dans la même école, la même promotion, en France.

* **Dans la moyenne des pays africains**[65], l'ingénieur autochtone perçoit un salaire net moyen d'environ 300.000

[65] Le Sénégal et la Côte d'Ivoire, par exemple.

francs CFA ; soit environ 460 euros. Un traitement qui doit lui permettre de :

- payer un loyer à une société immobilière étrangère ;
- nourrir une famille (nombreuse !) avec des produits essentiellement étrangers ;
- s'acheter un moyen de locomotion, forcément étranger ;
- posséder un certain nombre d'articles de luxe ou utilitaires (télévision, chaîne vidéo, téléphone, chaîne HI-FI...) ;
- faire face à tous ses créanciers, la plupart du temps, par des prélèvements automatiques, "à la base" ;
- aller à ses matchs de football le dimanche et satisfaire ses autres loisirs ;
- faire preuve d'hospitalité et de convivialité, en recevant ses nombreux amis et parents, qui ne lui rendent visite qu'à la fin du mois ;
- s'inscrire à quelque club à la mode, histoire de rester "*in*" ;
- aider ses parents à s'habituer à leurs misères ;
- entretenir au moins une maîtresse ; laquelle choisira toujours de mener un train de vie au-dessus de la moyenne et par conséquent au-dessus des moyens de notre ingénieur, dont la vie est ainsi réglée douze mois par an, vu que pendant celui de ses congés annuels, il préfère rester à la ville, parce que, eu égard à sa condition d'homme "civilisé", il a honte d'aller replonger dans son coin de brousse natal.

En somme, avec son mois, il est peu fier et en aucune façon, il ne peut prétendre accéder au rang de la crème sociale et à ce *nec plus ultra* qu'il envie tant. Malheureux point suspendu, il se trouve normalement endetté jusqu'à la hauteur de son appétence personnelle. Les choses se passent ainsi, probablement trois fois sur quatre, pour être modeste !

* **Pendant ce temps**, le salaire mensuel net de son congénère français est 7 fois plus élevé, soit 2 920 euros. En application de la loi Lamine Gueye[66], ce traitement est

[66] Alors député à l'Assemblée de l'Union Française, Lamine Gueye fit voter la loi portant son nom, et qui stipulait qu'un coopérant français qui percevait un franc français en métropole, en percevrait un CFA, dans les territoires d'Outre-Mer, soit le double. L'esprit de cette loi demeure dans certains

automatiquement doublé, à sa prise de fonction en Afrique. Soit 5 840 euros (14 fois celui de l'Africain !). À quoi il lui sera ajouté : ses multiples primes et indemnités (logement, dépaysement, "expatriation", charges familiales, technicité, risques multiples, etc...) ; tous ces "petits détails" qui font qu'au final, son salaire sera majoré de 15 à 20%, pour atteindre la coquette somme de 7 000 euros (environ 4 500 000 francs CFA), en grande partie (60 à 70%) supportée par le pays d'accueil.

La comparaison, on le voit, n'est pas à faire, parce qu'insoutenable. L'écart est si grand que, notre complexe aidant, nous finissons par admettre que la chose est normale et méritée, alors même qu'il s'agit d'un pillage manifeste. D'autant qu'en l'occurrence, la France ne prend en charge que le salaire de base, tel que pratiqué en métropole. Le pays africain "nécessiteux" supporte la différence ; dans ce cas, la bagatelle mensuelle de 4 000 euros (2 650 000 francs CFA) ...

Bien entendu, entre ces deux ingénieurs, il n'existe aucun contact social possible (trop de différences !). Dans sa "supériorité", le coopérant reste bien tranquillement dans son coin, se moquant pas mal d'un éventuel apport de sa part à la collectivité qui l'enrichit. Il consomme des produits de son terroir, puisque nous n'avons rien à lui proposer en échange. Si bien que de près comme de loin, il contribue de façon égale à la construction de sa nation d'origine.

Notre souci de copieurs doit-il consister à l'aider à expatrier nos capitaux ? L'aider à nous ruiner ? Ou au contraire, devons-nous chercher à faire vraiment comme lui, en utilisant tout cet argent que nous gaspillons, à construire nos pays ? À ces questions, nous restons convaincu de ce que chacun de nous en possède les bonnes réponses. Il ne nous suffirait donc que de réagir positivement.

Par la faute de comportements laxistes, nous avons perdu jusqu'aux traces les plus profondes et les plus inaliénables de nos civilisations d'origine. Nous perdons irrémédiablement les bases de notre entité, alors que notre devoir est d'avoir la volonté de concevoir une Afrique africaine, en acceptant nos conditions naturelles et en les assumant pleinement, avec nos propres

---

accords de coopération avec la France. Dans certains cas, il a même été amélioré...

moyens. Nous avons à modifier certains de nos comportements et MAINTENANT !

Notre atout-maître pour y arriver est cette chance de nous trouver à la croisée de tant de civilisations dont la sommation, judicieusement faite, nous aiderait incontestablement dans la voie de l'utile. À bien des égards, nous en avons les moyens, tant au plan culturel que financier et humain. Tout ce qui nous manque pourrait se résumer en ces quelques points :

- adapter nos mentalités à nos réalités ;
- avoir de l'imagination et l'esprit de groupe, afin de constituer des blocs dans le but de promouvoir des sociétés qui nous permettraient de posséder en commun des marchés autonomes, aussi bien à l'intérieur de nos nations qu'entre elles. Ce serait l'une des voies prenables pour retenir en partie nos capitaux à demeure ;
- nous tourner vers les masses paysannes afin de les instruire et leur permettre de rentabiliser les campagnes, qui resteront encore longtemps le vrai point de départ de notre développement.

Nous pouvons réaliser tous ces points, à condition de bénéficier d'un réel effort de volonté politique de groupe, de la part de nos dirigeants.

QUATRIÈME PARTIE

LES RELATIONS ENTRE LE NORD ET L'AFRIQUE

VII

L'AFRIQUE, CE SOUS-CONTINENT ?

ooo

I - ON CONTINUE DE NOUS VOLER !

« On nous a trop volés ! », clamait Félix Houphouët-Boigny en 1932, face aux exactions coloniales dans son pays, notamment dans le domaine agricole. Depuis lors, les choses ont empiré. À telle enseigne que dans leur ensemble, les relations entre le Nord et l'Afrique pourraient être meilleures, c'est indéniable. Elles sont même mauvaises, dans la seule mesure où les pays africains ne servent que de sources de matières premières aux pays industrialisés et qu'ils sont trop mal "payés" en retour.

Dans ce face-à-face pour le moins déséquilibré, où les scrupules et les sentiments n'ont pas cours, la course vers le progrès se fait de façon diamétralement opposée : les uns continuent de s'enrichir, alors que les autres s'appauvrissent de plus en plus. La simple application du principe des vases communicants. Sachant cette différence primordiale, notre erreur consiste à vouloir construire des modèles de sociétés exactement calqués sur ceux des pays dits "avancés". Cet entêtement constitue sans nul doute possible, le tout premier frein dans l'élan des pays industrialisés à nous aider objectivement ; cela équivaudrait, dans ces conditions, à se couvrir de ridicule à leur tour.

Ne pouvant pas pousser la sottise jusqu'à nous attendre avant d'évoluer eux-mêmes, ils sont obligés de laisser le fossé se creuser (par qui vraiment ?) à nos dépens ; et ce n'est que de bonne guerre ! À tel point qu'à l'heure des libertés et du respect des Droits de l'Homme et du Citoyen, aucun de nos pays ne peut remuer le petit doigt, sans être puni en retour par des sanctions économiques insupportables. En guise d'illustrations, voici quelques exemples choisis dans les secteurs clés de nos possibilités de développement.

1. La sueur du Nègre

L'importance que nous accordent les pays industrialisés à ce niveau se résume à trop peu de chose ; car en fin de compte, qu'elle est donc la situation d'ensemble ? Sommairement, retenons que les pays du tiers-monde tirent l'essentiel de leur existence (en tant que nations) de deux lignées de produits dont l'exploitation est non seulement temporaire, mais également incertaine, dans la mesure où, avec les progrès de la science, on leur trouve de plus en plus de succédanés. Ce sont :

- Les productions minières : aluminium, uranium, nickel, cuivre, pétrole, bauxite, phosphate, or, diamant...
- Les productions agro-pastorales destinées à l'exportation : café, cacao, arachide, thé, coton, banane, ananas, caoutchouc, anacarde, huile de palme, bois, ivoire, peaux de bêtes ...

Comme on peut le voir, il s'agit là de productions dont le contrôle commercial échappe totalement à nos pays, qui ne sont parties prenantes que pour des parts dérisoires dans leur exploitation finale ; et de ce fait, la logique du capital (l'argent qui fait de l'argent !) veut que leur prix de vente soit fixé par les acquéreurs, c'est-à-dire, le cas échéant, les véritables patrons.

Les parts revenant aux pays producteurs n'échappent pas à ce circuit aliénant, pour être vendues librement. Les ventes se font entre actionnaires, ce qui revient à dire qu'en définitive, les mêmes sociétés et donc les mêmes personnes, en détiennent le monopole.

- ***L'uranium nigérien***

L'un des exemples africains les plus frappants en ce domaine, est à coup sûr celui du Niger qui, dans les années soixante-dix, basait son économie nationale sur l'exportation de l'arachide (dix milliards de francs CFA, soit environ soixante pour cent de son budget). Avec la dégradation des conditions de travail du paysan, l'uranium est arrivé comme une planche de salut inespérée pour ce pays, grâce aux investigations du Bureau de Recherches Géologiques et Minières (BRGM).

Après une propagande mensongère, au cours de laquelle le pouvoir en place promit au paysan que son écosystème naturel allait devenir "un deuxième Paris", le Président Hamani Diori et la firme SOMAIR en inaugurèrent le premier site à ciel ouvert à Arlit, dans la région d'Agadez. Cela se passait le 2 février 1969, au lendemain de l'indépendance du Niger. À compter de ce moment, les choses s'accélérèrent à une allure vertigineuse :

- En 1970, le C.E.A.[67] en acheta la concession pour soixante-quinze ans et l'exploitation des mines commença, sous le contrôle de la France ; le C.E.A. en possédant 64,40% des parts.
- En 1975 s'ouvrit une deuxième mine (souterraine), avec la société COMINAK ; cette nouvelle réalisation suscita immédiatement la création de la COGEMA (Compagnie Générale des Matières nucléaires) qui fusionnera avec le C.E.A., pour engendrer le tout puissant AREVA. La mine de COMINAK est contrôlée à 34% par cette nouvelle société.
- Toujours en 1975, fut ouverte dans la même région (Agadez), la mine de charbon de SONICHAR, centrale thermique pour alimenter les usines d'exploitation d'uranium d'AREVA.

En 1978, les principaux partenaires sociaux dans cette affaire étaient :

- la France (C.E.A/COGEMA et SOMAIR, donc AREVA) : 34% ;
- le Niger (ONAREM) : 31% ;
- le Japon (Overseas Uranium Resources Development : OURD) : 25% ;
- l'Espagne (ENUSA) : 10%.

Toutefois, comme le Niger était tenu de vendre préférentiellement son quota au C.E.A., la France se trouvait donc largement majoritaire, avec 65% des parts, soit environ 20% des ressources totales. Selon la revue Europe-Outremer (N°597), ce pays couvrait ainsi 40% des besoins de ses centrales nucléaires (environ 3 000 tonnes d'uranium) !

Le "boom" économique grâce à l'uranium donna des ailes au gouvernant nigérien, qui en profita pour lancer plus de 200 permis de recherche minière, de 2000 à 2007. Deux autres mines furent ouvertes : celle de la SOMINA (Société des Mines d'Azelik) en 2007 et surtout la mine d'IMOURAREN, la plus grande mine à ciel ouvert d'Afrique et la deuxième au monde. Toujours sous le contrôle d'AREVA et de la France...

---

[67] C.E.A. : Commissariat à l'Énergie Atomique (France), à ne pas confondre avec la Commission Économique pour l'Afrique.

Pour Agadez et sa région, le "deuxième Paris" était bien en place. Plus de gazelles, plus de bergers, plus de pâturages, plus rien au naturel. Pas de Tour Eiffel non plus ! À la place, la désolation et les pires misères. Surtout, lorsqu'on retient qu'à l'époque, le SMIG au Niger était inférieur 27.000 francs CFA, (49 USD)[68] et que les mines, tout comme en Namibie, sont toujours exploitées à ciel ouvert[69]. On réalise aisément le bénéfice que tirent les multinationales, de ces terres brûlées. Rien d'étonnant donc que le gouvernement nigérien ait procédé à des "ventes sauvages" en faveur de la Libye (300 tonnes) et du Pakistan (150 tonnes), pour en tirer un meilleur parti. Ce qui lui valut trois conséquences immédiates :

- une augmentation de ses parts (de 31 à 33 %), mais surtout ;
- d'être sévèrement rappelé à l'ordre ;
- d'être contraint de signer le traité de "non-prolifération de l'arme nucléaire", permettant à la France d'interdire ces ventes. Parlez donc d'un pillage !

À la veille de 2013, au moment venu de la renégociation du contrat ci-dessus, il y eut comme un réel espoir pour le Niger, de se donner une bouffée d'oxygène quant à son économie nationale. Hélas, c'était sans compter avec la rapacité de ses prédateurs et pour cause ! La France venait de changer d'étiquette à la bouteille, sans en changer significativement le contenu, concernant le Niger : AREVA (l'État français) venait de s'octroyer la concession ; alors que la SOMAÏR et la COMINAK, deux sociétés de droit nigérien, créées en 1968 et 1974, devenaient des filiales d'AREVA. Il leur fut confié l'exploitation des deux mines "actives" d'Arlit (SOMAÏR) et d'Akouta (COMINAK). Un "troisième larron", la SOPAMIN, hérita de la "gestion" des parts de l'État nigérien[70]. La nouvelle répartition du capital devenait la suivante.

---

[68] Le SMIG nigérien est, depuis le 17 août 2012, de 30 047 francs CFA (environ 55 USD), soit un accroissement de 46%... En 1975, le SMIG gabonais, alors en plein essor pétrolier, n'était que de 17 500 francs CFA...

[69] Les mineurs, sans couvertures sociales d'aucune sorte, souffrent logiquement de tuberculose pulmonaire, de silicose, de cécité, de néphropathies diverses, ainsi que de nombreuses affections dermatologiques...

[70] L'État nigérien doit payer les prestations de cette société, à qui il concède une part de son capital social...

- Sur Arlit : AREVA : 63,6%, SOPAMIN : 36,4%.
- Sur Akouta : COMINAK (AREVA) : 34%, SOPAMIN : 31%, OURD (Japon) : 25%, ENUSA (Espagne) : 10%.

De cette exploitation, le Niger ne tirait qu'environ 300 milliards de francs CFA, soit 13% de la valeur exportée en ce minerai... Et le tour était joué ! La France continua de toucher le jackpot... Les minerais vont toujours se faire traiter dans les usines de Comurhex, pour enrichir le Français au détriment du Nigérien. Quoi de plus normal ! Les mines sont toujours exploitées sans considération pour les valeurs humaines nationales et pour leur environnement ; le SMIG local est resté dans un *statu quo ante*.

En clair, la situation est devenue pire pour ce pays, qu'elle ne l'était naguère. Et lorsque le gouvernant nigérien a le malheur de vouloir améliorer le sort de ses concitoyens, la France menace sans vergogne de lui abandonner ses mines et d'aller en exploiter d'autres, en Mongolie, en sachant que cette pratique lui demanderait un minimum de dix années pour s'accomplir. Tout un argumentaire fait de mensonges, de bluff et d'intimidation...

De toute évidence, une telle situation est inacceptable. En tous les cas, elle ne concerne en rien les jeunes générations, ni en France, ni au Niger, où leur grande majorité ignore tout de Valéry Giscard d'Estaing et d'Hamani Diori. Dès lors, pourquoi continuer de la leur imposer avec autant de mépris et de désinvolture, et à leur insu ? La France jouant avec le plus grand danger de l'histoire de l'humanité : l'énergie nucléaire...

Aujourd'hui, grâce à l'uranium du Niger, la France assure le tiers de sa couverture en énergie nucléaire, cependant que 90% des populations nigériennes ne bénéficient pas encore de l'électricité... Pourquoi tant de méchanceté, dans le pays le plus pauvre de la Planète ? Vraiment n'importe quoi, de la part des champions du monde de la démocratie, des libertés et des droits de l'homme ! La France peut-elle afficher le même mépris et tant d'arrogance, vis-à-vis de l'Afghânistân, son plus gros fournisseur d'uranium avant le Niger ? Peut-elle interdire des "ventes sauvages" à ce pays, en Extrême et au Moyen-Orient ? Une France en plein "Code noir", au cœur de l'esclavage moderne ! Simple affaire d'héritage à assumer, toujours dans la confusion des intérêts.

- ***Ailleurs en Afrique***

Les exemples comme le Niger, il en court à travers toute l'Afrique, sans aucune exception. Et invariablement, on pourrait broder autour du cacao en Côte d'Ivoire ; de l'or au Ghana et en Afrique du Sud ; du pétrole au Nigeria, au Congo Brazza et en Guinée Équatoriale ; du diamant en Sierra Leone ; du nickel et du cuivre au Congo RDC et en Zambie...

Aujourd'hui, acheter ne serait-ce qu'une action du cuivre zambien ou congolais, relèverait pratiquement de l'inconscience en bourse. Le prix du cuivre zambien, de même que celui de son nickel, peuvent en effet "sauvagement" fluctuer d'une année sur l'autre, sans raison autre que le seul caprice des acquéreurs britanniques ou chinois, qui ne tiennent aucunement compte de ce que la Zambie fonde l'équilibre de son économie sur la vente de ces métaux.

De même, on sait qu'un pays tel que le Ghana tire les deux tiers de ses revenus nationaux du cacao. Or si des calculs simples permettent d'établir que, dans les années soixante, il suffisait d'une tonne de ce produit pour acheter une voiture utilitaire, aujourd'hui, ce rapport est voisin de cinquante ; et encore, tout dépendra du cours du cacao et de la marque de la voiture !

Par ailleurs, il est bien plus facile encore de constater la différence de prix entre la barre de chocolat ou la tasse de café dans les restaurants et hôtels de grand standing, et le kilogramme de ces produits à leur origine, chez le producteur ! Faut-il abusivement continuer de justifier ces écarts par les faux arguments qui consistent à mettre en avant-plan *le long - processus - d'élaboration - et - de - transformation - séparant - la production - de - la - consommation* ? S'il est vrai que le papier d'aluminium (issu du tiers-monde) entourant une barre de chocolat ou un paquet de café, *« a requis entre mille et deux mille fois plus d'énergie que les denrées qu'il contient »*, il est encore plus vrai que les pays industrialisés pourraient accorder une valeur humaine méritée aux paysans Africains et améliorer leur sort... Au demeurant, pourquoi ne pas chercher à créer des chocolateries en Afrique, plus près des producteurs de cacao ?...

Bien que son coton soit reconnu comme étant l'un des meilleurs au monde en qualité, le Togo est parfois obligé de le brader, parce que de plus gros producteurs n'arrêtent pas de "casser les prix" (ressources humaines chinoises obligent !).

Le Burkina-Faso ne "sait pas commercialiser" son beurre de karité qui, produit diététique à l'état pur, n'a rien à envier aux autres corps gras truffés d'agents chimiques, aussi nocifs les uns que les autres, qui inondent les marchés africains. À une certaine époque, parler seulement de beurre de karité en Europe ou ailleurs qu'en Afrique vous faisait passer pour un affabulateur...

Comparez les prix du haricot vert du même Burkina-Faso et du Kenya entre les paysans Africains (producteurs) et les consommateurs européens, et vous vous ferez une idée plus précise, quant aux écarts qu'on peut relever. Il en est de même entre l'arachide sénégalaise ou nigérienne et les différentes marques d'huile d'arachide et de margarines...

Aujourd'hui, l'huile de palme est décriée comme une denrée « tueuse », cependant même que les Africains et les Indochinois en consomment des quantités incroyables depuis des siècles, sans conséquences avérées sur leur état de santé. À la rigueur, pourrait-on dénoncer les inconvénients de la pratique de la monoculture du palmier à huile à échelon industrielle, notamment en Malaisie, ainsi que ses incidences sur l'équilibre écologique ; cela se défendrait mieux ; mais que l'on arrête de diaboliser l'huile de palme qui, de surcroît, peut être industriellement convertie en biocarburant !...

Comme on peut le voir, ce genre de constats est très amer. Mais, bien plus amer encore reste le goût de la sueur du Nègre, qui a moins de valeur en Afrique que dans le reste du monde.

2. La Françafrique, le franc CFA et l'aliénation

- ***L'impôt de la honte***

Tous les exemples ci-dessus sont mineurs, comparés à la plus avilissante des situations vécues dans certains pays africains. Pour l'Afrique "moderne", cette déchéance prend effet à la fin des années soixante ; c'est-à-dire, à cette période à laquelle commençait à souffler un vent de révolte en Afrique.

On s'en souvient : ce fut d'abord la Guinée française, où Ahmed Sékou Touré afficha sa volonté de se détacher du carcan français, en parlant ouvertement "d'indépendance". Bien mal lui en prit, car faisant preuve de générosité, la France s'adonna au saccage de tous les "biens" de ce pays, acquis sous sa botte coloniale : hôpitaux, écoles, bâtiments administratifs, engins (avions, automobiles...), furent réduits à néant. Puis, vint le tour du Dahomey d'Émile Derlin Zinsou qui, très tôt, sut parer au danger en proposant de s'acquitter d'un impôt pour affranchir son pays de cette catastrophe.

Cependant, à l'époque, ces deux jeunes présidents, ivres de passion et de révolte, étaient très loin de la vérité. Car dans les faits, un impôt de capitation existait depuis belle lurette. Il avait pris effet au Sénégal, après que Napoléon III l'eût décrété le 4 août 1861. Le Second Empire français, alors à son apogée, en avait décidé ainsi, afin d'éviter de supporter des frais inhérents aux activités coloniales en cours. Taillables à merci, ces Territoires d'Outre-mer, par ailleurs contraints à l'esclavage et aux travaux forcés, n'eurent de recours qu'une soumission totale et sans conditions. En clair, cela fait plus de cent-soixante ans que dure cette escroquerie à ciel... ouvert, elle aussi.

Cette situation ressemble à s'y tromper à celle alors en cours dans les îles (Martinique, Guadeloupe, Haïti, Guyane...), où des êtres humains étaient mis à mort, pour avoir essayé de revendiquer l'amélioration de leur sort. Le Code noir sévissait. L'Afrique en plein esclavage, rien de moins...

Pour les tout récents Chefs d'État de ce continent, la menace planait, de revenir dans leur passé traditionnel ; de retourner à leur statut social d'avant la colonisation ; de redevenir des "esclaves", comme certains de leurs parents, vis-à-vis d'autres maîtres africains. Il leur fallait à tout prix éviter ce pire. En l'occurrence, il leur fut préférable d'accepter, sans rechigner, la domination du nouveau maître...

Aujourd'hui, quatorze pays de cette zone font l'objet de cet impôt colonial de la honte[71]. Et bon an, mal an, ils ont le devoir de s'en acquitter sans rechigner, à travers des fonds de "réserves" déposés à la Banque de France. Le montant annuel avancé serait de 500 milliards de francs CFA.

---

[71] Il s'agit du Bénin, du Burkina Faso, de la Guinée-Bissau, de la Côte d'Ivoire, du Mali, du Niger, du Sénégal, du Togo, du Cameroun, de la République centrafricaine, du Tchad, du Congo (Brazzaville), de la Guinée Équatoriale et du Gabon.

Un calcul simple permet d'estimer ce montant, depuis son origine, à environ 80 à 100 000 milliards de francs CFA (152 milliards d'euros) ; et ce, sans prendre en compte les intérêts légitimement liés à ce genre d'épargne. D'autant que, c'est une partie de ces fonds, que la France distrait pour effectuer des prêts à ces mêmes pays, qui remboursent cette "dette extérieure" avec des taux d'intérêt exorbitants.

- ***La françafrique***

Désormais, suite à l'effronterie de deux jeunes Chefs d'État, la graine de la révolte allait continuer de germer ; dès lors, comment concilier deux tendances diamétralement opposées ? Telle fut la question à laquelle ces Chefs d'État eurent à répondre, ensemble et rapidement, en prenant soin de limiter "la casse". Ainsi allait naître la françafrique, dans ce climat aussi délétère qu'avilissant, pour signer définitivement la relégation du Nègre au fond de la fosse. Pour lui consentir la possibilité de respirer, la France lui accorda son "indépendance", à condition qu'il continuât de payer cet impôt. Pour l'accomplissement de cet inique forfait, on lui attribua une monnaie : le franc des colonies françaises d'Afrique ; ce fameux franc CFA.

Une nouvelle entité coloniale venait de se mettre en place, entourée d'épouvantails économiques de toutes sortes : inflation, récession, croissance, dévaluation, parité... Bref, toutes ces choses qui autorisent la France à agir en saigneur, en rendant ces pays de plus en plus pauvres et dépendants. Elle incita à la création d'un noyau dur pour assurer la pérennisation de ce nouveau système, en suscitant la création d'un Conseil dit de l'Entente. À la baguette, Messieurs De Gaulle, Jacques Foccart et Félix Houphouët-Boigny...

Dotée du plein pouvoir, la France s'octroya dès lors tous les droits dans cet espace providentiel en Afrique. Dès lors, elle y dicta sa loi et gare aux contrevenants. À grands coups d'État, de guerres civiles et de génocides, elle fait et défait des Chefs d'État dans cet espace. Et l'impôt de capitation d'y sévir tranquillement, au vu et au su de tous, amis comme ennemis de la France sur terre.

Un impôt pour les *« avantages de l'esclavage et de la colonisation »*. On ne pouvait mieux ! La Côte d'Ivoire en donne un très bel exemple, en consacrant des ruines coloniales dans les quartiers "France" et "Impérial", à Grand-Bassam, l'une de ses anciennes capitales. Une véritable honte, étalée aux yeux de nombreux touristes venant y contempler des vestiges de la bêtise humaine. L'Afrique réduite à sa plus simple expression. Un continent entier mis sur le même pied qu'une simple nation !...

Aujourd'hui, que représente réellement l'Afrique aux yeux des autres continents ? À vrai dire, pas grand-chose ; voire même, rien du tout. Elle ne pèse que par le nombre de ses enfants, qui constituent une menace démographique pour le monde entier. Cependant, retenons le proverbe Agni qui nous enseigne que *« lorsque vous êtes porté disparu en pleine forêt, si personne ne vous voit, vous continuer de vous voir vous-même »*. Autrement dit, l'importance de l'Afrique doit d'abord concerner les Africains.

Dès lors, en dehors de ses seuls intérêts économiques, que gagne la France à vouloir jouer les soldats sur ce continent ? À travers toutes les opérations qu'elle y mène, tout porte à croire que ce pays est pris au piège d'une filiation traditionnelle. Simple question d'honneur à assumer et à laquelle souscrivent invariablement tous ses régimes successifs, de gauche comme de droite. Le tout restant de savoir jusqu'où elle compte aller dans cet engrenage.

- ***Le franc CFA et la violence de fait***

Au départ, le *« franc des colonies françaises d'Afrique »* fut créé en 1939, pour entrer en fonction en 1945. C'était aux temps forts de la colonisation et de la seconde guerre mondiale. C'est dire d'autres impératifs et d'autres significations. Aujourd'hui, à l'heure de toutes les libertés, le maintien d'une telle monnaie constitue une péjoration à la face des pays africains qui en ont encore l'usage. À cette offense, plusieurs raisons simples :

- Du fait de son appellation et de son recouvrement acronymique d'origine, elle indique que ces pays sont toujours des colonies. Ce n'est qu'une évidence première.

- Le substantif "franc" induit une trop grande soumission à la France ; d'autant que ce pays a lui-même renoncé à cette monnaie.

- Il est le symbole de l'arrogance affichée par la France vis-à-vis de ces colonies modernes : à sa création, il valait le double du franc de son modèle d'origine ; en 1994, il fut brutalement dévalué, pour inverser cette tendance ; aujourd'hui, à travers l'euro, ce rapport est de 1 pour 700...

Malgré toutes les justifications techniques qu'on lui accorde, ce franc fait l'objet de débats contradictoires depuis de nombreuses années. De sorte qu'on aurait pu (et dû !) l'appeler autrement. Au contraire, il a fallu obstinément conserver la même abréviation.

Tant et si bien qu'aujourd'hui, l'appellation franc CFA signifie *"franc de la communauté financière d'Afrique"* pour les pays membres de l'UEMOA (Bénin, Burkina Faso, Côte d'Ivoire, Guinée Bissau, Mali, Niger, Sénégal, Togo) ; et *"franc de la coopération financière d'Afrique"*, en Afrique centrale pour les pays membres de la CEMAC (Cameroun, Congo, Gabon, Guinée Équatoriale, République de Centrafrique, Tchad). Que de changements d'étiquette à la bouteille, sans en toucher le contenu ! Autant de raisons pour battre en brèche tant de bavardages de la part de ses défenseurs.

À l'inverse, imaginons un seul instant que, par le plus grand des hasards, ces Chefs d'État se réveillent de leur hypnose collective ; qu'ils refusent de payer un tel impôt ; qu'ils daignent sortir de l'emprise d'une monnaie reniée à son origine par la France. Imaginons qu'ils décident de la création d'une monnaie autre ; qu'ils raccrochent cette nouvelle entité à l'espace BRICS (par exemple !). Imaginons qu'ils créent des marchés internes à l'Afrique ; qu'ils initient de vrais "grands travaux" sur le continent ; qu'ils dépensent moins d'argent dans des acquisitions militaires complètement insensées ; qu'ils s'adonnent à moins de biens mal acquis... Bref, autant d'initiatives qui donneraient à l'Afrique une face respectable. Il ne suffirait pour y parvenir, que d'un peu de courage et d'honnêteté ; sans doute, d'un peu d'audace aussi.

Au demeurant, cette situation est unique au monde, d'autant qu'ailleurs qu'en Afrique, il n'existe pas de cas similaire dans les pays anglophones, hispanophones ou lusophones. Dès lors, comment savoir fonder l'Union Africaine sur des bases aussi dissemblables qu'aléatoires ? Une telle situation appelle de nombreuses interrogations :

- Quels que soient leurs niveaux intellectuels, les Chefs d'État actuels de ces pays sont-ils conscients de cette situation ? De toute évidence, oui et parfaitement. En ce qui les concerne, elle constitue sans doute la source première des corruptions, de tant de biens mal acquis et de violences économiques. Le bâillon du lendemain des indépendances.

- Alors, pourquoi restent-ils sans réaction ? Parce qu'elle leur profite, à titre personnelle, voire individuelle. Sans doute aussi, parce qu'ils ont peur de tomber de leur piédestal.

- Les peuples africains savent-ils ces faits ? Certainement pas, du moins dans leur grande majorité ; autrement, ces pays seraient en proie à des révolutions salutaires et sans lendemain pour leurs responsables politiques du moment.

- Quelle est la réaction normale attendue ? Elle devrait consister à mettre fin à cette arnaque ; et oser demander collectivement à la France de rétrocéder ces fonds, en y indexant les taux d'intérêt idoines.

- Ces pays doivent-ils continuer de végéter au sein de la zone "franc" ? Non bien sûr ; d'autant que la France elle-même y a renoncé sans hésitation, au bénéfice de l'euro. Et du reste, ne sont-ils pas nombreux, les pays africains ayant choisi de battre librement leur monnaie, sans que cela porte atteinte (outre mesure), à leur croissance économique ? Seul devrait compter le premier pas, pour franchir cet écueil. Le développement des pays africains, c'est avant tout une affaire de volonté, plutôt que l'esclavage économique.

- Ces quatorze pays peuvent-ils adopter une monnaie nouvelle commune ? Oui, bien entendu. Il apparaît évident qu'en agissant ensemble (sans tricheries !), ils pèseraient plus lourds dans la balance mondiale.

- Une telle monnaie serait-elle viable, face à celles des puissances économiques actuelles ? L'exemple des pays du groupe BRICS (Brésil, Inde, Chine, Afrique du Sud) nous laisse croire en une telle possibilité. Les pays africains concernés disposent de nombreux atouts pour y parvenir, à commencer par leurs ressources (encore disponibles !) en matières premières et aussi, par les compétences dont ils disposent, au plan de leurs ressources humaines.

- Dès lors, pourquoi tant en parle pour en faire une affaire d'experts supposés ? Sans doute en raison du complexe chez l'expert africain, qui l'oblige à étaler ses "compétences" aux yeux de ses maîtres, pour se faire apprécier d'eux. Du reste, de quelles compétences s'agit-il et à placer dans quel plateau de la balance ?...

Et ainsi de suite, dans la cascade de la reculade en Afrique où, en tout état de cause, le bout du tunnel se trouve encore trop loin.

II - ÉVOLUTION DES POPULATIONS AU NORD ET EN AFRIQUE

À défaut d'une réaction courageuse de la part de dirigeants africains piétinés, il existe sans doute un recours incontournable. On pourrait l'appeler la "déferlante" ; c'est-à-dire, le cas échéant, ce flot humain qui insidieusement, continue de s'amasser autour des centres urbains africains.

Au moment où l'Europe et l'Amérique ferment plus hermétiquement leurs frontières, il faut en effet espérer que ce peuple avide de bien-vivre aura le réflexe salutaire de balayer ce petit monde de corrompus. Le récent exemple de Chefs d'État se croyant très puissants et intouchables, mais ayant quand même fait les frais d'une telle marée humaine, devrait inciter à y croire... Et nous devons y croire.

Pour l'heure, la soumission est scandaleuse de la part de nos Chefs d'État, mis au pas pour danser un drôle de "boléro", orchestré par de simples individus, héritiers de tortionnaires esclavagistes. Des usurpateurs qui ont pris "d'assaut" le continent, pour y jouer les petits soldats sur des tas d'or...dures ; sur des dépouilles coloniales, dans les ports, les aéroports ou sur des rails désaffectés, réchauffés et remis au goût du jour ; des infrastructures désuètes qui continuent de presser les pays africains, pour en extraire les dernières possibilités d'une émergence économique. Des nécrophiles qui dansent aussi gratuitement sur les mémoires de Samory Touré, de Patrice Lumumba, d'Hamilcar Cabral, d'Ahmed Sékou Touré, de Thomas Sankara, de Nelson Mandela, d'Houphouët-Boigny, ainsi que de tant d'autres vrais combattants Africains, dont la succession reste cruellement sans héritiers.

Pendant que tant d'offense et d'injures lui sont jetées à la face, quelle est la réaction du dirigeant africain ? Que propose-t-il aux peuples qui l'ont "démocratiquement" choisi en toute confiance, pour les représenter et gérer au mieux tous leurs intérêts ? Sur quelles bases peut-il fonder ses actions ?... Pour tenter de répondre à ces interrogations, nous nous sommes intéressé à quelques données chiffrées concernant les secteurs économiques clés dans les pays industrialisés, ainsi que la participation de chaque catégorie sociale à ceux-ci.

Nous avons établi à cet effet une double comparaison : d'abord, entre pays africains ; ensuite entre ceux-ci et les puissances coloniales. Les enseignements à tirer de ces comparaisons sont inquiétants, à tout le moins : ils montrent combien les pays industrialisés méprisent ceux du tiers-monde. Plus particulièrement, les écarts avec les pays africains sont alarmants.

1. Situation INTERNE AUX puissances coloniales

La situation dans ces pays, telle que présentée dans le tableau I, est très claire :

a/ Leurs populations actives se trouvent concentrées dans les zones urbaines et dans les villes. Les campagnes sont abandonnées. De ce fait, il devient aisé de comprendre que les métropoles de ces pays soient devenues des points d'inflexion, où viennent exploser les mouvements migratoires : les grandes villes occidentales sont en effet les cibles privilégiées de ces mouvements ; la concentration des populations dans les villes est au niveau de la sursaturation.

b/ Concernant les secteurs forts de leurs économies nationales, on peut observer que :

- Pour des pays "industrialisés", la participation de l'industrie à leurs PNB soit aussi faible. Le taux de participation de ce secteur semble faire l'objet d'un consensus, pour être plafonné autour de 20%.

- L'agriculture quant à elle (et du fait de l'abandon des campagnes), est quasi inexistante dans ces pays. L'essentiel de leurs économies nationales repose sur les "services", c'est-à-dire, en l'occurrence, les banques, les opérations boursières, l'hôtellerie, le tourisme, les impôts, les taxes et redevances divers... En clair, des intérêts privés.

c/ Dans le relatif, le niveau satisfaisant de leurs PNB par habitant et les taux élevés de chômage dénotent d'une certaine inégalité dans la répartition des biens nationaux, ainsi que de l'inadéquation des structures existantes.

d/ Ces pays sont très lourdement endettés, on se demande vraiment pourquoi et surtout auprès de qui. À bien y réfléchir, tout se passe comme s'il était indispensable de "devoir quelque chose à quelqu'un", histoire de faire bien et de rester "*à la mode*". La course folle des temps modernes oblige donc les pays africains à dépendre de leurs colons, qui eux-mêmes restent redevables à d'autres créanciers. Le problème est que l'Afrique réalise l'exploit de devoir à tout ce monde, à la fois.

Tableau I : Secteurs clés de l'économie dans les pays colonisateurs en 2015

	POPULATION ACTIVE (%)		PARTICIPATION AU PNB (%)			PNB/Hab (USD)	DETTE EXT (% PNB)
	Urbaine	Rurale	Agr.	Ind.	Services		
Belgique	98	2	0,7	22	77,3	40 231,3	106,75
Espagne	80	20	2,5	22,4	75,1	25 831,6	98,6
France	80	20	1,7	19,6	78,7	36 248,2	97,09
Italie	69	31	2,2	23,4	74,5	29 847,0	133,11
Pays-Bas	90	10	1,8	20,5	77,7	44 433,4	67,62
Portugal	63	37	2,3	21,5	76,1	19 222,9	127,8
Roy. Uni	83	17	0,7	20,1	79,2	43 734,0	88,89
U.S.A.	82	18	1,3	20,7	78	54 580,0	104,85

Ces constats mènent à se demander comment il est possible que des pays ne disposant que de si peu de matières premières extractibles de leurs sous-sols intrinsèques, aient quand même des secteurs industriels aussi développés ? La réponse en est évidente : leurs ressources stratégiques proviennent d'ailleurs, c'est-à-dire, le cas échéant, du tiers-monde en général et des pays africains en particulier. La "révolution industrielle" dans ces pays se fait en dépit de tout bon sens : elle est tout simplement extractive (au sens large de ce terme) et de plus en plus exigeante. Le Nord continue donc de voler le Sud, sans vergogne. Les pays africains s'en trouvent relativement appauvris, à qui l'on prend sans vouloir rien rendre. L'extraction s'opère donc au plus profond, jusque dans les poches trouées de l'Africain. On lui impose même de payer la "taxe carbone". Un vrai comble. A-t-on besoin d'une expertise particulière pour le dénoncer ? C'est cette situation qui, dans un sens aussi unilatéral, devient intolérable, d'autant qu'avec le temps, nous perdons irréversiblement toutes nos chances de développement : les sources de ces matières premières sont tarissables à terme.

2. Situation des pays africains

L'essentiel du problème se trouve parfaitement résumé dans les tableaux II et III, qui laissent transparaître plusieurs faits saillants :

Tableau II : Secteurs clés de l'économie dans les pays africains en 2015

		POPULATION ACTIVE (%)		PARTICIPATION AU PBN (%)			PNB/Hab (USD)	DETTE EXT (% PNB)
		Urbaine	Rurale	Agr.	Ind.	Services		
1	**Afrique du Sud**	65	35	2,4	29,7	67,8	5 784	48,39
1	**Algérie**	71	29	11,1	45,7	43,3	4 345	10,19
2	**Angola**	44	56	8,2	64,9	27	4 062	57,38
3	**Bénin**	44	56	24,3	23,5	52,2	709	35,24
4	**Botswana**	57	43	2,4	38,7	58,9	6 150	12,4
5	**Burkina-Faso**	30	70	35,7	20	44,3	631	33,19
6	**Burundi**	12	88	39,3	18,3	42,4	315	33,72
7	**Cameroun**	54	46	22,2	30,1	47,8	1 234	32,16
8	**Cap Vert**	66	34	8	17,3	62,8	3 127	124,68
9	**Centrafrique**	40	60	42,2	16,6	41,2	339	42,14
10	**Comores**	28	72	34,5	10,9	50,7	737	24,67
11	**Congo Brazza**	65	35	4,8	69,4	25,7	2 031	57,5
12	**Congo RD**	42	58	21,2	33,2	45,7	478	20,45
13	**Côte d'ivoire**	54	46	21,2	24,8	43,4	1 319	34,66
14	**Djibouti**	77	23	3,9	16,9	79,3	1 805	52,44
15	**Egypte**	43	57	11,1	39	49,9	3 304	89,99
16	**Erythrée**	23	77	14,5	22,4	63	630	137,6
17	**Ethiopie**	19	81	41,9	14,7	43,4	702	22,59
18	**Gabon**	87	13	3,9	57,5	38,6	8 581	38,68
19	**Gambie**	60	40	20,3	14,5	65,2	384	107,71
20	**Ghana**	54	46	22,4	27,7	49,9	1 401	72,82
21	**Guinée Bissau**	49	51	43,9	13,6	42,5	582	52,19
22	**Guinée Conakry**	37	63	20,1	37,6	42,3	546	40,89
23	**Guinée Équatoriale**	40	60	1,3	72,1	26,6	12 541	16,12
24	**Kenya**	26	74	30,2	19,3	50,4	1 432	56,18
25	**Lesotho**	27	73	5,9	33	61,1	1 063	53,44
26	**Liberia**	50	50	46,5	10,4	41,2	469	41,17
27	**Libye**	79	21	1,9	78,2	19,9	4 754	50,54

a/ Malgré l'intensité de l'exode rural, les populations des pays africains sont relativement plus "équilibrées" que celles des pays avancés. À quelques rares exceptions près, leurs zones urbaines sont elles-mêmes si restreintes, qu'on ne saurait les comparer avec celles d'ailleurs. Elles n'ont en commun que ce triste aspect de ghettos, pour dévisager des paysages. De ce fait et pour peu qu'on lui en donne des moyens d'existence et d'action, la paysannerie africaine pourrait rapidement devenir un nouveau point d'ancrage, dans les futures possibilités de développement du continent. Car se développer ne doit pas forcément dire que l'on fasse tout, comme ailleurs. Ce genre de "copier-coller" hypothéquera à coup sûr les meilleurs projets de développement. En attendant ce revirement de situation, les pays africains continuent de sacrifier l'essentiel de leur agriculture aux cultures de rente et aux produits d'exportation : ceux qui "rapportent de l'argent" à l'extérieur.

b/ Au niveau des "Services", il est à remarquer que les nations africaines les plus proches des modèles occidentaux sont les pays anglophones, les Îles et les pays méditerranéens. Ces pays devraient logiquement être parmi les premiers à basculer dans les mêmes travers qu'au Nord. Selon la Banque Mondiale, en 2015, le secteur des services en Afrique représentait quand même la plus grande part du PIB (44,7%), suivi de l'industrie (41,5 %) et de l'agriculture (seulement 13,8 %).

c/ Nonobstant ces chiffres, on note une carence notoire du secteur industriel, ainsi que la lourdeur de la bureaucratie : ne disposant pas de structures économiques autonomes (banques notamment), les "services" dans ces pays se confondent avec un fonctionnariat urbain improductif et un tourisme trop embryonnaire. Le secteur hôtelier y est le domaine privé des multinationales ; cependant que les voies de communication ne sont praticables que dans les seules villes et encore ! Autrement dit, là où les prédateurs viennent retrouver leur confort.

d/ Le PNB par habitant est infiniment dérisoire, alors que la dette extérieure est relativement écrasante. L'amélioration de ce dernier contexte, par un équilibrage entre le relèvement du niveau de vie et l'autonomie dans la gestion de nos affaires (dans la liberté des choix !), serait sans nul doute la base la plus sûre de développement.

e/La dette extérieure signe la dépendance économique en Afrique et équivaut à la mise au chômage technique (voire technologique) des Africains.

Tableau III : Secteurs clés de l'économie dans les pays africains en 2015 (suite).

		POPULATION ACTIVE (%)		PARTICIPATION AU PBN (%)			PNB/Hab (USD)	DETTE EXT (% PNB)
		Urbaine	Rurale	Agr.	Ind.	Services		
28	**Madagascar**	35	65	26,5	15,9	57,6	393	35,4
29	**Malawi**	16	84	30,8	15,7	53,5	353	-
30	**Mali**	40	60	40,3	20,5	39,2	672	42,55
31	**Maroc**	60	40	13	29,4	57,6	3 077	63,85
32	**Maurice**	40	60	3,7	22,3	74	9 187	55,96
33	**Mauritanie**	60	40	20,8	39,2	40	1 262	84,27
34	**Mozambique**	32	68	25,1	20,7	54,3	626	61,05
35	**Namibie**	47	53	7,1	31,8	61,1	5 787	25,82
36	**Niger**	19	81	36,5	19,9	36,6	403	43,69
37	**Nigeria**	48	52	20,2	24,9	54,8	2 758	11,88
38	**Ouganda**	16	84	26,7	21,7	51,6	625	35,24
39	**Rwanda**	29	71	33,1	14,3	52,5	743	32,73
40	**Sao Tomé-et-Principe**	65	35	11,4	16,9	66,6	1 606	91,25
41	**Sénégal**	44	56	15,4	24,1	60,5	935	54,99
42	**Seychelles**	54	46	2,3	12,3	71,1	14 466	64,5
43	**Sierra Leone**	40	60	54	16,3	29,8	675	47,22
44	**Somalie**	40	60	60	7	33	552	-
45	**Soudan**	34	66	28,6	20,5	50,9	2 194	71,49
46	**Soudan sud**	19	81	-	-	-	1 083	49,43
47	**Swaziland**	21	79	6,1	42,5	51,3	3 848	17,64
48	**Tanzanie**	32	68	31	25	44	969	40,16
49	**Tchad**	22	78	52,6	15,1	32,3	1 011	25,23
50	**Togo**	40	60	42	19,3	38,8	578	61,08
51	**Tunisie**	67	33	9,7	29,3	61	3 985	53,96
52	**Zambie**	41	59	7,3	35,3	57,4	1 576	41,89
53	**Zimbabwe**	32	68	14	29,4	56,6	1 037	69,29

De ces observations se dégage une seule ligne de conduite : se déterminer à prendre des résolutions et tracer un nouveau chemin pour l'Afrique. Car ce continent dispose désormais de tout ce qui lui a longtemps fait défaut, pour se hisser au rang de ses homologues respectés. De plus, hors les souffrances humaines, il demeure potentiellement le plus fort, pour faire face aux grands défis à venir. Sa jeunesse est vigoureuse, volontaire, nombreuse et intelligente ; et c'est peu dire ! Il lui suffira seulement d'oser...

VIII

LES POINTS SENSIBLES

ooo

I - L'AIDE À L'AFRIQUE ET LA DETTE EXTÉRIEURE

1. L'AIDE À L'AFRIQUE : UNE ARNAQUE

Tous les secteurs confondus, les relations Nord-Afrique peuvent se résumer aux différentes formes d'aide dont "bénéficient" les pays pauvres. Certes il existe dans le bloc Nord des bonnes volontés pour venir en aide aux pays sous-développés ; mais au regard de tout ce qu'il reste à faire, leurs efforts sont de l'ordre de l'incidence du grain de sable dans le Sahara. Dans les relations entre ces deux blocs, il faut donc faire la part des choses et distinguer globalement entre deux formes d'aide :

- D'une part, l'aide sincère que nous consentent des individus pris séparément, sous la forme de matériels divers, que nous convoient inlassablement des organismes souvent bénévoles. C'est ce qu'on pourrait appeler "l'aide efficace", la vraie, la plupart du temps régie à la base par une éducation judéo-chrétienne (toujours la charité !).

- D'autre part, les autres formes d'aide organisées par des gouvernements et qui par conséquent nous coûtent très cher dans les réalités. C'est "l'aide intéressée", faite pour rendre nos pays plus dépendants et qui, malheureusement, est la plus fréquemment rencontrée.

Ceci étant, en matière d'aide, le problème se complique d'emblée, du fait de cette foultitude de sigles qui en crée l'inefficacité dans la diversité. Dans le cadre de cette réflexion, le souci n'est pas de la passer en revue et de dresser des jugements, mais d'apporter quelques observations relatives à ces interventions. Le problème se complique d'autant plus qu'en l'occurrence, les pays africains ne doivent rien à personne. Bien au contraire, ce sont les puissances coloniales qui leur sont redevables, depuis des temps lointains. Nous en avons déjà parlé en détails, à propos de l'esclavage, des travaux forcés et surtout, de cet abominable impôt de capitation, qui court depuis le milieu du XIXe siècle...

Jusqu'à la dislocation de l'Ex-U.R.S.S., les deux grands géants de la planète ne se sont intéressés que de trop loin aux problèmes du sous-développement. Les uns (U.S.A.) parce qu'ils ont sur leurs territoires les ressources suffisantes pour subvenir à leurs besoins du moment ; et les autres (Ex-U.R.S.S.), parce qu'ils avaient beaucoup à faire chez eux[72]. Pour d'autres raisons (exiguïté des territoires, pauvreté en matières premières et en sources d'énergie...), le reste de l'Europe et le Japon se sentent "plus concernés" par l'aide au développement du tiers-monde. Cette aide, on le sait, s'opère sous plusieurs formes :

- Au plan mondial et international, elle a lieu sous l'égide d'une myriade d'organismes ou de banques, tous rattachés aux Nations Unies.

- Au plan des régions apparaissent d'autres organismes financiers dont le plus opérant est à coup sûr le C.A.D. (Comité d'Aide au Développement), qui assure à lui tout seul entre 75 et 80% de l'aide accordée aux pays nécessiteux. Plus de cinquante ans après sa création, les pratiques au sein de ce comité n'ont pas changé. Elles se sont même bonifiées, pour ainsi dire[73].

Il existe enfin d'autres formes d'aide sous l'instigation, soit d'un groupe de pays avancés (C.E.E.), soit de groupes de pays du tiers-monde (Fonds de l'O.P.E.P. pour le Développement), soit encore de groupes de particuliers. Il s'agit dans ce dernier cas, de bailleurs de fonds souvent promoteurs des "grands travaux publics" dans le tiers-monde.

---

[72] Sous cet aspect, la Chine peut être considérée comme un autre géant "inactif", dans la mesure où elle n'assure pas les investissements humains là où les besoins s'en font sentir. Mais en a-t-elle politiquement les moyens ?

[73] Créé en 1961, le C.A.D. regroupait 17 pays membres en 1980 : R.F.A., Australie, Autriche, Belgique, Canada, Danemark, États-Unis, Finlande, France, Italie, Japon, Norvège, Nouvelle-Zélande, Pays-Bas, Royaume-Uni, Suède et Suisse. Aujourd'hui, il en compte 30, avec de nombreuses autres demandes d'adhésion, dont la Chine...

Qu'elle soit multilatérale (effectuée par l'entremise d'organismes internationaux) ou bilatérale (directement d'un pays ou d'un groupe à un autre), l'aide se pratique toujours sous des formes trop variées pour aboutir à des résultats souhaitables. Et c'est là qu'est le mal, d'autant que bon nombre de ces organismes s'imbriquent étroitement les uns dans les autres et qu'à bien voir les choses, les bailleurs de fonds sont toujours les mêmes, sous des appellations différentes. Cela revient à multiplier ses intérêts en ne "mettant pas ses œufs dans le même panier"[74]. L'aide peut également se traduire par des apports en biens d'équipement en nature et par la main d'œuvre imposée, que constituent les contingents d'assistants "techniques"...

Il est impérieux de dire qu'en dépit de toutes les apparences, ces aides conditionnent les pays africains et le tiers-monde, à un point tel qu'il a fallu en arriver à créer, dans les années quatre-vingt, des termes nouveaux pour la justifier : "globalisation", "plafonnement de la demande"[75].

En 1979, cette pratique a coûté 9 milliards de francs CFA au Sénégal (rémunération des coopérants Français), alors que le gouvernement ivoirien assurait de son côté la quasi-totalité des salaires versés à près de 5.000 coopérants Français (soit environ 85 % de leurs traitements).

Nous retiendrons que, sans être forcément efficaces dans les secteurs clés de notre développement, ces coopérants occupent quand même de hautes fonctions que peuvent parfaitement assumer des Africains. C'est là l'une des preuves de la peur des pouvoirs politiques de certains de nos pays, à confier "trop" de responsabilités à des concitoyens qui, à leurs yeux, constitueraient dès lors de véritables dangers ; on se demande vraiment en quoi ! Une grande partie de ce prix fort payé par nos contribuables à l'extérieur est donc consentie pour la conservation d'un pouvoir ; pour préserver des intérêts personnels. L'impôt de capitation s'en trouve conforté ! Toute une arnaque, en effet !

---

[74] Ainsi, la C.E.E. versait le montant de son aide destinée aux pays membres de la Convention de Lomé (61 pays) au C.A.D.

[75] En Afrique noire, ces dispositions concernent plus particulièrement le Sénégal, la Côte d'Ivoire, le Gabon et Madagascar, dont les besoins en coopérants sont parfois abusifs.

Toutes ces considérations pour arriver à trois constats fondamentaux :

- L'aide, quel qu'en soit le prix, est toujours insuffisante.
- De plus, elle se fait constamment à la "sauvage", c'est-à-dire d'une façon si ségrégationniste, qu'elle ne profite en réalité qu'à des gens qui en ont le moins besoin ; de fait, l'aide est surtout destinée, contre toute attente, aux pays qui peuvent payer quelque chose et à l'intérieur de ceux-ci, les pouvoirs urbains sont les seuls à en bénéficier.
- Enfin, malgré ce grand nombre d'organismes internationaux, les fléaux sévissant dans le tiers-monde s'accentuent. Faut-il chercher meilleure preuve du manque de bonne volonté de la part de pays dits "avancés"[76] ?

2. Le poids de la dette extérieure

Les relations Nord-Afrique, ici encore, sont mauvaises, puisqu'elles n'avantagent que les pays développés. Car en effet, il conviendrait d'abord de respecter l'ordre et la logique d'un concept : prêter de l'argent ou d'autres biens à quelqu'un, c'est lui consentir, moyennant intérêts (ou non), des valeurs qui lui font défaut et qui peuvent porter atteinte à son évolution positive...

Ainsi résumée, l'aide n'a aucune raison d'être en Afrique, pour la simple raison que ce qu'on lui prête lui appartient en propre et que dans les faits, elle devrait être en droit de réclamer son dû à des usurpateurs. Du Code noir aux impôts coloniaux, l'on continue effectivement de nous voler ! Un éminent expert écrivait à ce sujet, à propos des A.C.P. (pays membres de la Convention de Lomé : Afrique, Caraïbes, Pacifique)[77].

« ...Le service des dettes consécutif aux emprunts coûte autant aux pays A.C.P. que les versements du F.E.D. (Fonds Européens de Développement). Une augmentation de 1% des taux d'intérêts coûte à ces pays autant que ces versements. Cette sujétion condamne la population rurale, à l'extermination... »[78].

Le témoignage n'était pas des moindres, puisqu'il émanait de l'entourage de l'un des plus gros experts de son époque, en

---

[76] cf. Raulin H. et Raynaud E. : L'aide au sous-développement. P.U.F., Paris, 1980.

[77] cf. R. Dumont : Pour l'Afrique, j'accuse. Plon, Paris, 1986.

[78] Citation extraite du bulletin ASCOFAM, décembre 1981.

matière de problèmes agricoles dans le monde. Et l'on ne peut sincèrement déplorer que les conseils de Monsieur René Dumont ne soient pris en considération qu'après coup, une fois le mal fait...

En matière d'aide et de dette, l'Afrique noire a besoin de déterminer, une fois de plus, son point zéro ; ce qui à notre avis, veut dire une meilleure répartition des produits nationaux entre les populations les plus touchées par ces misères. Sur la base des données dont nous disposons, l'on peut déduire des estimations surprenantes. Sans en faire la chasse gardée d'une expertise sophistiquée, il apparaît les éléments suivants :

- En 2014-2015, la dette globale de l'Afrique était évaluée à environ 917,8 milliards d'USD[79].
- Sa population d'ensemble, était de 1 191 686 000 habitants[80].

Un calcul simple permet d'établir que la dette extérieure par habitant africain, était de seulement 770 USD (423 600 francs CFA). C'est dire une somme dérisoire, notamment pour ses créanciers. Dans la même veine, on s'aperçoit que pour faire face à cette créance, le PNB moyen (théorique !) par habitant, en Afrique, est d'environ 2 450 USD (1 350 000 francs CFA) ; soit près de 4 fois le montant de cette créance individuelle. Or, comme le rapport des populations est de deux Africains pour un non-Africain (voir le chapitre consacré à la croissance démographique), on peut également établir que chaque individu du camp des colons devrait percevoir le double de la créance ci-dessus ; soit 1 540 USD (847 000 francs CFA) ...

En clair, si chaque héritier de colons consentait à refuser de percevoir cet écot, la dette de l'Afrique serait entièrement effacée, que diable ! Tels devraient se résumer les repères, pour situer le "point zéro" du continent africain. Cependant, pour parvenir à ce "rien du tout", que de chemins tortueux ; que de méchanceté dans le mépris. Pourtant, nous croyons l'issue très prenable par tous les camps, pourvu que l'on s'accorde sur l'essentiel. À son tour, celui-ci peut se résumer à des arguments clairs.

---

[79] Ce montant aura triplé, depuis le milieu des années quatre-vingt...

[80] Chiffre concernant tout le continent, à l'exception des États non reconnus officiellement...

- ***Les arguments unilatéraux***

Ils consistent à considérer que dans les faits, l'Afrique ne doit rien à personne. Au contraire, certains des héritiers de ses colons lui doivent pratiquement tout, à commencer par le remboursement de cet avilissant impôt colonial, que la France continue de percevoir injustement. Dès lors, les pays africains doivent faire bloc et opposer une fin de non-recevoir ; et fermer toutes les formes d'exploitation de leurs matières premières, dans les conditions actuelles. Ce qui aurait pour conséquences, entre autres :

- La mise en avant de la notion de fédération et de partage, de la part des dirigeants africains. À quand les États-Unis d'Afrique ?
- La mise à plat et la reconsidération des contrats et accords du moment.
- L'ouverture sur de nouveaux horizons.
- La possibilité de rachat des dettes par d'autres partenaires et selon des conditions plus acceptables.
- L'autonomie réelle dans la gestion des économies nationales.

Quelles seraient les réactions de nos "partenaires" actuels à cette attitude ? La fermeture de leurs frontières aux populations africaines ? C'est chose faite. Le refus d'importation de nos produits ? Ce serait souhaitable dans la majorité des cas : on les renégocierait à notre avantage. Refuser de nous exporter les leurs ? Nous y gagnerions, à coup sûr. Le refus de transfert de technologies ? Quelle dérision ! Faire parler les canons dans nos contrées ? Cela fait désormais partie de notre quotidien. Alors ?...

- ***Les arguments "consensuels"***

En partant des faits établis, des aménagements humains peuvent être envisagés :

- La reconnaissance par les Occidentaux des abus économiques dont ils sont les auteurs en Afrique.
- L'annulation de la dette, honnêtement décidée par ces "pseudo-créanciers".
- Le respect dû à l'Afrique...

Dans ce schéma, il apparaît que si les pays avancés (dans ce cas, les puissances coloniales d'Europe) rétrocédaient seulement 770 dollars sur un an et par habitant dans les pays africains, ce continent pourrait décoller. En d'autres termes, la lourde hypothèque qui pèse sur l'Afrique depuis des siècles ne repose finalement sur rien de vraiment sérieux. Seulement un grand coup de bluff, dans un jeu de dupes.

De la sorte, il apparaît de même que les rapports entre le Nord et l'Afrique sont conçus de telle sorte que les écarts se maintiennent le plus longtemps possible. La réflexion commune de nos responsables politiques devrait se résumer à se demander "pourquoi vouloir tout prendre aux uns, pour bâtir ailleurs le bonheur des autres ?". Le Nord et l'Afrique devraient arriver à composer dans des conditions plus acceptables et plus équitables qui demain, seraient les bases du salut de tous : la désertification intensive de l'Afrique est l'affaire de toute la Planète ! La faim en Éthiopie ou en Somalie concerne la conscience de l'humanité, dans son ensemble. À moins que !...

Prenons-nous à rêver encore plus loin et de choses plus effroyables. Imaginons que les pays industrialisés se donnent la main et décident de condamner l'Afrique au néant absolu. Imaginons un continent entièrement désertifié, laissé à l'abandon ; ses populations confinées sur une étroite bande littorale ; des mers et des océans pollués et sans réserve vitale. L'Afrique dévorée par la famine, déchiquetée par des conflits et des avanies de toutes sortes. L'Afrique croulant sous le poids de ses "dettes", au point de brader son patrimoine foncier. Une immensité privatisée, pour le grand bonheur de quelques citoyens nantis, en provenance d'Occident et d'Orient. Une Afrique aux enchères. Dès lors, quel besoin d'aller chercher asile et refuge sur Mars ? Complètement machiavélique, en effet !

II - L'ALIMENTATION ET LA FAIM EN AFRIQUE

1. DEUX VOLONTÉS OPPOSÉES

À la fin du XXe siècle, des rapports de la F.A.O. établissaient que *« ... La faim et la pauvreté tuent ou font souffrir un milliard d'êtres humains sur la terre ... ; elles tuent chaque année davantage de personnes que la seconde guerre mondiale, soit près d'un quart de l'humanité... La malnutrition tue plus de 3 millions d'enfants de moins de 5 ans chaque année, dans le monde... 25 000 personnes meurent de faim et de pauvreté par jour... Plus de 2 milliards d'êtres humains dans le monde souffrent de "la faim cachée" (carences en oligo-éléments) ... En Afrique subsaharienne, entre 1970 et 1997, les pertes de production agricole se chiffraient à hauteur de 75% de l'aide reçue par les pays où sévissaient des conflits armés... »*

Aujourd'hui, toutes ces données sont à la hausse. Or, pendant que tant d'hommes, de femmes, de vieillards et d'enfants succombent d'inanition, les mêmes experts s'accordent à dire que les productions alimentaires du monde suffisent à nourrir toute la Planète. Cependant, si les problèmes de la faim perdurent malgré tout avec autant de cruauté, c'est avant tout parce que la répartition de ces productions est mal faite. Et il est navrant de constater qu'avec rien que les excédents et les invendus détruits dans les pays avancés, l'on pourrait déjà élaborer de bonnes solutions.

C'est donc dans ce contexte qu'au lendemain des indépendances jetées comme des injures à la face de l'Afrique, se tint la conférence des Chefs d'État Africains à Monrovia. C'était en 1969 et la proclamation de leur résolution fut cinglante et teintée d'un espoir retentissant.

« ... Nous nous engageons individuellement et collectivement, au nom de nos gouvernements et de nos peuples, à atteindre l'autosuffisance alimentaire en ce qui concerne la production et les approvisionnements... ».

Aujourd'hui, elle passe simplement pour être un vœu pieux. Et quand bien même certains de nos pays peuvent produire de quoi s'auto-suffire alimentairement, que les systèmes économiques actuels les obligent à importer des vivres[81].

Pourquoi en est-il ainsi ? Parce que des consortiums multinationaux détiennent le monopole de la plupart de ces productions, qu'ils tiennent avant tout à monnayer au prix fort,

---

[81] Il est vrai que, pratiquement à la même période, Hubert Humphrey, Vice-président des U.S.A. et sénateur du Minnesota, prônait l'exact contraire de cet engagement, en ces termes : *« ... Si vous voulez que d'autres pays dépendent de vous, la meilleure manière est qu'ils dépendent de vous pour leur alimentation... ».* Quoi de plus normal que les pays africains en soient toujours à tourner en rond, si ce n'est pire...

en l'absence d'une politique internationale concertée de l'alimentation. Une absence voulue par le Nord ! Il est en effet exceptionnel de voir dans le tiers-monde d'importantes plantations appartenant à des indigènes. Ces consortiums étrangers, bien organisés, y viennent encore trop tranquillement s'emparer des meilleures terres, pour produire des biens de consommation qu'ils leur vendent en retour à des prix toujours exorbitants.

Le plus inquiétant, c'est que la politique de ces cartels consiste de plus en plus à condamner ces terres en faveur des produits destinés à l'exportation. Ils n'encouragent pas à la réalisation de cultures vivrières plus salutaires aux populations concernées ; au contraire, ils trouvent chez les paysans une main-d'œuvre facile qu'ils rétribuent d'un rien. Pire encore, la qualité des produits issus de ce système est, le plus souvent, non conforme aux "normes" d'une bonne santé animale, sans exception. Des O.G.M. combattus au Nord, mais imposés et acceptés au Sud.

Ces considérations, sorties des années quatre-vingt, laissent toutefois augurer d'un avenir meilleur, en matière d'agriculture et d'alimentation. Car aujourd'hui, en conséquence d'une lutte laborieuse, le "bio" semble prendre un pas significatif sur ces pratiques assassines. Dans les pays africains, l'espoir existe, en raison de l'état de pauvreté du monde paysan. En quelque chose malheur étant bon, le paysan africain, ne disposant d'aucun moyen pour s'octroyer les intrants chimiques ou génétiques de l'agriculture moderne, la chance demeure, pour que le pauvre d'aujourd'hui finisse par avoir raison de la cupidité de ses oppresseurs.

L'un des meilleurs exemples dans le domaine agricole se trouve en Côte d'Ivoire, dans la vallée du *Kan*. Lorsqu'en 1976, le gouvernement ivoirien adopte le plan d'aménagement de 3.000 hectares de terres dans la région de Kossou, le projet paraît si séduisant, que des groupes privés[82] acceptent d'en assurer le financement : c'était la toute première fois que pareille initiative se prenait dans l'histoire du développement agricole en Afrique.

Conçu pour être réalisé sur quatre années, le plan prévoyait une division de la superficie totale en petites exploitations paysannes sur lesquelles l'on devait cultiver :

---

[82] La Chase Manhattan Bank et la Banque Lazard.

- ananas : 2,3 ha ;
- avocatiers : 1,6 ha ;
- maraichage : 0,96 ha
- riz : seulement 0,2 à 0,4 ha.[83]

Le projet ne mentionnait pas les soucis d'une autosuffisance alimentaire à brève échéance. Car selon ses promoteurs étrangers, *« l'amélioration des cultures en sec est coûteuse, pour un rendement faible... »*.

Aujourd'hui, la Côte d'Ivoire ne sait plus vendre son cacao et son café. De surcroît, elle importe du riz, que des opérateurs nationaux au sommet de l'État (les biens mal acquis !), commercialisent sans scrupule, jusque dans les moindres hameaux, dans les fonds de brousse. Il est clair que pour les bailleurs de fonds, le plus important, c'est avant tout que leurs investissements rapportent et rapidement. La survie des paysans nécessitant des projets autrement plus élaborés (dans un processus de développement durable) n'entre donc pas en ligne de compte, dans les prévisions des groupes financiers.

À cet état d'esprit, nos gouvernants ne peuvent hélas, encore rien changer. Toutes les tentatives d'émancipation outrepassant ces dispositions ont jusqu'à ce jour, lamentablement échoué. Ce fut ainsi que l'on connut "l'affaire de la banane", lorsqu'en 1974/1975, certains pays (Costa Rica, Honduras, Salvador...) producteurs de cette denrée, cherchèrent logiquement à en tirer un meilleur profit. Ils ne demandaient en l'occurrence et fort justement, qu'une ristourne de (seulement) onze (11) cents leur fût consentie, par dollar de produit vendu dans les pays consommateurs (industrialisés). Ils essayèrent tout aussi normalement de faire payer une taxe par les compagnies d'exportation. Ces intentions eurent pour contrecoup immédiat, une vive réaction de la part desdites compagnies, qui menacèrent illico d'arrêter toutes les exportations. Certaines d'entre elles eurent toutefois la présence d'esprit de payer quelques pots de vin aux responsables politiques des pays concernés et les intentions retournèrent aux oubliettes... Conséquence prévisible de cette démarche, le prix de la banane flamba de façon

---

[83] Il est vrai que l'importation de riz en Côte d'Ivoire (par exemple !) a de tout temps profité à une catégorie de décideurs économiques et politiques, nationaux ou étrangers.

vertigineuse, y compris dans les pays producteurs, et les compagnies en question améliorèrent sensiblement leur marge bénéficiaire...

Comme si ces brimades ne suffisaient pas, voilà que les trusts étrangers ne tiennent aucun compte des règles de sécurité concernant la vie des indigènes. L'accident de Bhopal en Inde (1986) donne une idée du danger concret que représente l'épandage des pesticides dans l'atmosphère. Ces produits, on le sait, occasionnent à eux-seuls environ 1 000 000 de cas d'empoisonnements par an, dont la moitié, au bas mot, dans le tiers-monde ; sans compter qu'ils sont en grande partie responsables de la dégradation de l'environnement des régions concernées.

Il est important de savoir que près de 30% des pesticides exportés par les U.S.A. (et ils ne sont pas les seuls !) dans le tiers-monde sont reconnus dangereux et dans plus d'un cas, interdits d'utilisation à leur origine. Un produit aussi nocif que le CHLORDANE est utilisé sans précaution d'aucune sorte, cependant que sa manipulation dans les pays avancés (U.S.A, notamment) est toujours entourée de mises en garde et de conseils très détaillés... À l'heure où la mortalité infanto-maternelle sévit dans les pays du tiers-monde, l'on continue d'épandre impunément dans leurs atmosphères un produit tel que l'acide ortho phosphorique, en sachant pertinemment qu'il libère chez la femme enceinte des prostaglandines susceptibles de provoquer des avortements ou des naissances avant terme...

Mais qu'y faire, sachant que les consortiums multinationaux se procurent ces produits auprès de trusts industriels (souvent propriétés des mêmes personnes) eux-mêmes incontrôlables par des "pouvoirs" africains complètement subjugués. La question, pour l'heure, reste entièrement ouverte à toutes les bonnes volontés, qui doivent se dire que l'une des premières solutions à y porter, consiste à en parler, publiquement et très fort !

2. L'AGRICULTURE, MEILLEURE ISSUE POUR L'AFRIQUE

a/ L'exemple de la Côte d'Ivoire

Pour oser une mauvaise parodie du Président Houphouët-Boigny, on pourrait avancer que *« l'avenir de ce pays repose sur l'agriculture »*. Il parlait de la Côte d'Ivoire, comme de normal. Et quel dommage qu'il n'ait encore jamais été suivi dans ce sens.

Aujourd'hui, cette déclaration peut être étendue à l'ensemble de l'Afrique. Fort justement, reprenons l'exemple de la Côte d'Ivoire. Malgré toutes les bonnes dispositions de départ, où en est concrètement ce pays ?

- ***Des performances mondiales***

Bon an, mal an, la Côte d'Ivoire se maintient en tant que premier producteur de cacao et de noix de cajou au monde, et occupe la troisième place concernant le café. Ce sont là des performances dont l'Ivoirien tire une partie de sa fierté, surtout en ce qui concerne ses classes dirigeantes. Pourtant, aucun des gouvernements successifs de ce pays n'y est pour rien. Ces spéculations sont à mettre à l'actif exclusif des seuls paysans, sur des parcelles individuelles et donc minuscules, dont ils ont entièrement la charge.

Ailleurs (Malaisie par exemple), on constate la réalisation de plantations industrielles, par les mêmes consortiums multinationaux. En Côte d'Ivoire, ils opèrent de même, mais en procédant à des monocultures, aux dépens d'une biodiversité indispensable à l'équilibre de la nature. Tous les produits qu'ils en tirent, à grands coups d'O.G.M., sont destinés à l'exportation. Ce sont essentiellement la banane-fruit, l'ananas, le palmier à huile, l'hévéa et la noix de cajou.

- ***Une "mégapolisation" excessive***

L'extension géographique de la ville d'Abidjan est telle, qu'elle recèle actuellement plus du tiers des populations ivoiriennes. Après Kinshasa et avant Paris, c'est la plus grande métropole francophile au monde. Simplement inouï ! Et n'eut été le grand nombre de Noirs en son sein, on s'y croirait ailleurs.

Comme une conséquence de ce gigantisme à la "sauvage", la ceinture verte autour de la ville s'est considérablement éloignée. Les denrées alimentaires provenant de plus en plus loin, sont devenues naturellement plus chères ; au point que, même les plus traditionnelles d'entre elles sont hors de prix. Et comme cette zone urbaine est en très grande majorité "inactive", Abidjan sera bientôt affamée. Une révolution populaire se profile donc à ses portes, sans que personne ne s'en soucie, outre mesure. Mais d'Abidjan, comme de tant autres mégapoles africaines, il vaudrait sans doute mieux n'en faire que des images d'Épinal...

b/ À manger pour l'Afrique

La faim continue de tuer en Afrique ; c'est récurrent. Pire encore, elle gagne chaque jour du terrain. Au même moment, il faut prendre conscience de ce que ce continent peut s'auto suffire alimentairement. Il faudrait pour cela un minimum de solidarité agissante. Dans la plupart des pays africains, il est loisible de produire l'essentiel pour vaincre la faim : le riz, le maïs, le sorgho, le mil, le fonio, l'igname, la banane plantain, le taro, le manioc, ainsi que tous les légumes consommés en Afrique. Sans compter les fruits rencontrés à profusion sur ses marchés.

Dès lors, vaincre la faim devient une affaire d'organisation et de moins d'égocentrisme étatique. La volonté, en ce domaine, revient à partager. Ensuite, il faudrait rendre plus praticables les voies de communication.

III - LE SECTEUR INDUSTRIEL

1. CONSIDÉRATIONS ÉPISTÉMOLOGIQUES

Plus que tous les autres, le secteur industriel est si noyauté par les puissances étrangères, qu'il est aujourd'hui exceptionnel de rencontrer des unités autonomes dans les pays africains ; des unités appartenant à des autochtones. Ce constat nous interdit par conséquent de citer des exemples précis à ce propos pour au moins deux raisons :

- la quasi inexistence d'infrastructures industrielles auto générées par nos pays ;
- le fait que l'embryon existant n'est que le reflet, la plupart du temps, d'industries extractives, rapidement périssables.

Une telle carence est due pour l'essentiel à l'absence d'une politique de développement dans le secteur agricole et plus spécialement au trop grand écart observé entre les cultures destinées à l'exportation et celles localement consommées[84].

Nous nous contenterons donc de donner sur le sujet un simple point de vue "épistémologique". C'est en effet au niveau du

---

[84] À titre d'exemple, il est impensable que les pays africains consomment tant de concentré de tomate d'importation, alors qu'en améliorant les termes du marché entre eux, ils pourraient s'auto-suffire et pourquoi pas, posséder leurs propres unités de conditionnement. L'exemple peut s'étendre à de nombreux autres produits : arachide, cacao, café, haricot...

développement industriel (et donc des transferts de technologies) que se trouve la meilleure carte à jouer pour le plus grand bien de tous. De toutes les crises que subissent les masses laborieuses dans les pays avancés, l'une des choses les plus impressionnantes est de voir des ouvriers en grève devant des portes d'usines ou dans les rues. Des usines qui ferment pour certaines d'entre elles, parce que ne répondant plus aux réalités économiques et technologiques de ces pays. Et pour la plupart de ceux-ci, le chômage est devenu insidieusement cet épouvantail multi tentaculaire dont l'affreux spectre hante chaque maison.

Dans le même temps, des robots remplacent de plus en plus les hommes dans les secteurs encore viables ; et l'un dans l'autre, ces deux phénomènes font que des techniciens et des ouvriers hautement qualifiés sont sous-employés et ne servent plus à grand-chose.

Partant, il est triste de constater que les pays sous-développés manquent aussi cruellement de tout (finances, ressources humaines et machines-outils), pour constituer enfin le potentiel indispensable à la promotion de véritables infrastructures industrielles.

Face à une situation aussi antinomique (en apparence tout au moins !), pourquoi ne pas lancer et relever un aussi beau défi, qui consisterait à démonter puis à remonter certaines de ces usines dans le tiers-monde[85], y envoyer dans un premier temps comme techniciens instructeurs une bonne part de tous ces "laissés pour compte" ? Certaines matières premières pourraient ainsi être traitées sur place ; les problèmes inhérents à leur transport à l'état brut seraient supprimés ; le coût de production serait allégé ; des emplois nouveaux seraient créés dans les pays d'accueil, en même temps que le taux de chômage diminuerait dans les pays avancés... Bref, autant de possibilités qui feraient que bien des gens y trouveraient un meilleur compte.

---

[85] Au Sénégal, lors de la réalisation d'un projet agricole dans les « *Richard Tolls* », les machines en place s'avérant impuissantes pour l'arrachage des grosses souches d'arbres, l'on n'hésita pas à aller aux Amériques chercher l'ancre du paquebot "Normandie" à cet effet. Même si l'objet n'est pas comparable à des pièces d'usine, sa taille et la volonté des promoteurs montrent qu'une telle opération est possible.

Quel défi serait-ce alors, qui verrait l'industrie devenir universelle pour contrer la misère et estomper les frontières. La chose paraît d'autant plus faisable que la plupart des technologies constructives – celles qui engendrent le progrès –, peuvent être parfaitement pensées et adaptées aux différentes mentalités et à certaines de nos nécessités. Pour parvenir à cet utile aboutissement, deux conditions se posent :

- un élan de solidarité international ;
- une réelle volonté des pays avancés de contribuer à la construction d'un village planétaire effectif.

Mais rappelons-le, ceci n'est que la philosophie simple d'une histoire fort complexe, au demeurant !

2. EXEMPLE DE L'INDUSTRIE PHARMACEUTIQUE

Au seuil du troisième millénaire, le commerce mondial du médicament était le plus florissant, juste derrière celui de l'armement. À cette époque, l'OMS estimait à 20% le taux de faux médicaments en circulation dans le monde, dont 60% dans les seuls pays africains. En clair, il s'agit d'une pratique qui remonte à très longtemps déjà et qui rapporte plusieurs milliards de dollars US à ses adeptes. L'Afrique étant le continent de prédilection de toutes les fraudes, l'industrie pharmaceutique devrait, en conséquence, y avoir explosé depuis belle lurette. Simple histoire de consacrer définitivement la pratique. Paradoxalement, ce secteur est lourdement hypothéqué par les multinationales du Nord.

Le paradoxe est d'autant plus surprenant, que la plupart des pays africains peuvent réaliser des projets fiables, sans trop recourir à un partenariat extérieur extraordinaire. Car en effet, que faut-il concrètement pour réaliser une unité de production de médicaments ? En parcourant l'échelle des normes technico-scientifiques, on peut situer les différentes étapes, telles que nous les énonçons ci-dessous.

a/ Les ressources humaines

Il existe dans l'Afrique actuelle suffisamment d'expertises scientifiques, pour concevoir et animer au plus haut niveau des unités pharmaceutiques. Il n'y a pour cela que de recenser les enseignants chercheurs, dans les unités de formation et de recherche, dans de nombreuses universités sur le continent. Nous en connaissons personnellement à profusion, dans les domaines pointus de la pharmacologie, de la pharmacie galénique, de la botanique, de la chimie et de toutes les sciences médicales connexes. Ces experts n'ont absolument plus rien à envier à leurs émules du Nord.

b/ Le transfert de technologies

Dans ce domaine, nul n'est plus besoin d'agiter des épouvantails. Le savoir se trouve également en Afrique. Quant aux biens d'équipement et pour un démarrage de certaines activités de production, il ne faut pas aller chercher au-delà du raisonnable.

Le schéma, de notre avis, est très facile. La plupart des scientifiques africains ayant fait leurs armes dans des institutions au Nord, il ne devrait pas être très compliqué de constituer des pools de collectes auprès des universités, pour récupérer du matériel universitaire réformé. De la sorte, l'on pourrait facilement disposer de machines à comprimer, de géluliers, ainsi que de tant de matériels utilisés dans le cadre de travaux pratiques, pour la formation des étudiants.

c/ L'acquisition des matières premières

L'essentiel dans l'élaboration du médicament reste la possession de molécules recelant les principes actifs. Or si le Nord, limité dans son éventail de choix, a opté (par obligation !) pour l'utilisation de molécules de synthèse, l'Afrique (tout comme l'Amérique du Sud), dispose de la plus grande officine naturelle au monde : ses forêts et leurs plantes.

Il se trouve que, là encore, nous disposons des plus grands experts mondiaux, en matière de connaissances botaniques[86]. Pour le reste (excipients, véhicules et autres adjuvants), nous disposons de substances naturelles utilisables, sans enfreindre aux normes des "bonnes pratiques de fabrication". Loin de là, nous pourrions même rapidement devenir fournisseurs pour les industries du Nord.

d/ Les bonnes pratiques de fabrication (BPF)

Dans les concepts des pays dits avancés, la fabrication des médicaments obéit à des règles strictes ; elle est codifiée et

[86] En Côte d'Ivoire, par exemple, Feu le Professeur Laurent Aké-Assi, référence mondiale en la matière, a laissé de nombreux disciples à travers l'Afrique, qui ne demandent qu'à être mis à contribution...

règlementée, pour respecter les normes de bonnes pratiques de fabrication (B.P.F.). De telles dispositions s'imposent en effet, pour des produits pour lesquels la recherche de principes actifs relève presqu'exclusivement de manipulations chimiques et de modélisations moléculaires. De ce fait, la mise sur le marché d'un produit nouveau nécessite, en moyenne, entre cinq et dix années de recherche. D'où ces tarifs inaccessibles, surtout dans les pays pauvres.

En Afrique, le mimétisme absurde des responsables politiques exige que les scientifiques en fassent de même, on se demande réellement pourquoi. La modélisation moléculaire dans les laboratoires des facultés, soit ; il faut bien se mettre au diapason du concert des nations. Cependant, dans le domaine précis du médicament, il faut savoir faire preuve de réalisme.

En Afrique, des facultés de pharmacie organisent régulièrement des rencontres au cours desquelles des stands sont attribués aux tradipraticiens. Ces thérapeutes non "conventionnels" y exposent au grand jour, des produits fabriqués par leurs seuls soins ; des produits qu'ils vendent sans autorisation de mise sur le marché. Ces phytomédicaments traditionnels font l'objet d'une grande consommation dans les pays africains ; ils sont certaines fois commercialisés avec la complicité de pharmaciens soucieux d'améliorer leurs chiffres d'affaires, en échappant à certains impôts. La pratique de ce genre de médecine étant millénaire, la bêtise chez l'Africain est de vouloir la supprimer brutalement, pour imposer celle venue d'ailleurs.

La plupart des pharmaciens-chercheurs africains actuels, ayant fait leurs humanités dans les pays avancés, la faute leur incombe d'accepter cet à priori, sans rechigner. Comment n'arrivent-ils pas à s'imposer, là où le tradithérapeute le fait si bien ? Là où dans chaque faculté de pharmacie devrait exister une officine accessible aux pauvres. Il est regrettable que le pharmacien africain, dans sa "boutique", ne fasse aucune différence d'avec le "tablier" voisin sur le même trottoir.

e/ La méchanceté politique

Si la pilule reste tant amère pour l'Africain, c'est particulièrement en raison de la méchanceté de ses gouvernants. Une méchanceté, en grande partie par ignorance. En effet, la plupart de ces gouvernants sont souvent trop loin des choses médicales. Et quand bien même les gouvernements comptent, quelques rares fois, en leur sein des médecins et des pharmaciens, que leur volonté reste embryonnaire, parce qu'étouffée par celle des plus nombreux. En général, il s'agit de béni-oui-oui, qui souscrivent toujours sous dictée ; c'est-à-dire des gens soumis, "blanchis" sous les harnais de la politique du ventre.

f/ Les conséquences

Les conséquences de cette situation sont dramatiques, on s'en doute. Elles sont très nombreuses ; et on peut, entre autres, déplorer :

- L'insuffisance des unités de production de médicaments essentiels[87].
- L'invasion de nos pays par le marché parallèle de médicaments aux origines inconnues.
- Le danger que représentent les médicaments de la rue, faux ou vrais, qui envahissent nos territoires avec la complicité ouverte des politiques et des professionnels de la santé.
- L'absence de structures de contrôle de ces médicaments, depuis leur conception, jusqu'au consommateur.
- Des autorisations de mise sur nos marchés, abusivement accordées à une myriade de produits, à grands coups de pots de vin et au motif qu'ils sont plus accessibles aux pauvres.
- La nouvelle ère de médicaments génériques impossibles à définir scientifiquement et donc incontrôlables.
- L'inexploitation des phytomédicaments, bien que préconisés par les institutions internationales, tel l'OMS[88]...

[87] Dans l'Afrique de l'Ouest, la Côte d'Ivoire ne compte que quatre unités sous contrôle politique ; alors que le Ghana, relativement plus "petit" en termes de populations, en comptabilise une trentaine... Faudrait-il voir en cela une différence, quant à la volonté du Français et du Britannique, à libérer ce secteur ?

[88] En France, les Laboratoires Pierre Fabre Médicaments (à Castres) tirent leur origine de la Reine-des-prés, une Rosacée courante, utilisée par le grand-père rebouteux, pour traiter l'insuffisance veineuse. Aujourd'hui, ces Laboratoires sont au nombre des grandes puissances pharmaceutiques mondiales...

En dépit de toutes les difficultés pour assainir ce secteur, nous croyons qu'il faille dénoncer avec force des pratiques d'empoisonnement des populations innocentes. En attendant, des équipes de nécrophiles continuent de s'enrichir sur le dos de pauvres bougres qui croient fermement que les médicaments venant d'ailleurs, les soignent mieux que ceux proposés localement, y compris par les thérapeutes indigènes. Aussi, accourent-ils dans les villes, pour surcharger des centres de santé mal équipés et dépourvus de tous moyens thérapeutiques. Ailleurs, en l'occurrence, c'est – outre les fabricants d'Occident –, la Chine, l'Inde, le Pakistan, le Nigeria ou le Ghana...

IV - L'ARMEMENT

1. LA SITUATION GÉNÉRALE DANS LE MONDE

La situation militaire dans le monde se trouve résumée dans le tableau IV ci-dessous.

D'emblée, ces chiffres sont ahurissants et appellent plusieurs commentaires :

- L'Afrique dispose de près de 61% des soldats en activité dans le monde ; en d'autres termes, ce continent est celui qui cultive et entretient le plus de conflits. D'autant qu'il y ajoute un fort potentiel de réservistes (41%). De la sorte, il dispose de la moitié des jeunes susceptibles de faire la guerre, on ne sait trop contre qui, ni pourquoi. Cependant, l'Afrique ne s'intéresse que trop peu aux éléments pouvant être affectés à des fonctions de surveillance et de sécurisation. Les forces paramilitaires (police, douane, gardes forestiers...), y sont recrutées en nombre trop insuffisant (1%).

Tableau IV : Situation militaire en Afrique et dans le monde, en 2015.

	Monde	Afrique	%
Actifs	1 773 663	1 078 174	60,8
Réservistes	1 004 078	411 635	41,0
Paramilitaires	231 992	2 406	1,0
Ensemble effectifs	3 009 733	1 492 215	49,6
Dépenses (milliards €)	3 097,20	139,79	4,5

- Comparativement aux autres nations ailleurs, on peut relever l'état de pauvreté des pays africains, qui ne peuvent consentir que 4,5% des dépenses mondialement allouées aux armées.
- Toutefois, il est intéressant de noter que ce "faible" pourcentage représente environ 140 milliards d'euros ; c'est dire, beaucoup d'argent. Surtout, lorsqu'on constate qu'à quelques rares exceptions près, tous les matériels d'équipement, ainsi que les experts pour instruire ces soldats, sont d'importation. En d'autres termes, tant d'argent, abandonné gratuitement à des vendeurs de la mort, qui viennent de surcroît nous apprendre à nous entretuer. Tout simplement débile !

2. LA SITUATION DANS LES PAYS AVANCÉS

Dans le tableau V ci-dessous, nous avons sélectionné et classé les 20 pays les mieux armés au monde (ailleurs qu'en Afrique), auxquels nous avons associé les forces de l'OTAN, de l'Union Européenne et des BRICS.

Les données de ce tableau mettent en évidence quelques aspérités des "comportements militaires" dans ces pays :

- La moitié des pays sélectionnés dans notre exemple ne sont membres, ni de l'OTAN, ni de l'Union Européenne.
- On retiendra les cas particuliers de l'Arabie Saoudite et du Vatican, deux nations qui vivent également d'impôts de capitation de la part de leurs ouailles, disséminés à travers le monde entier, sous formes de "deniers du Pape" et de "zakat".
- Les dépenses consenties par le Vatican – à ne pas confondre avec celles du Saint-Siège –, sont exorbitantes, puisqu'elles ne concernent que les 900 à 1000 habitants que compte le plus petit État du monde.

Tableau V : Liste des 20 pays les plus armés du monde en 2016

(En fonction de leurs dépenses à l'armement).

	PAYS	Actifs	Réservistes	Paramilitaires	Total effectifs	**Dépenses (Milliards USD)**	% PIB
1	USA	1 361 000	864 540	72 500	2 298 040	**610,75**	4.7
2	Chine	2 380 000	2 280 000	470 000	5 130 000	**184,00**	2.2
3	Russie	778 500	2 295 000	275 000	3 348 500	**87,89**	4.3
4	Royaume Uni	187 970	193 250	138 000	519 220	**60,30**	2.7
5	Arabie Saoudite	233 500	25 000	0	258 500	**56,70**	11.2
6	France	208 920	61 933	84 600	355 453	**55,70**	2.5
7	Japon	247 150	56 100	12 250	315 500	**50,70**	1.0
8	Inde	1 325 000	1 155 000	1 293 500	3 773 500	**50,20**	1.8
9	Allemagne	191 818	144 000	2 180	337 998	**46,75**	1.4
10	Corée du Sud	687 000	2 970 000	12 000	3 669 000	**34,20**	2.9
11	Brésil	371 199	1 800 000	400 000	2 571 199	**33,00**	1.6
12	Italie	182 300	42 700	92 000	317 000	**28,94**	1.8
13	Israël	176 500	565 000	8 050	749 550	**24,40**	6.4
14	Irak	270 000	580 000	110 000	960 000	**14,60**	5.4
15	Vatican	165	56	150	371	**13,20**	-
16	Portugal	43 330	210 900	47 700	301 930	**4,00**	2.1
17	Belgique	38 452	2 040	0	40 492	**3,70**	1.2
18	Espagne	128 013	319 000	80 120	527 133	**3,20**	1.1
19	Suisse	183 536	25 504	80 000	289 040	**2,90**	0.8
20	Pays-Bas	46 882	3 339	0	50 221	**2,80**	1.5
	TOTAL	**9 041 235**	**13 593 362**	**3 178 050**	**25 812 647**	**1 367,94**	-
*	OTAN	3 778 292	3 661 177	793 894	8 233 363	**987,25**	-
*	UE	1 435 693	-	407 645	1 843 338	**299,87**	-
*	BRICS	4 138 281	5 250 071	2 175 882	11 564 234	**268,50**	-

- Les U.S.A. tiennent particulièrement à leur rôle de gendarmes de la Planète et s'en donnent les moyens pour le demeurer.
- La nouvelle entité des BRICS, qui ne compte que quatre pays, consent des efforts remarquables en matière d'armement, grâce notamment à la loi des grands nombres en Chine et en Inde.
- Forts de cette loi, d'autres pays africains pourraient efficacement s'agréger à cette nouvelle entité. Outre le défi monétaire que nous évoquions plus haut, cet ensemble

disposerait de fait, de l'armée la plus nombreuse du monde. De quoi se faire respecter par tous.

Le fait est qu'entre ces pays fournisseurs, il n'existe plus que peu de marché de l'armement ; au contraire, ils parlent même de plus en plus de limiter celui-ci. Ainsi, en prenant en exemple les cibles préférentielles des quatre plus grands vendeurs d'armes au monde, on se rend compte que :

- Les U.S.A. (1er) et la France (4e) vendent au Moyen-Orient.
- La Russie (2e) exporte surtout en Inde, en Chine et au Viêtnam.
- La Chine (3e), préfère les pays asiatiques.

Entre ces nations, la seule exception de vente d'armes concerne la Chine qui, malgré l'embargo dont elle a fait l'objet, continue d'acheter des armes à la France, qui lui en vend allègrement[89] !

Il leur a donc fallu trouver des débouchés hors de leurs frontières. L'Afrique se trouve tout logiquement une autre cible de choix. D'abord directement pour tous ces pays gros vendeurs ; tout comme pour d'autres colonisateurs tels que le Royaume-Uni, l'Espagne ou l'Italie. Ensuite, par des intermédiaires : Inde, Pakistan, Chine...

Afin qu'un tel marché perdure le plus longtemps possible, ils créent et entretiennent des conflits de toutes sortes dans nos pays. Ils savent si bien semer la hantise de la guerre, que même des nations parmi les plus pacifistes du continent, s'arment jusqu'aux dents, en prévision d'éventuels conflits de voisinage, sans se dire que l'acquisition d'engins sophistiqués n'empêchera nullement leurs voisins de les provoquer en duel, le cas échéant. Simple histoire de "faire le point" et de mesurer leurs puissances de frappe respectives. À quoi cela servirait-il de posséder des armes qui ne serviraient à rien ?

Or qu'en est-il réellement de l'élaboration de ces armes ? Et surtout à quel prix les vendent les marchands de la mort ? Il serait superflu de rappeler que la plupart des matériaux entrant dans leur fabrication proviennent des pays sous-développés, qui les cèdent au tout venant. Et lorsqu'ils leur reviennent sous la

---

89 Embargo décidé par les États-Unis et l'Union Européenne, depuis les événements de Tiananmen, en 1989...

forme finie, nos Chefs d'État tombent en admiration et les achètent (avec l'argent du contribuable !) à des prix défiant l'imagination.

Pendant que de telles acquisitions hypothèquent lourdement nos économies nationales, la vente d'armes s'avère être une activité très lucrative, qui permet aux pays fournisseurs d'équilibrer les leurs. Ainsi, dans la seule campagne 1984/1985, les U.S.A. et la France ont réalisé cinq milliards de dollars de bénéfice dans la balance de leur commerce extérieur, dont la moitié au moins provenait de la seule vente d'armes.

Aujourd'hui, avec les crises économiques dans ces pays, cette activité s'inscrit au premier rang du soutien des secteurs privés à ces économies nationales[90]. C'est tout simplement terrifiant ! D'autant que, pour établir un parallèle illogique (la guerre tue et ne devrait pas faire vivre !), il est acquis que le prix de revient de n'importe quel avion de combat pourrait nourrir environ 300 à 500.000 personnes dans le tiers-monde pendant une année. Ou bien encore, que huit heures des dépenses militaires du monde, pourraient suffire à éradiquer complètement la malaria de la surface du globe ; que 20% des ingénieurs de haut niveau dans le monde sont employés à fabriquer la mort, par des industries militaires...

Alors, à qui voudrait-on faire avaler des couleuvres, à propos de politique de désarmement ? Ce faisant, le monde industrialisé se tirerait des balles dans les pattes pour se mettre dans une position désavantageuse, qu'il ne peut encore se permettre.

3. La situation dans les pays africains

En Afrique et dans le tiers-monde en général, une trop grosse part des budgets des États est absorbée par des "défenses nationales" quasi inexistantes. Par conséquent, c'est à ce niveau que se situe la plus grande incongruité des décideurs politiques de ces pays. En procédant de même que dans les pays industrialisés, nous aboutissons aux résultats consignés dans les tableaux VI et VII ci-dessous.

La réalité de certains faits qui y transparaissent est si ahurissante, que l'on pourrait se demander par quelle opération

[90] Cf. P. Leymarye in "La chasse aux milliards", Le Monde Diplomatique, 55234, avril 2016.

du Saint-Esprit ils ont pu germer dans la cervelle de gens sains et bienpensants. "Régner pour détruire" : tels semblent être les mots d'ordre qu'ils se sont donnés, au grand mépris des peuples dont ils ont la charge. Quelles remarques ressortent de ces données ? Elles sont de plusieurs ordres :

- Le premier de ces pays (l'Algérie), cultive des souvenirs douloureux qui expliqueraient son attitude : la guerre contre la France y a laissé de quoi être toujours méfiant. De la sorte, l'Algérie figurerait au 13e rang du classement mondial, juste à la suite d'Israël et avant l'Irak.
- Le troisième pays de ce classement (la Libye) trouverait sa place mondiale juste après le Vatican (15e) et très loin derrière l'Arabie Saoudite (5e), deux pays à très forte dynamique religieuse.
- Djibouti constitue une exception dans ce classement, puisqu'il ne doit sa situation qu'à la surveillance étroite dont il fait l'objet de la part de grandes puissances, tels les USA, la Chine, le Japon, l'Allemagne ou la France, qui y possèdent des bases militaires. Ce pays en tire des impôts substantiels, qui lui valent en outre un PIB de 3 200 USD par habitant, c'est-à-dire l'un des plus élevés d'Afrique...
- Six pays africains (l'Égypte, l'Angola, le Maroc, la Mauritanie, le Botswana et la Namibie), s'y inscriraient à partir de la 15e place, avant le Portugal, la Belgique, l'Espagne, la Suisse et les Pays-Bas ; c'est-à-dire des puissances coloniales affirmées.
- Tous les autres pays d'Afrique réunis totaliseraient un potentiel financier de 60,64 milliards d'USD, soit l'équivalent de celui du Royaume-Uni, au 4e rang de ce classement.
- Enfin, une palme "ambiguë" reviendrait à l'Île Maurice qui, sans consentir la moindre finance à son armement, dispose quand même de soldats actifs, ainsi que de troupes de réserve et de forces paramilitaires.

Ainsi présentée, l'Afrique entière ressemble à un drôle de nid, où des coucous étrangers viennent pondre leurs œufs pour contrôler les économies nationales, en tapant sur le bec de roitelets peureusement installés dans d'autres abris très précaires.

Ces quelques exemples mettent en évidence, une fois de plus, que le monde industrialisé, qu'il soit à l'Est ou à l'Ouest, ne veut pas effectivement aider les pays africains à se promouvoir ; ce serait contraire à ses propres intérêts[91]. Depuis les temps coloniaux (où il avait directement la mainmise sur les matières premières indispensables à son essor), jusqu'aux temps présents (où il procède par corruption d'une catégorie d'Africains), sa politique d'exploitation a constamment suivi ce droit fil, qui est celui de tirer sans discontinuer profit des pays pauvres.

Tableau VI : Importance des pays africains, en fonction de leurs dépenses militaires (2015).

	PAYS	Actifs	Réservistes	Paramilitaires	Total effectifs	**Dépenses (Milliards USD)**	% PIB
1	Algérie	520 000	400 000	110 000	1 030 000	**15,40**	3.8
2	Djibouti	10 450	627	2 500	13 577	**14,40**	3.7
3	Libye	76 000	40 000	0	116 000	**12,00**	8.0
4	Égypte	438 500	479 000	92 000	1 009 500	**9,70**	2.1
5	Angola	107 000	0	10 000	117 000	**8,40**	4.2
6	Maroc	325 000	150 000	50 000	525 000	**5,25**	3.4
7	Mauritanie	15 870	0	5 000	20 870	**5,10**	3.8
8	Botswana	9 000	1 100	1 500	11 600	**4,50**	3.0
9	Namibie	9 200		6 000	15 200	**4,40**	3.7
10	Tunisie	35 800	0	12 000	47 800	**3,40**	1.3
11	Gabon	6 985	2 069	2 000	11 054	**3,10**	1.44
12	Rwanda	33 000	0	2 000	35 000	**3,10**	0.8
13	Guinée Bissau	4 450	0	2 000	6 450	**2,90**	1.8
14	Cap-Vert	1 650	1 360	0	3 010	**2,80**	0.5
15	Soudan	109 300	85 000	17 500	211 800	**2,70**	3.4
16	Zimbabwe	29 000	0	21 800	50 800	**2,50**	2.7
17	Tchad	25 350	0	9 500	34 850	**2,50**	2.1
18	Swaziland	3 000	1 350	956	5 306	**2,50**	1.9
19	Congo Brazza	10 000	800	2 000	12 800	**2,50**	1.1
20	Seychelles	162	36	450	648	**2,30**	1.2
21	Congo RDC	138 451	0	1 400	152 651	**2,20**	1.4
22	Burundi	20 000	0	31 050	51 050	**2,10**	2.1
23	Guinée E.	1 953	850	2 000	4 803	**2,10**	1.07
24	Sierra-Leone	10 500	560	0	11 060	**2,00**	2.4
25	Érythrée	201 750	120 000	0	321 750	**1,90**	20.9
26	Éthiopie	138 000	0	0	138 000	**1,60**	1.0
	TOTAL 1	**2 280 371**	**1 282 752**	**381 656**	**3 944 779**	**121,35**	-

91 Il lui arrive seulement, de rares fois, de faire des concessions : certains pays avancés ont fait l'effort d'annuler le remboursement de la dette, par des pays déshérités (Bangladesh, Bénin, Burkina-Faso, Burundi, Centrafrique, Comores, Guinée Conakry, Mali, Niger, Tchad...). Ainsi, en 1981, sur les 700 millions de francs français de dettes qu'elle avait consenties, la France en annulait 205,8 millions. Cependant, ne nous y trompons pas : elle a tôt fait de les rattraper en faisant supporter à d'autres pays l'intégralité des frais de coopération... une autre leçon de solidarité continentale indirecte, imposée de l'extérieur.

Tableau VII : Importance des pays africains, en fonction de leurs dépenses militaires (suite).

	PAYS	Actifs	Réservistes	Paramilitaires	Total effectifs	**Dépenses (Milliards USD)**	% PIB
27	Ouganda	45 000	0	1 800	46 800	**1,40**	1.8
28	Togo	8 550	852	750	10 152	**1,40**	1.9
29	AF. du Sud	62 082	15 071	12 382	89 535	**1,30**	1.3
30	Zambie	15 100	3 000	1 400	19 500	**1,30**	1.7
31	Guinée Conakry	12 300	0	7 000	19 300	**1,20**	2.2
32	Sénégal	13 620	0	5 000	18 620	**1,00**	1.6
33	Lesotho	2 000	0	0	2 000	**0,91**	2.19
34	Côte d'Ivoire	17 050	10 000	1 500	28 550	**0,83**	1.5
35	Cameroun	14 100	0	9 000	23 100	**0,72**	1.6
36	Burkina-Faso	11 200	0	250	11 450	**0,69**	1.2
37	Liberia	2 400	0	0	2 400	**0,69**	0.8
38	Madagascar	13 500	0	8 100	21 600	**0,65**	0.8
39	Ghana	15 500	0	0	15 500	**0,63**	0.7
40	Tanzanie	27 000	80 000	1 400	108 400	**0,63**	1.1
41	Soudan Sud	210 000	0	0	210 000	**0,60**	10.9
42	Centrafrique	2 150	0	1 000	3 150	**0,56**	1.8
43	Kenya	24 120	0	5 000	29 120	**0,56**	2.0
44	Bénin	25 695	13 695	2 500	41 890	**0,52**	1.1
45	Nigeria	80 000	0	82 000	162 000	**0,49**	0.9
46	Mozambique	11 200	0	0	11 200	**0,47**	0.8
47	Gambie	1 852	1 253	1 623	4 728	**0,45**	1.7
48	Mali	7 350	3 295	7 800	18 445	**0,45**	2.4
49	Malawi	5 965	2 695	1 500	10 160	**0,33**	1.2
50	Niger	5 695	2 365	5 400	13 460	**0,33**	0.5
51	Somalie	2 000	0	0	2 000	**0,20**	0,0
52	Comores	1 060	0	0	1 060	**0,13**	2.8
53	Maurice	6 952	3 265	2 000	12 217	**0,00**	0.2
54	RASD*	15 000	0	0	15 000	-	-
	TOTAL 2	**658 441**	**135 491**	**157 405**	**951 337**	**18,44**	-
	TOTAL GÉNÉRAL	**2 938 812**	**1 418 243**	**539 061**	**4 896 116**	**139,79**	-

* : RASD : République arabe sahraouie démocratique.

Telle est la triste réalité qui s'impose aux pays africains comme un obstacle infranchissable : leurs territoires sont toujours des colonies d'exploitation, que le Nord fait semblant d'aider. C'est aussi cela, que les Africains doivent avoir le courage de dénoncer, sans craintes des représailles. L'avenir de tout un continent leur échoit, qui leur dicte de lever la tête et de parler aux autres en les regardant droit dans les yeux, sans retenue et sans plus de complexes.

4. LES EXEMPLES DE LA RDC ET DE LA CÔTE D'IVOIRE

Pour illustrer cette situation en Afrique, nous avons choisi comme exemples deux pays : la RDC, ancienne colonie belge et la Côte d'Ivoire, au centre de la françafrique. De notre avis, ces deux pays s'inscrivent comme des symboles au cœur de la cohésion des peuples en Afrique occidentale et septentrionale. De leurs efforts conjugués en faveur de leur harmonie intérieure, et de l'assimilation et l'intégration des autres peuples, dépendra à coup sûr l'équilibre de ce continent, ne serait-ce qu'en partie.

Bien entendu, existent d'autres exemples, comme le Tchad et la Guinée Équatoriale et leurs folies pétrolières ; la Libye, l'Angola, la République du Congo, les deux Soudan, la Centrafrique, le Gabon, les Seychelles..., avec leurs lots de tribalisme et de démolition de la démocratie ; ainsi que bien d'autres choses encore. Et cependant, la RDC et la Côte d'Ivoire nous paraissent mieux indiquées en la matière.

- ***La République Démocratique du Congo (RDC)***

L'ancien Zaïre était, de tous nos pays alors "en paix", l'un de ceux qui soignaient plus particulièrement leurs défenses nationales[92]. Dans le cadre politique de ce qu'il est convenu d'appeler le "transfert de technologies", les fournitures militaires vendues par la France à ce pays en 1980 se détaillaient de la manière suivante, concernant spécifiquement son armée de l'air[93] :

---

92 Il ne s'agit ici que d'équipement en matériel et non d'assistance militaire en hommes, pour laquelle la Côte d'Ivoire, le Sénégal, le Gabon, le Cameroun et Madagascar constituent d'autres exemples.

93 L'importance de ces fournitures n'intervient qu'en deuxième position, dans le contexte général du transfert de technologies, derrière les télécommunications (normale), et devant (trop loin !) d'autres projets technologiques : usines sidérurgiques, lignes de haute tension, centrale

- 7 mirages ;
- 1 hélicoptère "Frelon" ;
- des équipements pour l'aéronautique militaire ;
- l'équipement électronique des bases de Kolwesi, Kamina et Kitona ...

Coût approximatif de l'opération : 500 millions de francs français (25 milliards de francs CFA, soit 38 millions d'euros) répartis entre les firmes Dassault, S.N.I.A.S., S.N.E.C.M.A. et Thompson-C.S.F.

Ces chiffres étaient déjà une excellente indication, en même temps qu'ils avaient le mérite de montrer les bonnes dispositions financières du Zaïre[94]. Il est seulement regrettable de savoir que ces "investissements" en équipements militaires ne profitaient dans les faits qu'aux seuls soldats d'un groupe ethnique et donc mis en place pour entretenir des querelles tribales. Vraiment du gâchis !

Aujourd'hui, la situation socio-économique de ce pays n'est guère meilleure. Au contraire, elle se trouve lourdement hypothéquée par des querelles politiciennes interminables. Mais qu'en est-il plus exactement de sa situation militaire ? En 2016, le Global Force Power (GFP) positionne les FARDC au 10e rang des armées les mieux équipées d'Afrique, avec un potentiel humain de 150 000 soldats. Comparativement aux années quatre-vingt, l'armée de l'air de la RDC se composait de :

- 4 avions d'attaque Soukhoï Su-25 ;
- 5 avions d'attaque Dassault Mirage 5 ;
- 14 avions Aermacchi MB-326 ;
- 1 Boeing 727 ;
- 2 avions de transport Lockheed C-130 Hercule ;
- 12 avions de transport Cessna 150 ;
- 3 avions de transport Cessna 310 ;
- 6 hélicoptères de combat Mi-24 Hind ;
- 5 hélicoptères Bell 47 (hors-service) ;
- 9 Puma (dont 4 opérationnels) ;
- 1 Cougar opérationnel ;

---

hydroélectrique... Au reste, cette intervention française n'excluait pas celle d'autres pays, comme la Belgique, les USA, l'Italie, la Russie ou l'Espagne.

94 Il est par conséquent révoltant de savoir que la RDC figure parmi les nations les plus pauvres du monde !

- 2 hélicoptères SA316 Alouette III ;
- 2 Mi-17...

Même si une grande partie de ces équipements se trouvait hors d'usage, on peut affirmer sans se tromper, que la RDC soigne particulièrement sa "défense nationale" pour entretenir des conflits internes. En outre, il est à remarquer la grande diversité de ses fournisseurs. Pourquoi tant d'argent sacrifié au bénéfice des vendeurs de canons ?

- ***La Côte d'Ivoire***

Avant ses turpitudes politiques, la Côte d'Ivoire occupait le 14e rang des pays les mieux armés d'Afrique (et au 97e rang mondial). En 2015, elle a été reléguée à la 24e place (classement GFP). Avec un budget militaire annuel de 220 milliards de francs CFA (440 millions USD), l'essentiel de ses services armés se résumait à : 5 avions, 10 navires et d'une capacité de mobilisation de 9.500 militaires (soit 150 fois moins que la RDC), sans réservistes. Ce pays ne disposant pas d'avions, ni d'hélicoptères de combat et pour cause !

En 2004, sans que l'on n'explique vraiment pourquoi, le gouvernement en place fit bombarder un cantonnement des Forces Licorne à Bouaké, dans le centre du pays. La réaction française fut tout à la fois immédiate et cinglante : les forces aériennes ivoiriennes – ce petit rien du tout ! – furent impitoyablement anéanties :

- À Yamoussoukro : 2 Soukhoï Su-25, 2 MI 24, 1 MI 8, 1 Puma...
- À Abidjan : 2 MI 24, 1 Gazelle HOT, 1 Canon du BATALAT (Bataillon de l'Aviation Légère de l'Armée de Terre).

Coût de l'opération : environ 250 millions USD (139 milliards de francs CFA) ...

La même année et deux mois plus tard, la résolution S/2015/288 des Nations Unies décréta l'embargo sur l'acquisition d'armes par le gouvernement ivoirien. C'est donc dans ce contexte flou que survint le conflit armé consécutif à l'élection présidentielle de 2010.

Au plus fort du temps des cerises, en 2011, lorsqu'il fut question de défaire le camp au pouvoir pour installer ses hommes de mains du moment, l'on se rendit compte qu'au final, la France se battait contre elle-même : elle équipait en armements les trois camps sur le terrain, à savoir : les forces dites loyalistes des FANCI (Forces Armées Nationales de Côte d'Ivoire, pour ce qu'il en restait !), les FAFN (Forces Armées des Forces Nouvelles : les rebelles) et les Forces Licorne. À telle enseigne qu'elle dut s'impliquer à visage découvert, pour défaire le camp indésirable. Drôle de guerre, n'est-ce pas !

À l'issue de ce mélodrame, il devint urgent de réviser les accords de défense avec l'un de ses meilleurs élèves d'Afrique. Il fallut surtout rattraper une situation. Le cas échéant, il fallut "provoquer" l'occasion propice à cet effet. Et ce fut l'attaque de Grand-Bassam, le 13 mars 2016. Cela faisait très vrai. Un "attentat terroriste", tout de même revendiqué par la fraction A.Q.M.I., et qui fit 19 morts dont 3 éléments des Forces Spéciales (FS).

Ces victimes militaires mettaient au grand jour la carence de "l'armée ivoirienne" en matière d'équipements de premier ordre. Il fut en effet établi que si le premier a succombé aux blessures d'éclats de grenades (quoi de plus normal pour un soldat !), les deux autres ont eu respectivement le gilet pare-balles et le casque explosés par les munitions des terroristes...

Par ailleurs, cet événement a curieusement coïncidé avec l'annonce du retrait des forces de l'Opération des Nations Unies en Côte d'Ivoire (ONUCI), en 2017... Dès lors, la France pouvait-elle laisser la Côte d'Ivoire sous embargo et à la merci de ses potentiels prédateurs continentaux ? D'autant que les forces rebelles de ce pays (transfuges de pays voisins pour la plupart !), fortes de deux à trois mille hommes, disposent d'une puissance de feu estimée à 300 tonnes d'armements, toujours intacts et en sécurité, on ne sait toujours trop où exactement.

Partant, rien d'étonnant qu'un mois après cet attentat – le 28 avril –, l'embargo fût levé par le Conseil de Sécurité des Nations Unies et que le gouvernement ivoirien fît voter la loi du 4 janvier 2016 portant *« nouvelle programmation militaire »*. Effet immédiat de cette cascade d'évènements, l'État de Côte d'Ivoire engagea des dépenses militaires, à hauteur de 4,5 milliards USD, sur la période 2016-2020, dont :

- 2,6 milliards USD pour l'équipement de tous les corps d'armée ;
- 1,9 milliard USD en dépenses de fonctionnement...

Qui veut la paix prépare la guerre, dit l'adage ! Cependant, il est pour le moins paradoxal que, malgré cet embargo, la Côte d'Ivoire compte depuis 2013, parmi ses partenaires français privilégiés, le chantier naval UFAST, à qui elle a passé commande pour 30 bateaux, dont :

- 3 patrouilleurs de type RPB 33 ;
- 4 vedettes de type RPB 12 ;
- 6 embarcations rapides "commandos" de 9,3 mètres...

Deux de ces patrouilleurs (l'Émergence et le Bouclier) ont été livrés en 2014 et 2015 ; ainsi qu'une Frégate Légère de type Lafayette, en 2016. Bien entendu, l'on rétorquera que ces engins n'ont rien à voir avec des équipements militaires !

Dans le même temps, la France continue de faire feu de tout bois en Irak et en Syrie (une autre de ses chères colonies !), où il est loisible de constater qu'elle participe à équiper militairement les belligérants de tous les camps. Là-bas où elle vient de décider de remplacer certaines de ses armes (les fusils d'assaut FAMAS G2), jugés trop peu pratiques.

Dans la conjoncture actuelle, il est fort à parier qu'elle fourguera cet équipement à la Côte d'Ivoire et ailleurs en Afrique, simple histoire d'atténuer quelque peu les 1 500 milliards d'euros déjà engagés dans ce conflit. Là-bas où, lorsqu'un missile français assassine des populations d'innocents, ce sont les pauvres d'Afrique qui paient et qui en pleurent le plus...

Tout ceci s'opère sous le regard bienveillant de la "communauté internationale", c'est-à-dire le cas échéant, l'ONU (ce grand machin ?), l'UE, l'OTAN, l'UA, la CEDEAO... Des organisations "fourre-tout", à travers des accords de défense (bi ou multilatéraux), où s'expriment impunément les grandes puissances militaires : les U.S.A., la Russie, la Chine, la France, l'Allemagne, le Royaume-Uni, l'Italie, l'Espagne...

Autant d'incidences qui font que désormais, le Congo RDC et la Côte d'Ivoire ont sensiblement amélioré leur rang, dans ce genre de classement, relativement aux efforts consentis par les pays africains en matière d'armement.

CINQUIÈME PARTIE

L'AFRIQUE ET LA CROISSANCE DÉMOGRAPHIQUE

IX

LA PHOBIE DES GRANDS NOMBRES

ooo

I - SAVOIR POSER LES PROBLÈMES.

Dès que l'on parle de croissance démographique et de misère touchant directement la vie d'êtres humains dans le tiers-monde, la conscience internationale devient plus sensible. À des titres divers, l'on se sent concerné, parce que le problème dépasse de loin le cadre des nations. D'où toutes ces théories qui ne peuvent trouver de sérieuses applications. L'on parle trop aisément de standardisation dans le choix des indicateurs, en vue de cerner de la même manière un problème aussi flou, chez des gens de conditions et de mentalités parfois totalement dissemblables.

Au demeurant, les problèmes démographiques ne se posent pas dans les mêmes termes en Occident qu'en Afrique ; et tout au plus, les inquiétudes des pays avancés devraient nous servir d'exemples à éviter. De ce fait, les solutions pour les Africains doivent d'abord être préventives.

Pourra-t-on un jour arriver à déterminer une "nation étalon", homologuée et déposée à Sèvres ; en fonction de sa superficie, de son territoire habitable, du niveau de vie moyen de ses citoyens, des mœurs de ceux-ci, des structures économiques essentielles entrant dans le concept du développement en général ? Cela semble inabordable, parce que la seule voie d'accès valable consisterait à faire de la Terre une seule Nation, voire même un seul Village ; c'est-à-dire écrire toute une autre histoire.

Les problèmes de démographie étant d'un abord délicat, il faut toujours se méfier des considérations trop faciles. Même dans les pays avancés, le recensement des populations n'est jamais aisé ; et d'un institut à l'autre, les chiffres peuvent sensiblement varier pendant les mêmes périodes et ce, pour des raisons dont les plus fréquemment rencontrées sont : les guerres, les autres catastrophes, les épidémies, les taux de mortalité et de naissance, l'espérance de vie à la naissance, les techniques utilisées (doubles comptes), les mouvements migratoires et la fréquence de l'opération. C'est certainement pour toutes ces raisons qu'on entend indifféremment parler "d'évaluation" ou "d'estimation" des populations, selon les cas, les périodes et les pays.

Ainsi, à la fin du XIXe siècle, la population européenne était évaluée à 381 millions d'habitants par l'annuaire du Bureau des Longitudes et estimée à 395 millions par les Tableaux Statistiques de Sundbarg. En 1939, la population française était de 41,9 millions d'habitants selon l'I.N.S.E.E. et de 41,3 millions d'après l'I.N.E.D. et l'O.N.U.

En ce qui concerne les pays africains, la croissance démographique fait l'objet de deux tendances polémistes : la première soutient que l'Afrique est un véritable "désert" en fait de densité de population et que la croissance y est fictive ; alors que la seconde prétend exactement le contraire. Ces deux points de vue sont défendables ; tout dépend de l'orientation finale qu'on veut leur donner. En effet, si le premier ne tient pas trop compte de certaines notions fondamentales (territoires habitables, coût de l'aménagement et de l'amélioration des conditions de vie dans les milieux ruraux... etc.), le second a trop tendance à "gonfler" l'addition afin d'encourager le contrôle des naissances dans les pays du tiers-monde. Dans tous les cas, les recensements, en Afrique sans doute plus qu'ailleurs, sont souvent inexacts, pour des motifs qui viennent tour à tour étayer ces points de vue :

- ils sont pour la plupart effectués dans des villes surpeuplées ;
- une partie de ces populations urbaines n'est jamais dénombrée, parce que sans domicile fixe, elle loge toujours "sous couvert", dans les boîtes postales et les maisons des parents qui l'accueille ;
- de même que l'on les fait voter en certaines occasions, on recense parfaitement les morts au même titre que les vivants ;
- bien des naissances ayant lieu dans les campagnes, il est impossible de trouver le reflet de la réalité dans les registres d'état civil ;
- en souvenir des enrôlements abusifs des temps coloniaux, la plupart des villageois abandonnent leurs maisons à l'annonce de l'opération ;
- les doubles comptes sont fréquents (écoliers, étudiants, militaires, main-d'œuvre rurale...) ;
- recensement des étrangers ;

- enfin et sans doute les plus incontrôlables de ces raisons, la mentalité et la notion de la famille chez l'Africain, qui méritent que l'on s'y arrête un instant[95].

Le dénombrement des populations africaines s'opère donc selon deux modalités qui se voudraient complémentaires :

- sur les registres d'état civil, en milieu urbain ;
- par un interrogatoire oral, en milieu urbain et/ou rural.

Si les règles sont à peu près bien codifiées dans le premier cas, il en est tout autrement dans le second, au cours duquel les questions orales sont de types : « *Combien de femmes avez-vous ? Combien de frères et de sœurs avez-vous ? Combien d'enfants avez-vous ? Combien vivez-vous à la maison ?* ... ». Ce qui, au départ, fausse tous les objectifs statistiques, étant donné que la notion de famille, totalement différente de celle rencontrée dans les pays avancés (où sont conçus les questionnaires !), concerne non seulement la lignée directe, mais également tous les collatéraux. À quoi il conviendrait d'ajouter que la fréquence de l'évènement est très basse.

Dans la pratique, les agents arrivent dans le village déserté par les jeunes (15 à 30 ans) qui n'ont pas encore migré à la ville. Sous l'arbre à palabres – quand il y en a encore un ! –, en présence du chef du village, les responsables de familles répondent aux questions, en se référant à une mémoire collective. De la sorte, le recensement se fait non pas seulement par maisonnées, mais aussi dans le sens des responsabilités morales de chaque chef de famille, qui devient ainsi un facteur exponentiel au cours de cette opération. Et c'est ainsi qu'il n'est pas rare qu'on recense également les étrangers à charge et qu'un hameau d'une centaine d'habitants peut en comptabiliser deux à trois fois plus, parce que l'on y fait recenser des parents ou des proches habitant d'autres villages. Comment voudrait-on, dans ces conditions, avoir une idée, ne serait-ce qu'approximative, de la réalité ? La chose en soi est impossible et tout le reste tient davantage de la spéculation que de techniques scientifiques.

Pour notre part, nous avons choisi de dépasser la polémique stérile ; et si nous procédons à des comparaisons chiffrées entre pays avancés et pays africains, ce n'est que dans le but de montrer du doigt

---

95 C'est sciemment que nous omettons des raisons telles que les épidémies, les famines, la mortalité infanto-maternelle, les guerres... qui, bien que régulatrices des populations actuelles en Afrique, peuvent être considérées comme transitoires.

les véritables problèmes sur lesquels il convient de mettre l'accent, afin de les mieux situer dans leur contexte socio-économique réel. Nous n'avons retenu, dans cette analyse, que certaines puissances coloniales européennes et les U.S.A. Dans les tableaux qui suivent, nous tâcherons de montrer :

- L'évolution des populations dans le monde, à travers les âges.
- L'évolution comparée des populations sur les cinq continents, de 1800 à 2000.
- La croissance démographique dans les pays colonisateurs.
- L'importance des populations dans les colonies d'Afrique.
- Le rapport entre le nombre de colonisés et celui des populations colonisatrices.

Dans un premier temps, nous essayerons de montrer l'importance de ces puissances en matière de populations. Ensuite, nous tâcherons de mettre en évidence les carences propres au tiers-monde, ainsi que le trop grand écart existant entre l'Afrique et les pays avancés, en ce qui concerne certains critères d'évaluation de leur développement respectif.

II - POPULATIONS DES CONTINENTS, DE L'ANTIQUITÉ AU XXIE SIÈCLE.

Le tableau VIII donne un aperçu, quant à l'évolution du nombre d'habitants sur les cinq continents.

Il importe de noter que d'emblée l'homme, sans se soucier des surfaces habitables, a laissé proliférer les populations sous toutes les latitudes. Ce tableau montre en outre que paradoxalement, le souci de recensement des populations concerne tous les continents.

Ainsi, les chiffres relatifs à certains territoires s'inscrivent depuis l'antiquité, chez des peuplades rendues célèbres par l'histoire, ainsi que par des techniques de comptage qui leur étaient propres. Parmi ces peuplades, on relève plus particulièrement :

- **Pour l'Amérique Latine** : notamment les Mayas et les Incas, dont les civilisations n'ont toujours pas fini de livrer leurs secrets, dans le "Nouveau Monde".

- **Pour l'Afrique** : l'Égypte, l'Éthiopie, l'Érythrée, le Royaume de Kusch au Soudan, la Libye, le Maghreb...

De tels recensements étaient par conséquent loin de traduire la réalité de ces continents. Au contraire, ils ne concernaient que certaines classes "bourgeoises", autour des monarques d'antan. Il n'empêche que, malgré tous les efforts, la croissance démographique reste un phénomène mondialement commun. Elle apparaît même vertigineuse sur tous les continents, avec les plus fortes croissances en Asie et en Afrique. Seule l'Océanie reste "à la traîne", en matière de démographie.

L'expression graphique des données de ce tableau est matérialisée sur la figure 1, qui montre clairement cet état de fait. Elle établit entre autres réalités, le poids énorme du continent asiatique (60%) face aux autres continents. En outre, on y voit apparaître les efforts des deux Amériques, pour maintenir leur croissance à un niveau constant, jamais en deçà des 10%.

Tableau VIII : Évolution des populations des cinq continents à travers les âges (Millions d'habitants).

	-400	JC	500	1 000	1 300	1 400	1 500	1 700	1 800	1 900	2 000
Asie*	94	168	120	155	240	200	243	436	646	902	3 631
%	*62*	*67*	*57*	*60*	*56*	*53*	*53*	*64*	*67*	*56*	*60*
Europe**	32	43	41	43	86	65	84	125	195	422	782
%	*21*	*34*	*20*	*17*	*20*	*17*	*18*	*18*	*20*	*26*	*13*
Am. du Nord	1	2	2	2	3	3	3	2	5	90	307
%	*1*	*1*	*1*	*1*	*1*	*1*	*1*	*0*	*1*	*6*	*5*
Am. du Sud	7	10	13	16	29	36	39	10	19	75	512
%	*5*	*4*	*6*	*6*	*7*	*10*	*9*	*1*	*2*	*5*	*8*
Océanie	1	1	1	1	2	2	3	3	2	6	30
%	*0,7*	*0,4*	*0,5*	*0,4*	*0,5*	*0,5*	*0,7*	*0,4*	*0,2*	*0,4*	*0,5*
Afrique***	17	25	32	40	69	68	86	106	101	118	800
%	*11*	*10*	*15*	*16*	*16*	*18*	*19*	*16*	*10*	*7*	*13*
Total monde	152	250	209	257	429	374	458	682	968	1 613	6 062

Sources : J-N. Biraben *in* le bulletin de l'INED : *Population & Sociétés* (numéro 394, octobre 2003).
* Asie (sans la Russie) : Chine, les deux Corée, Japon, Sud-Est asiatique, Sous-continent indien, Moyen-Orient.
** Europe et Nouveau Monde : Europe (avec la Russie), Amérique du nord, Amérique du sud, Océanie.
*** Afrique méditerranéenne et Afrique noire.

Enfin, l'Europe et l'Afrique connaissent deux tendances opposées ; la première essaie de s'aligner sur les Amériques, alors que l'Afrique fait son "émergence" démographique vers le continent asiatique. La période de démarcation entre ces deux tendances se situe entre 1990 et 2000.

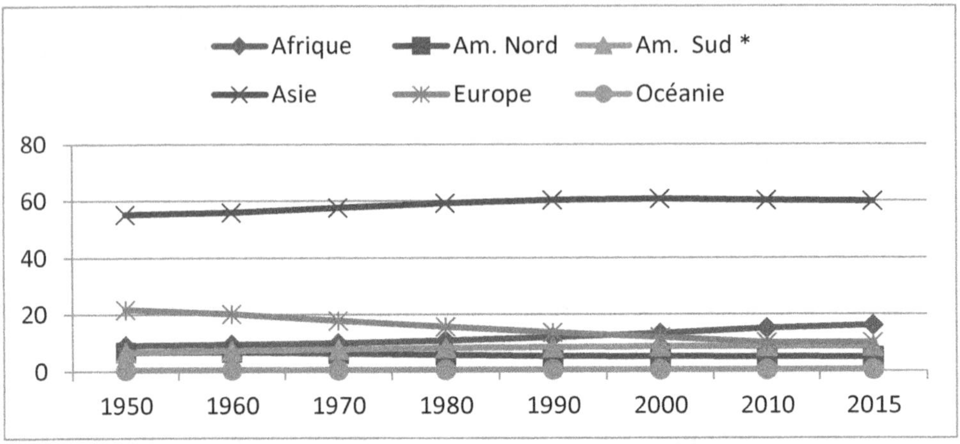

Figure 1 : Importance des continents dans la population mondiale (%)
Sources : United Department of Economic and Social Affairs. Population Division. World Population Prospects, the 2015 Revision.

III - CROISSANCE DÉMOGRAPHIQUE DES CONTINENTS (1800 à 2000)

Pendant cette période, la croissance démographique sur les cinq continents permet d'apprécier les faits suivants (figure 2) :

- On peut noter, d'une manière générale, deux grandes périodes de croissance : de 1850 à 1900 et de 1939 à 1985.

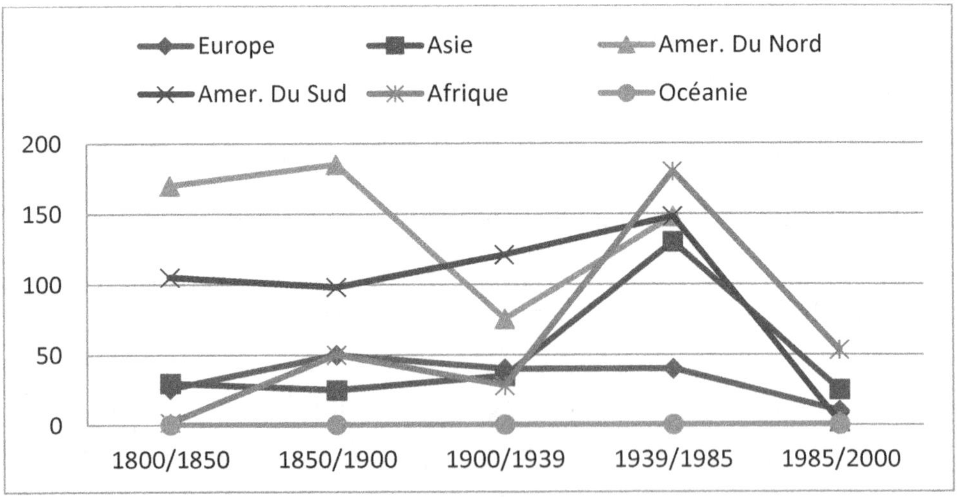

Figure 2 : Croissance comparée des populations (%), entre les cinq continents.

- L'Europe, ce "vieux continent", a connu son explosion au milieu du XIXe siècle. C'est dire aussi, une période d'accalmie relative, au regard de ses conflits internes. Avec le XXe siècle et plus particulièrement en raison des deux guerres mondiales, cette croissance a été modulée, pour stagner autour de 40%. À son entrée dans le troisième millénaire, l'Europe semble avoir définitivement "calé" sa démographie, pour ne jamais dépasser la barre de croissance des 10%.

- En Asie, la croissance a été constante depuis le milieu du XIXe siècle. Elle a atteint son maximum au XXe. Le surpeuplement de la Chine et de l'Inde semble être un argument majeur, quant à la rigueur affichée dans la régulation des naissances sur ce continent.

- L'Amérique du Nord constitue un "cas à part" : après avoir exterminé les populations autochtones, elle a eu besoin de se repeupler, pour recruter la main-d'œuvre nécessaire à l'exploitation des vastes territoires dont elle venait de s'emparer par la force. Ce phénomène s'est sensiblement atténué avec les deux guerres mondiales, pour reprendre avec l'ère industrielle et surtout, avec l'intensification de l'émigration tous azimuts.

- Avec l'Amérique du Sud, le continent américain dans son ensemble est celui qui affiche la plus grosse croissance démographique au monde. En contrecoup à la politique des envahisseurs au nord, le sud semble avoir réagi, afin de perpétuer les différentes civilisations ancestrales. Depuis le milieu du XXe siècle, ces deux blocs connaissent exactement le même profil démographique ; plus précisément, à partir de la période allant de 1939 à 1985. À cette même période, tous les continents (hors l'Océanie), ont connu une flambée démographique ; l'Afrique s'affichant au-dessus de tous.

- Dès l'avènement du troisième millénaire, est apparue une chute collective de cette croissance, avec un plus gros effort de la part de l'Afrique, des deux Amériques et de l'Asie.

- D'après les experts, pendant cinquante ans (de 1800 à 1850), la population africaine serait restée inexistante. Il y a lieu de croire que les recensements étaient plutôt impossibles à cette époque et que ces chiffres tiennent par conséquent de la pure spéculation dans la majorité des cas ; d'autant que les pays méditerranéens d'Afrique étaient tous rattachés au Moyen-Orient. En Afrique, la croissance semble n'avoir effectivement démarré qu'à partir de 1850, temps fort de la colonisation, où l'on a commencé à établir des similitudes ; ceci s'explique d'une part, par l'avènement de la médecine pasteurienne dans ces contrées, qui a entraîné une diminution conséquente de la mortalité ; et d'autre part, par le fait que les recensements approchaient davantage de la réalité.

- La croissance démographique en Océanie constitue une "toile de fond", au regard des autres continents : sur toutes ces périodes, elle ne représente que 0,5% des populations mondiales.

- Exception faite de l'Amérique du Sud et de l'Océanie, tous les autres continents ont connu une chute démographique entre 1900 et 1939. Dans tous les cas, cette croissance a connu un coup d'arrêt après chaque conflit mondial, avec une inflexion plus prononcée à l'issue du premier.

En réalité, la période 1939-1985 pourrait être considérée comme un leurre, en matière de démographie. Elle oblige en effet à considérer :

- D'une part, une Europe en pleine reconstruction et dont les lourdes pertes en vies humaines, bien que régulatrices de sa démographie, constitue un biais en la matière ;

- D'autre part, les autres continents, où le démembrement des populations apparaît de manière commune pour la première fois, sur l'échiquier international. L'on y découvre le "nouveau monde" (Amérique du Nord), cependant que l'Afrique et l'Asie font l'objet des tout premiers recensements de masses. Sans oublier que toute l'Amérique Latine, l'Inde et l'Afrique, sont autant de colonies européennes...

De ce point de vue, il ressort que la "menace démographique" relève exclusivement des pays du tiers-monde. D'où la fébrilité des pays industrialisés de vouloir juguler rapidement ce danger ; d'autant que la Chine, l'Inde, l'Afrique du Sud et le Brésil commencent à se positionner comme d'autres leaders d'opinion, pour cristalliser le prochain bloc de pays "émergents".

On comprend dès lors pourquoi les projections de la Banque Mondiale exigent un plus gros effort de régulation des naissances dans les pays du tiers-monde, qui sont présentés comme des dangers pour la Planète. Comment concilier cette "priorité" avec la réalité, quand l'on n'accorde aucun moyen de développement aux masses populaires en majorité paysannes, bases essentielles de cette "croissance galopante" ?

La vérité est que la seule manière efficace de contrôler les naissances dans le tiers-monde consiste d'abord à améliorer les conditions de vie du paysan. Car aussi bien, toutes les méthodes scientifiques en cours s'avéreront inefficaces, parce qu'elles ne concernent qu'une infime partie des populations, en milieux urbains.

IV - DÉMOGRAPHIE DES PAYS COLONISATEURS

La situation propre aux pays colonisateurs de l'Afrique se trouve résumée dans le tableau IX, dont la lecture révèle l'extraordinaire croissance de leurs populations internes, sur la période choisie pour cette analyse.

Tableau IX : Évolution des populations dans les pays colonisateurs (milliers d'habitants)

	Sup. (KM^2)*	1800		1900		1960		2000		2015		Croi (%)
		Pop.	Den	Pop.	Den	Pop.	Den	Pop.	Den	Pop.	Den	
Belgique	31	4 035	132	6 694	219	9 104	298	10 242	336	11 251	369	279
Espagne	505	11 500	23	18 594	37	30 777	61	43 000	85	46 272	92	402
France	549	29 100	53	40 686	74	45 464	83	59 000	107	66 627	121	229
Italie	301	17 237	57	33 600	112	43 600	145	57 600	191	61 855	205	359
P-Bas	34	1 982	59	5 104	152	11 417	341	15 864	474	16 990	507	857
Portugal	92	2 917	32	5 450	59	8 889	97	10 231	111	10 375	113	356
U.K.**	244	10 501	43	35 406	145	52 372	215	59 512	244	59 949	246	571
U.S.A.	9 364	5 309	0,6	76 212	8	179 323	19	281 422	30	323 189	35	6 088
TOTAL	11 119	82 580	7	221 746	20	380 946	34	536 870	48	596 508	54	722

Sources : population growth of the whole country.
* Superficies en milliers de km^2.
** Comprenant : l'Angleterre, l'Écosse, le Pays de Galle et les deux Irlandes.

En tout premier lieu, l'on peut y remarquer qu'au regard de leur superficie totale, ces pays ne représentent pas "grand-chose", par rapport à l'ensemble du continent africain ; surtout, en pensant aux nombreuses autres colonies qu'ils possédaient ailleurs. Une fabuleuse histoire de *« la grenouille qui voulait se faire aussi grosse que la vache »*. De fait, la vache (à lait !) était déjà bien trouvée dès l'origine de cette autre fable. L'autre remarque de ce tableau se trouve dans la croissance démographique galopante de ces pays, dans l'intervalle de ces deux siècles choisis comme repères. Cependant, et pour des raisons diverses, il n'y était nullement question de modulation de la fréquence des naissances. Parmi ces raisons, relevons :

- Les nombreuses causes de régulation de ces naissances : épidémies (peste, choléra, tuberculose pulmonaire, disettes...), guerres continuelles, razzias dans les territoires, banditisme de grand chemin.

- Une avidité accrue à aller conquérir des territoires de plus en plus lointains et par voie de conséquence, la nécessité de lever des contingents toujours plus nombreux. De quoi démontrer leur suprématie ailleurs que sur leurs territoires intrinsèques.

- Le goût de l'aventure et la folle course au trésor, vers des horizons jusque-là insoupçonnés.

La croissance démographique ne devient préoccupante qu'avec la cessation des conflits entre ces pays et surtout avec une fois encore, l'avènement de la médecine pasteurienne et l'accumulation des populations dans de nouveaux espaces urbains. Le point de départ vers d'autres folies, bien plus sévères encore...

On y découvre en outre que :

- Pour des pays souvent bien plus étendus que ceux d'Afrique, la densité de population au km² est inquiétante (exception faite des U.S.A.) ;

- Malgré l'énorme taux de croissance aux U.S.A., ce pays reste un vrai "désert", avec seulement 35 habitants au km². L'Amérique a toujours cruellement besoin de se peupler, surtout en prenant en compte le Canada[96]. Autrement dit, il suffit d'avoir de vastes territoires et de disposer, à l'intérieur de ceux-ci, des ressources pour assurer un développement, pour se permettre la croissance démographique que l'on veut. Or il se trouve précisément que l'Afrique est très vaste et qu'elle dispose naturellement de matières premières en quantité et en qualité suffisantes, à bien des égards ; mais la voilà dans l'obligation de refréner l'accroissement de ses populations, parce qu'elle manque totalement de structures élémentaires de développement.

- Cette situation est alarmante dans toutes ces puissances coloniales, malgré les efforts consentis pour réguler leurs populations. Certaines parmi elles sont même au bord de l'implosion démographique (Pays-Bas, Espagne, Royaume-Uni).

---

[96] Les nécessités ont exigé que les Indiens autochtones soient exterminés, pour repeupler les territoires autrement ; et l'on y parle toujours "démocratiquement", de logique et de respect des libertés.

- Certaines autres doivent cette explosion à l'exiguïté de leur territoire intrinsèque (Belgique, Pays-Bas, Portugal). D'autant que la notion d'habitabilité des territoires n'est pas vaine ; ainsi, la densité de la population en France ne concerne en réalité que seulement 200.000 Km^2, soit environ un tiers des territoires métropolitains de ce pays.

C'est par conséquent sur cette préoccupation majeure que vient se greffer le dangereux problème de l'émigration des peuples, particulièrement en provenance du tiers-monde. D'autant que celle-ci vise à envahir les pays les plus sensibles à cette explosion démographique (Royaume-Uni, France, Italie).

V - DÉMOGRAPHIE DES COLONIES AFRICAINES

Au moment où l'Europe se lançait à l'assaut des autres continents, les territoires africains vivaient, eux-aussi, dans des habitudes ancestrales bien établies. Aujourd'hui, compte tenu de l'exiguïté de la plupart de leurs territoires, des solutions semblent envisageables (il devrait logiquement être plus facile de gérer plus petit !), à condition que les puissances coloniales accordent à leurs populations une réelle importance. Car dans les faits, celles-ci ne sont jamais entrées en ligne de compte dans leurs préoccupations, qui se résument à s'alimenter en matières premières tirées de ces colonies d'exploitation.

Aux yeux de ces puissances, les biens matériels d'Afrique ont une importance, les hommes pas. C'est cela, qu'il faut considérer dans les rapports actuels entre les deux camps. En conséquence, les populations de ces pays ont évolué en vase clos, mais au vu et au su de tous, dans une indifférence totale. Les tableaux ci-dessous en traduisent les réalités. À quelques exceptions près, les densités de populations montrent que la plupart des pays africains sont encore très loin du seuil d'alerte. Comment parler de mondialisation, quand tous les attraits se trouvent concentrés au Nord ? La Planète entière est couverte de satellites géostationnaires ; des téléphones portables raccourcissent les distances, jusqu'aux confins des forêts tropicales ; l'internet et les réseaux sociaux maintiennent une connexion étroite entre tous les jeunes du monde, qui y développent un langage à eux...

De toute évidence, l'invasion du tiers-monde est imminente. Aucune puissance ne saura plus la contenir. Dans tous les cas, il faudra trouver d'autres parades que "l'intégrité des territoires" ou des relents nationalistes, derrière des pancartes dans les rues, supports de propos et de velléités racistes et xénophobes. La seule manière sûre de maintenir ces courants migratoires à demeure serait, encore une fois, d'améliorer leurs conditions de vie dans leurs pays d'origine. Autrement dit et par nécessité, développer les pays pauvres devient d'abord l'affaire du Nord.

Tableau X : Populations dans les colonies françaises d'Afrique (milliers d'habitants)

	Sup.	ORIGINES		1900		1960		2 000		2 015	
		Pop.	Den	Pop.	Den	Pop.	Den	Pop.	Den	Pop.	Den
Algérie	2 382	1 500 *[1830]*	*1*	4 675	2	10 853	5	33 000	14	41 413	17
Bénin	113	361 *[1890]*	*3*	482	4	2 237	20	8 400	74	9 000	80
Burundi	28	-	-	570	20	2 800	101	7 180	258	11 100	399
Cameroun	475	2 609 *[1890]*	*5*	2 716	6	5 681	12	16 322	34	22 986	48
Centrafrique	623	-	-	630	1	1 227	2	-	-	4 500	7
Comores	2	65 *[1866]*	*29*	112	50	185	83	798	357	806	361
Congo Brazza	342	189 *[1890]*	*1*	280	1	969	3	4 000	12	4 919	14
Côte d'ivoire	322	250 *[1895]*	*0,8*	1 355	4	3 230	10	18 254	57	27 037	84
Gabon	267	-	-	240	1	630	2	1 400	5	1 762	7
Guinée Con.	246	-	-	1 600	7	2 727	11	9 400	38	13 000	53
Burkina-F.	274	-	-	2 500	9	3 537	13	13 200	48	18 600	68
Madagascar	59	2 000 *[1818]*	*34*	2 941	50	5 559	95	18 600	317	23 050	393
Mali	1 240	2 529 *[1890]*	*2*	2 672	2	4 375	4	13 500	11	18 501	15
Maroc	447	2 600 *(1800)*	*6*	3 800	9	11 679	26	30 367	68	38 419	86
Maurice	2	72 *[1820]*	*39*	375	201	662	355	1 179	632	1 362	730
Mauritanie	1 080	482 *[1890]*	*0,4*	540	0,5	970	1	3 000	3	3 974	4
Niger	1 267	1 402 *[1890]*	*1*	1 459	1	3 028	2	14 000	11	17 530	14
Rwanda	26	856 *[1890]*	*33*	996	38	2 742	104	9 000	342	11 320	430
Sénégal	197	178 *[1839]*	*0,1*	1 200	6	3 187	16	11 700	59	13 764	70
Tchad	1 284	513 *[1890]*	*0,4*	810	1	3 064	2	9 800	8	10 938	9
Togo	57	-	-	920	16	1 444	25	5 900	104	7 680	135
Tunisie	162	3 000 *[1820]*	*19*	1 900	12	4 221	26	9 593	59	12 655	78
TOTAL	28 162	18 994	-	32 773	3	75 007	7	238 594	22	314 316	29

Sources : IDP-INED-INSEE-MINCOOP-ORSTOM

Tableau XI : Populations dans les colonies britanniques d'Afrique (milliers d'habitants)

	Sup (Km²)	Origines		1 900		1 960		2 000		2 015	
		Pop	Den	Pop	Den	Pop	Den	Pop	Den	Pop	Den
Botswana	582	85 *[1890]*	*0,1*	109	0,2	481	0,8	1 765	3	2 360	4
Djibouti	120	22,5 *[1885]*	*0,2*	50	0,4	80	0,7	793	7	1 091	9
Égypte	1 001	2 335 *[1700]*	*2*	10 186	10	25 922	26	74 033	74	77 340	77
Gambie	11	370 *[1834]*	*35*	165	15	327	31	1 367	128	1 854	173
Ghana	240	101 *[1834]*	*0,4*	2 800	12	6 727	28	18 412	77	29 599	123
Kenya	583	995 *[1890]*	*2*	1 352	2	8 115	14	34 200	59	41 497	71
Lesotho	30	296 *[1890]*	*10*	345	11	870	29	2 143	71	2 974	98
Libye	1 760	409 *[1890]*	*0,2*	422	0,2	1 349	0,8	5 800	3	10 160	6
Malawi	127	543 *[1890]*	*4*	717	6	3 529	28	12 900	101	16 791	132
Namibie	842	121,2 *[1875]*	*0,1*	400	0,5	624	0,7	2 000	2	2 624	3
Nigeria	942	10 000 *[1857]*	*11*	15 589	17	42 739	45	123 338	131	181 649	193
Ouganda	243	-	-	1 650	7	6 806	28	29 000	119	34 359	141
Seychelles	0,38	580 *[1850]*	*1 543*	203	540	420	1117	81	215	920	2 447
Sierra Leone	72	972 *[1890]*	*13*	1 027	14	2 241	31	5 233	72	8 003	111
Soudan	1 886	-	-	5 588	3	11 256	6	35 080	19	47 676	25
Soudan sud	620									12 043	19
Swaziland	17	-	-	100	6	330	19	1 083	62	1 759	101
Tanzanie	940	-	-	3 968	4	10 328	11	38 300	41	48 165	51
Zambie	746	-	-	801	1	3 141	4	11 700	16	14 427	19
Zimbabwe	389	-	-	710	2	3 812	10	13 000	33	15 576	40
TOTAL	11 152	16830	-	46 182	4	129 097	12	410 228	37	550 867	49

Sources : ibid.

À défaut d'y parvenir dans tous ces pays, il serait indiqué de créer des pôles de regroupement, sur des zones frontalières, pour retenir durablement ces vagues d'émigrés. D'ores et déjà, Abidjan, Dakar,

Lagos ou Accra, en sont des exemples patents, dans l'Ouest africain...

Tableau XII : Populations dans les autres colonies d'Afrique (milliers d'habitants)

		Sup (Km²)	Origines		1900		1960		2000		2015	
			Pop	Den	Pop	Den	Pop	Den	Pop	Den	Pop	Den
Belgique	RD Congo	2 345	3 301 *(1890)*	1	-	0	14 169	6	51 965	22	77 371	33
Espagne	Guinée Equato.	2	132 *(1890)*	65	137	67	252	124	504	248	713	351
Italie	Erythrée	121	-	-	280	2	1 422	12	4 236	35	6 169	51
	Ethiopie	1 237	7 360 *(1890)*	6	11 901	10	24 191	20	77 431	63	106 312	86
	Somalie	638	-	-	400	1	2 230	3	7 253	11	16 203	25
	Total	1 998	10 793	-	12 718	6	42 264	21	141 389	71	129 397	65
Pays-Bas	Afr. Du Sud	1 221	1 134 *(1868)*	1	5 014	4	16 002	13	43 686	36	61 270	50
Portugal	Angola	1 247	1 400 *(1841)*	1	4 790	4	4 816	4	15 900	13	19 780	16
	Cap Vert	4	58,4 *(1807)*	15	147	37	200	50	500	124	527	131
	Guinée Bissau	36	-	-	200	6	565	16	1 600	44	1 887	52
	Mozambique	786	2 860 *(1841)*	4	2 239	3	6 593	8	19 800	25	31 396	40
	Sao Tomé-et-Principe	1	12 *(1844)*	12	61	61	64	64	157	157	200	200
	Total	2 073	16 257	-	12 451	6	12 238	6	37 957	18	53 790	26
USA	Liberia	111	722 *(1868)*	6	641	6	1 039	9	3 164	28	3 962	36
	TOTAL	7 751	32 339	-	30 961	4	85 964	-	278 665	36	326 503	42

Source : ibid.

VI - ÉVOLUTION COMPARÉE DES POPULATIONS ENTRE LA FRANCE, LE ROYAUME-UNI ET L'AFRIQUE (1800 à 2000)

En poussant plus loin cette analyse, l'on est tenté de comparer les évolutions démographiques entre les pays africains et leurs plus grands colonisateurs : la France et le Royaume-Uni. Sur la figure 3, on se rend compte des faits suivants :

- Grosso-modo, l'allure de la démographie en Afrique épouse celle de ces deux pays. Ce qui veut dire que les Africains mimeraient non seulement les faits physiques de leurs colons, mais également certaines de leurs habitudes profondes. Cela voudrait aussi dire que, placés dans des conditions similaires (guerres pour l'Europe, épidémies, famines et d'autres guerres pour l'Afrique), colonisateurs et colonisés ont exactement les mêmes réflexes de survie, dans le même sens de la procréation, qui semble ainsi aller de pair avec les difficultés. Il n'y a pas plusieurs manières de n'être que des humains.

- La croissance démographique en Afrique ne devrait surprendre personne, puisqu'on peut relever une première alerte dès la fin du 19e siècle. Tout au plus, devrait-on reconnaître qu'à cette époque, elle n'avait rien de préoccupant et encore moins, de menaçant pour les pays colonisateurs.

- La première guerre mondiale a incontestablement joué un rôle "régulateur" pour l'ensemble de ces pays. En fait, cela a également correspondu au début de la révolution agricole en Europe, comme pour donner la preuve que la régulation des naissances, pour être efficace, doit d'abord concerner les masses démunies.

- La grande explosion se situe après la seconde guerre mondiale, particulièrement pour la France et l'Afrique ; le Royaume Uni connaissant une croissance inverse, à la suite de cette guerre.

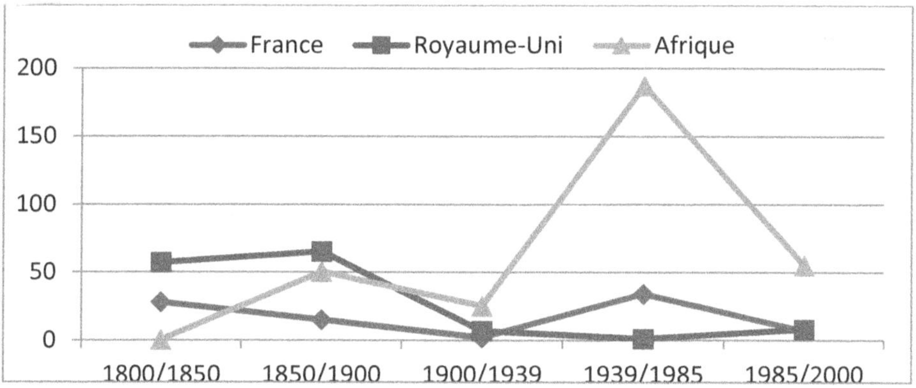

Figure 3 : Évolution comparée des populations (%), entre l'Afrique, la France et le Royaume-Uni, de 1800 à 2000.

VII - RAPPORTS DES POPULATIONS ENTRE LES PUISSANCES COLONIALES ET LES COLONIES D'AFRIQUE

Pour illustrer ces rapports, nous avons choisi les trois périodes clés que sont :

- Le début du XIXe siècle, au plus fort de l'ère coloniale.
- Le milieu du 20e siècle et plus précisément, la période des indépendances des pays africains.
- Le début du troisième millénaire, qui a coïncidé avec les flux migratoires actuels.

*** Le début du XIXe siècle**

À cette période, on se rend compte que presque tous les pays colonisateurs pouvaient résorber tous leurs flux migratoires en provenance d'Afrique. Les seules exceptions à cette disposition étaient le Portugal et le Royaume-Uni, où les rapports de population étaient respectivement de six (5,6) et de deux (1,6). En d'autres termes, chaque Portugais pouvait accueillir six immigrants, alors que le Britannique pouvait en accueillir deux. En dehors du Portugal, la situation d'ensemble ne posait pas de problèmes insurmontables aux colons, toutes proportions bien mesurées pour les considérations raciales.

Tableau XIII : Rapport des populations entre puissances coloniales et colonies d'Afrique.

	Superf (Km²)	1800				1960				2015			
		Pop.	Den	Colonies	Rapp	Pop.	Den	Colonies	Rapp	Pop.	Den	Colonies	Rapp
Belgique	31	4 035	132	3 301	0,8	9 104	298	14 169	1,6	11 251	369	77 371	6,9
Espagne	505	11 500	23	132	0,0	30 777	61	252	0,0	46 272	92	713	0,0
France	549	29 100	53	18 994	0,7	45 464	83	75 007	1,6	66 627	121	314 316	4,7
Italie	301	17 237	57	10 793	0,6	43 600	145	42 264	1,0	61 855	205	129 397	2,1
Pays-Bas	34	1 982	59	1 134	0,6	11 417	341	16 002	1,4	16 990	507	61 270	3,6
Portugal	92	2 917	32	16 257	5,6	8 889	97	12 238	1,4	10 375	113	53 790	5,2
U.K.	244	10 501	43	16 830	1,6	52 372	215	129 097	2,5	59 949	246	550 867	9,2
U.S.A.	9 364	5 309	1	722	0,1	179 323	19	1 039	0,0	323 189	35	3 962	0,0
TOTAL	11 119	82 580	7	68 163	0,8	380 946	34	290 068	0,8	596 508	54	1 191 686	2,0

Source : Worldometers (www.Worldometers.info).

*** Au milieu du XXe siècle**

Au moment des indépendances en Afrique, l'on voit apparaître une inversion de cette tendance : excepté l'Espagne et les U.S.A., la croissance des populations dans les colonies devient déjà préoccupante dans les pays africains. Les deux exceptions ci-dessus relèvent du seul fait de "l'insignifiance" de leurs colonies africaines, la Guinée Équatoriale et le Liberia.

* **Au seuil du troisième millénaire**, la situation devient catastrophique. Le Portugal et l'Espagne restent fidèles à eux-mêmes, cependant que des pays se trouvent au bord de l'implosion. C'est le cas pour le Royaume Uni, la Belgique[97], la France, les Pays-Bas et l'Italie. En clair, les plus gros colonisateurs en Afrique devraient s'organiser pour contenir les vagues humaines qui les envahissent actuellement.

Dans le meilleur des cas, en faisant preuve d'une solidarité purement imaginaire, chaque citoyen colonisateur devrait pouvoir accepter sous son toit, deux individus provenant d'Afrique. Autant dire, continuer de tirer des plans sur la comète. D'où l'indispensable nécessité pour eux, d'aider à améliorer cette situation à leur avantage, en cherchant à créer les pôles de rétention, tels que nous l'avons déjà préconisé.

Toutefois, et dans un autre registre, l'on se rend compte que l'esprit de la colonisation a toujours été conquérant, pour aller dans le sens de l'acquisition d'un maximum de territoires, quelle que fût leur importance en populations. Peu importait la nature humaine de celles-ci. Aujourd'hui, tous les pays du tiers-monde sont soumis aux mêmes brimades, concrétisant l'indifférence générale des puissances coloniales.

VIII - DE L'EXODE RURAL À L'ÉMIGRATION

1. LES FAITS

Dans les faits, la croissance démographique en Afrique ne déséquilibre pas outre mesure la dynamique des populations dans les puissances coloniales. L'exemple des États-Unis d'Amérique est, sans nul doute, le plus éloquent en la matière. La croissance démographique de ce pays a été multipliée par 61, pendant la période choisie pour cette analyse. Malgré ce "boom" démographique, on y enregistre la densité la plus basse par km². À un point tel que ce pays incite à une immigration "choisie" sur

[97] La Belgique ne compte pourtant qu'une seule colonie en Afrique : la RDC...

son territoire[98]. D'autre part, la majorité des pays faisant l'objet des exceptions ci-dessus mentionnées (Belgique, Portugal, Pays-Bas...), sont eux-mêmes très peu peuplés au départ. Ailleurs, les campagnes des pays avancés sont cruellement dépeuplées.

Alors, où réside le péril ? Et surtout, sur qui plane vraiment la menace démographique ? Le péril réside avant tout dans les zones urbaines, aussi bien en Afrique que dans les pays colonisateurs. Autrement dit, là où sont concentrés tous les intérêts des puissances coloniales. La menace démographique devient dès lors synonyme de l'exode rural qui, à terme, pourrait amener les masses démunies (paysannes), à prendre conscience des causes de leurs malheurs et partant, à migrer vers les villes.

Or qu'en est-il de cet exode dans les pays avancés ? Aujourd'hui, ceux-ci sont confrontés exactement aux mêmes problèmes que les pays du tiers-monde : les temps devenant de plus en plus "durs" dans les zones rurales, les populations actives ont tendance à aller se concentrer dans les villes, où l'on croit à tort, avoir un réel espoir de survie. Le phénomène remonte déjà à un passé lointain, comme en témoigne le graphique ci-dessous, concernant la France.

2. LA RÉALITÉ PAR LES CHIFFRES

En prenant pour repère le début du XIXe siècle, il apparaît que les villes françaises sont progressivement devenues, pour les campagnes, de véritables sangsues au plan démographique. Et tout le problème demeure de savoir trouver un équilibre salutaire entre deux mouvements inverses, parfaitement symétriques, comme s'ils avaient été leur propre reflet dans un miroir (Cf. fig. 4).

Pour corroborer cet état de fait, nous avons effectué un parallèle entre les capitales des pays colonisateurs et les dix villes les plus peuplées d'Afrique, quant à leurs densités de population. Nous avons situé ces densités à trois niveaux : la ville, l'agglomération et le territoire national habitable. Les chiffres contenus dans le tableau XIV sont très éloquents à cet effet.

---

98 Les USA sont un cas particulier en matière de croissance démographique, car, à bien considérer le problème, la quasi-totalité de ses populations actuelles sont des immigrés, relativement aux Indiens...

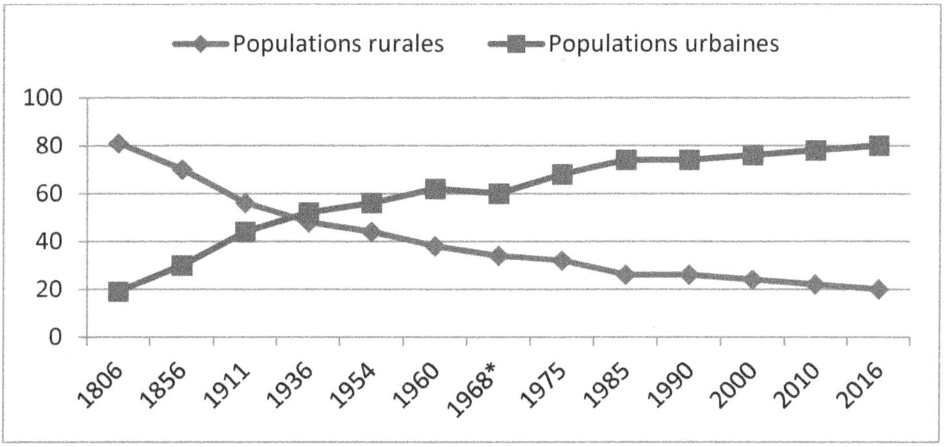

Figure 4 : Répartition des populations françaises entre 1806 et 2016 (%)
Sources : I.N.S.E.E.
* Pourcentages établis selon la technique des doubles comptes.

1/ D'une manière générale, la "dynamique des populations" est similaire dans ces deux groupes de pays : les villes se trouvent surchargées, aux détriments de l'ensemble des superficies nationales.

2/ L'exode rural s'opère par paliers successifs : sorties des zones rurales, les populations s'amassent d'abord en périphérie des villes, dans des agglomérations constituant des zones urbaines.

3/ Même en prenant en compte la notion de territoires inhabitables, l'on doit s'accorder sur le fait que le péril de l'émigration peut être évité, à condition de savoir désengorger les villes et leurs agglomérations. Nous avons déjà évoqué la nécessité de l'amélioration des conditions de vie dans les campagnes.

4/ On s'aperçoit que dans les pays africains, même des plus peuplés, le seuil d'alerte est loin d'être atteint. Il s'agit, dans les orientations politiques, de vouloir protéger la ville, en bloquant en amont les flux humains vers les zones urbaines.

5/ Par conséquent, il devrait exister des priorités à accorder dans cette graduation. Le tout reste des choix à opérer pour reconnaître ces priorités et de manifester une volonté politique affirmée, quant à leur réalisation. Par exemple en Europe, le danger d'implosion qui menace les Pays-Bas, la Belgique, le Royaume-Uni ou l'Italie, devrait être l'affaire de tous les pays ciblés par l'immigration.

Tableau XIV : Densités de population dans les villes, les agglomérations et les entités nationales.

	VILLES		AGGLOMÉRATIONS		Densité nationale
	Population	Densité	Population	Densité	
EXEMPLES DE VILLES DES PAYS COLONISATEURS					
New-York	8 405 900	10 724	23 632 722	1 096	35
Londres	7 684 700	4 505	12 875 000	1 130	246
Madrid	3 273 000	5 168	6 377 364	804	92
Rome	2 900 000	2 236	5 882 000	886	205
Paris	2 265 886	21 064	11 899 544	4 183	121
Lisbonne	1 003 050	11 970	7 219 854	1 087	113
Amsterdam	840 486	4 848	6 579 720	5 009	507
Bruxelles	176 124	5 453	1 250 000	7 407	369
LES 10 VILLES AFRICAINES LES PLUS PEUPLÉES					
Lagos	16 060 251	16 067	26 829 561	8 020	193
Le Caire	8 452 409	40 249	25 439 541	17 050	77
Kinshasa	8 000 000	36 000	12 071 463	1 210	33
Abidjan	3 700 000	8 768	4 800 000	2 265	84
Addis-Abeba	3 352 000	6 360	4 567 857	8 668	86
Dar es Salam	3 000 000	18 520	5 572 776	4 000	51
Luanda	3 000 000	2 872	6 945 386	3 077	16
Alger	2 481 788	2 086	7 796 923	3 361	17
Accra	2 300 000	12 432	4 917 262	5 500	123
Dakar	1 029 000	1 870	3 429 370	6 235	70

Source : Banque mondiale.

Pour eux, en dépit de leurs querelles intestines chroniques, il s'agit avant tout d'assumer ensemble des responsabilités de colons. La volonté des peuples affamés ne peut être contenue derrière des murs ! À moins de ne vouloir revenir au Moyen-Âge et construire des "portes" autour des villes, en Europe comme en

Afrique ou ailleurs... Et encore ! Faudrait-il en garantir la sûreté des clés, de tous les côtés.

3. Les conséquences

Dans ce contexte, les pays avancés auront toujours des difficultés à trouver des solutions durables pour les pays africains et du tiers-monde, dans la seule mesure où ils sont confrontés chez eux à des obstacles insurmontables. Ils ont d'abord à faire face au chômage, aux problèmes de religions, ainsi qu'à d'autres préoccupations sociales qui font qu'économiquement, le nombre de "nouveaux pauvres" dans les pays riches ira toujours grandissant.

Dans ces pays, des sociétés tripartites de rechange se sont sournoisement mises en place, composées du patronat, des masses ouvrières et du "quart-monde". C'est sur cet ensemble ambigu que vient dangereusement s'arrimer une partie du tiers-monde. Une simple histoire de la mouche et du vinaigre !

En Afrique, ce vieux continent "économiquement jeune", le problème se résume donc à savoir "tuer le caïman avant qu'il ne devienne adulte". Et c'est là que commence à pousser le chiendent, dans la complexité des valeurs et des retards accumulés, que l'on peut succinctement énumérer :

- l'exode rural ;
- l'analphabétisme ;
- l'inexistence d'un secteur agricole compétitif ;
- l'absence d'industries nationales ;
- un taux de mortalité excessivement élevé ;
- l'insuffisance des services de santé, faute d'une volonté politique réelle ;
- le manque de protection sociale ;
- la mauvaise utilisation des ressources humaines ;
- les fléaux de tous ordres... Bref, tous ces points qui concourent à la croissance démographique en question, par réaction.

Autant de considérations qui continuent de défrayer les chroniques internationales et d'éprouver tant d'experts. Il conviendrait dès à présent de savoir les exorciser au juste niveau, afin de savoir situer l'Africain dans son contexte socio-économique réel.

Outre ce constat, l'une des conséquences prévisibles de cette négligence mondiale sera à coup sûr la famine dans les zones urbaines : comment nourrir cet excès de populations ? La question est majeure. Et il est significatif de constater qu'une ville telle Abidjan, voit sa ceinture verte reculer chaque année davantage.

Comme nous l'avons énoncé plus haut, les denrées – les plus élémentaires – y sont déjà hors de prix. Seuls quelques "grosses fortunes" y trouvent à manger à leur faim ; la plupart du temps en s'approvisionnant dans des grands magasins achalandés en aliments d'importation. En Afrique, l'exemple d'Abidjan est loin d'être une exception : on trouve mieux (ou pire !) ailleurs. Du reste, aucune grosse métropole au monde n'y échappe.

Dans ces conditions, deux autres issues sont envisageables :

- D'une part, la disparition définitive du concept d'un monde rural. Le paysan se verrait dès lors obligé de céder ses terres, pour devenir l'ouvrier obligé des pouvoirs urbains.

- D'autre part, une "révolution verte", qui verrait le monde paysan prendre les villes d'assaut, pour de vrai. Pour le salut des Africains, nous nous inscrivons volontiers dans ce second schéma.

IX - CONTRÔLE DES NAISSANCES : L'AFRIQUE DES VILLES ET L'AFRIQUE DES CHAMPS

Les problèmes soulevés par le contrôle des naissances concernent également deux Afriques totalement différentes et pourrait-on même dire, antiparallèles. Pour bien comprendre les données, il faut pénétrer dans les mentalités et interroger les populations sur l'importance que revêt à leur niveau cette "préoccupation".

1. Du concept du mariage et de l'importance de l'enfant dans l'Afrique des traditions

Dans cette Afrique-là, le mariage n'existe pas encore en tant qu'institution, du moins au sens qu'on lui accorde ailleurs. Et le fait qu'il soit codifié par chaque tribu n'empêche nullement les hommes "d'acheter" des femmes et dès lors, d'en disposer à leur guise. Le rôle de la femme étant réduit à néant (nous avons vu comment !), celle-ci n'est plus destinée qu'à la procréation. Une disposition de base qui concourt fortement à la polygamie, puisqu'aussi bien, selon la fortune personnelle dont on dispose, l'on "s'offre" le nombre de femmes que l'on veut.

Dans l'acception de la "femme-objet", il serait difficile d'aller plus loin. Et cependant, si la pratique est toujours de mise, c'est parce que dans l'acquisition, la femme est censée rapporter des richesses à ses propres parents. Simple investissement à rentabiliser, la femme africaine est donc sujette aux caprices d'un mari dont elle cherche constamment à conquérir les faveurs, non pas seulement pour des soucis de soumission, mais également par esprit d'émulation face à des coépouses.

Dans tous les cas, la chose pour elle se résume à faire beaucoup d'enfants[99]. Ceci se justifie à plus d'un titre, puisque l'enfant devient un simple élément de rentabilisation. Dans les concepts traditionalistes, l'on peut même l'échanger contre d'autres "biens"[100]. Mais comme dans ce même temps, il en faut pour assurer la pérennité de la famille, il est indispensable d'en concevoir le plus grand nombre possible.

Ainsi, l'une des toute premières motivations pour posséder une famille nombreuse en Afrique serait d'ordre purement mercantile et économique, les autres relevant quant à elles, du défi du sort, concrétisé notamment par la mortalité infantile, toujours très élevée et qui pousse également les ménages à beaucoup procréer, en prévision d'inévitables dégâts. Perdre ses enfants, au propre comme au figuré, fait donc partie de cette Afrique profonde.

Face à cet écueil qu'est l'aliénation inconditionnelle de son être, la femme ne dispose d'aucun recours pour préserver un tant soit peu son intégrité et sa santé[101].

Enfin, il faut dire qu'une famille n'est jamais assez nombreuse en Afrique ; tant et si bien que lorsqu'on est débordé pour subvenir à ses besoins (et c'est souvent le cas !), il est toujours possible de

---

99 La stérilité féminine étant très mal perçue dans les sociétés africaines, on y a de tout temps vu des femmes se faire jeter au ban de leurs familles, et être traitées de "maudites sorcières".

100 D'où l'importance des systèmes matrilinéaires en Afrique, au sein desquels l'on hérite de ses oncles maternels ; cette Afrique de phallocrates, dans laquelle les hommes ont tous les droits, et les femmes et leurs enfants, aucun !

101 Entre les cultures vivrières, les corvées d'eau, de fagots, les maternités et les autres occupations "ménagères", il s'avère que la femme est de loin plus active que l'homme en Afrique.

jouer sur les sensibilités et d'en fourguer une partie chez des parents ou des amis.

À ce stade, nous disons que plus que la polygamie et bien au-delà de la pratique elle-même, c'est une mentalité qu'il faudrait arriver à détruire dans un concept aussi phallocratique.

2. L'Afrique des villes et les moyens modernes de régulation des naissances

Toutes les méthodes de contraception actuellement utilisées dans les pays avancés existent et sont même usitées en Afrique. Si malgré tout elles n'ont encore aucun impact concret sur les comportements, c'est essentiellement pour deux raisons :

- elles concernent en réalité trop peu de gens ;
- les flux humains dans les villes proviennent en majorité de la campagne, c'est-à-dire d'un environnement non encore sensibilisé à leur utilisation.

Il faut par ailleurs préciser que même chez les couples instruits à cet effet, leur incidence est insignifiante, parce que, quelle que soit la méthode adoptée, son coût de revient est jugé insupportable par des gens qui admettent difficilement que l'on paye, avant d'accomplir des choses aussi naturelles, surtout en famille.

Au demeurant, qui dit contraception, dit également pouvoir d'achat. D'où cette réticence et cette irrégularité dans les résultats escomptés, d'autant qu'il n'est pas encore assez question d'infécondité provoquée chez l'homme.

Enfin, l'idée même de limiter des possibilités de procréation est contraire aux mentalités africaines. Il est par conséquent malheureux de miser sur le spectre de certaines mœurs (prostitution et ses conséquences) pour parvenir à de "bons résultats". Aujourd'hui, le VIH-sida et les autres infections sexuellement transmissibles (I.S.T.), constituent de meilleurs arguments pour assurer la contraception chez ces catégories de populations.

Si ces affections, de par la phobie qu'elles suscitent au sein des populations, sont un support pour l'atténuation de certains excès, il n'en demeure pas moins que tout un effort d'éducation reste à faire à la base ; à quoi pourrait s'ajouter l'élaboration de structures susceptibles de promouvoir une "sécurité sociale", notamment par l'amélioration des conditions de vie dans les campagnes.

3. MOYENS NATURELS DE RÉGULATION

Nous abordons ici des données totalement contradictoires, qui voudraient qu'au contraire, l'on contrôle les naissances en Afrique dans le sens de l'accroissement des populations. Il y a d'abord à déplorer que l'espérance de vie à la naissance y soit aussi basse (50 ans en moyenne). II y a ensuite tous ces facteurs de régulation que sont les épidémies, les famines, la soif, les guerres... Enfin, arrive le douloureux spectre de la mortalité infanto-maternelle. Toutes ces raisons concernent sans distinction les deux Afriques, pour connaître à la base les mêmes causes :

- absence de règles élémentaires d'hygiène ;
- absence de programmes cohérents de santé communautaire ;
- dureté des travaux ;
- insuffisance de bonnes conditions de vie.

L'une des plus importantes de ces incidences, la mortalité infantile, est due d'autre part à des problèmes de désinformation et de mauvais comportements dans les foyers. Dans son entêtement à vouloir copier ses homologues des pays avancés, la femme africaine n'allaite désormais, que rarement ses bébés.

Pour des soucis de temps et d'esthétique, elle est tombée dans la facilité du lait de vache. Or cette denrée étant vendue sur nos marchés, exactement dans les mêmes conditions que dans les pays d'origine, les fabricants ne se soucient guère des problèmes qu'ils créent au niveau du consommateur africain, la plupart du temps analphabète[102].

Pour toute connaissance de base, la femme africaine sait seulement que pour préparer un biberon, il lui faut trois éléments : le biberon, le lait et de l'eau. Pour le reste, elle ignore tout des conditions d'usage, depuis les proportions (même les graduations sur le biberon ne lui servent à rien !), jusqu'à la qualité de l'eau. Si bien que dans un biberon préparé dans la majorité des foyers, l'on trouvera infailliblement des proportions démesurées d'un lait souvent mal conservé[103] et un peu d'eau croupie ; c'est-à-dire un véritable bouillon de culture microbienne, qu'on fait ingurgiter de

---

[102] Dans les années quatre-vingt-dix, seule la firme NESTLÉ fut la première à amorcer des efforts dans ce sens.

[103] II arrive que le précèdent bébé ayant péri, l'on destine à son successeur les boîtes de lait entamées...

gré ou de force, par de malheureux bébés qui n'ont plus d'autres choix.

La mortalité infantile en Afrique, c'est aussi la lutte désespérée de l'enfance dans une impitoyable guerre bactériologique orchestrée par des trusts étrangers. C'est par conséquent cette guerre que nous avons devoir de gagner pour nos bébés sans défense d'aucune sorte[104]. C'est de la sorte que cette mortalité reste, bon gré, mal gré, un des moyens sûrs pour contrer la croissance démographique en Afrique et dans le tiers-monde.

S'il est vrai que la mortalité infantile a toujours été un problème pointu pour les Africains dans le passé, aujourd'hui, elle est également devenue une des conséquences de ce que d'aucuns considèrent sans doute comme des éléments de progrès. Ainsi, en plus de la massive pollution de leur environnement par des produits chimiques, l'on assiste, dans l'indifférence générale, à cette forme d'infanticide savamment organisé.

X-LES FLUX MIGRATOIRES OU LA COLONISATION À REBOURS.

La Terre entière est devenue une véritable toile d'araignée : on y rencontre tout le monde et partout. Des confins des forêts africaines jusqu'en Amazonie, en transitant par les gratte-ciels, l'Homme sévit. Il massacre, pollue, fait disparaître des espèces en tous genres. Il est fier d'être l'ennemi numéro un de la nature. Grâce à lui, les distances se raccourcissent, sur terre, sur les flots et dans les airs. Il a accès à tout ; et essaie même de se reproduire *de novo*. Quel bonheur ! Dès lors, pourquoi chercher obstinément à jouer ce mauvais remake de *"je t'aime, moi non plus"* ?

D'ailleurs, la vraie question reste de savoir pourquoi être aussi sélectif, pour autoriser ou interdire certains horizons ? Dans son insatiable quête de pouvoir et de richesses, l'héritier du colon trouve normal d'aller fouiner où bon lui semble ; de se faire accueillir en toute hospitalité ; de refuser de parler les langues locales ; d'imposer sa monnaie ; de mépriser tant l'Afrique et les Africains. Se croyant supérieur et plus intelligent que les autres, il fait ses calculs, choisit ses hôtes, afin de les exploiter au mieux. Là-bas, dans ces pays de toutes les sélections, l'on trouve normal

[104] Les couvertures vaccinales sont loin d'être satisfaisantes dans nos pays, même en milieux urbains.

d'applaudir des " Singes " dans les stades et de les passer à tabac en d'autres lieux, sur les mêmes territoires. Allez donc y comprendre quelque chose.

Curieusement, les destinations interdites sont précisément celles des anciennes puissances coloniales. Des endroits qui devraient au contraire rester les plus ouverts, pour accueillir le nouveau monde arc-en-ciel. Bien sûr, on peut faire valoir la loi des grands nombres, soit. Mais à qui la faute ? Les Africains n'ont pas inventé la médecine pasteurienne. Alors, comment vouloir en contenir le nombre, en améliorant leur espérance de vie à la naissance ? Sans doute, en leur vendant des armes et en entretenant les conflits à leurs frontières.

Comme nous le mentionnions plus haut, la construction de murs autour des nations d'ailleurs ne suffira plus à contenir ces flux migratoires "indésirables". Le Nègre de tous les horizons continuera d'affluer vers l'Europe et l'Amérique. À terme, les peuples noirs finiront même par phagocyter tous les autres ; et à cette évolution, personne ne pourra plus rien ; pas même les progrès scientifiques. Ce n'est plus qu'une simple affaire de délai à tenir. Pour de vrai, tous ces mélanges raciaux, avec à la clé cette nouvelle race métisse, est un grand bonheur pour l'humanité. Une nouvelle race multicolore, qui bâtira la terre à sa seule convenance, pour éteindre à jamais la xénophobie, le racisme et l'ostracisme. Pour l'heure, il faut trouver le meilleur compromis possible. En l'occurrence, il devrait être question de trouver les moyens de retenir le plus de migrants dans leurs territoires d'origine.

ooo

Vus sous cet angle, les problèmes posés par la croissance démographique dans les pays africains relèvent d'un certain nombre de contradictions, à cause précisément de la kyrielle de fléaux qui conditionnent la vie dans ces pays. Combien d'enfants nés dans des conditions acceptables parviendront-ils à l'âge adulte ? Combien d'adultes valides réussiront-ils à franchir le cap de la cinquantaine d'années ? Comment l'Afrique pourrait-elle échapper à ces deux extrémités ? Ce sont là quelques questions qui alimentent fort justement les inquiétudes au sein de nos populations. Car pour le reste, il faudrait bien assurer la pérennité de quelque chose ; de tous les êtres peut-être, des hommes sans doute.

D'autre part, les différentes comparaisons avec les pays avancés nous ont montré que le problème pour nous, ne se pose pour l'heure qu'au seul titre des prévisions ; si nous continuons de copier aussi aveuglement ces pays, nous finirons par tomber dans leurs travers et en tout premier lieu, nous connaitrions une rapide sursaturation de nos villes, un chômage plus intensif qu'il ne l'est actuellement, la paupérisation accrue des masses paysannes, ainsi qu'une délinquance exacerbée.

En résumé, si le problème de la croissance démographique n'est pas feint dans ce tiers-monde-là, il n'en demeure pas moins qu'il est souvent mal posé. Car plutôt que de demander à de pauvres paysans qui n'en possèdent pas le premier sou, de prendre sur eux la responsabilité d'une régulation des naissances, il s'agit en priorité de les aider à hisser leur niveau de vie à leur nombre. Assurons aux masses paysannes un bien-être social, donnons-leur le sens des responsabilités au niveau des collectivités et la régulation se ferait d'elle-même, si l'on ose dire. Mais à l'évidence, un tel attelage ne convient pas à tous, puisqu'en toute vraisemblance, il obligerait à :

- encourager à se mettre vraiment au travail ;
- promouvoir le secteur agricole autrement que par les moyens mis en œuvre par les consortiums étrangers ;
- dépenser plus judicieusement des aides financières qui nous coûtent trop cher pour peu de résultats souhaités ;
- équiper nos territoires dans le sens d'ouvrir des marchés nouveaux entre eux ;
- améliorer les conditions de vie des populations démunies ... etc.

Toutes ces choses qui signifient simplement la disparition du joug économique qui nous étouffe. Cela équivaudrait en Afrique, à avoir des nationaux responsables et compétents à leur vraie place, œuvrant pour bâtir du concret dans leurs pays. Tout ceci à deux conditions :

- modifier certains de nos comportements et cesser de copier bêtement des nations déjà développées ;
- nous rapprocher des masses populaires et nous mettre à leur écoute pour prendre enfin notre vrai départ.

SIXIÈME PARTIE

AJUSTER LES EFFORTS

X

L'AMÉLIORATION DU SORT DU PAYSAN

ooo

Dans « la réorganisation de la vie à la campagne », nous avons ébauché l'aspect conceptuel de la campagne en Afrique. Ici, nous nous attacherons à mettre en évidence les faits marquants de la vie paysanne dans ce concept.

I - LES DONNÉES ACTUELLES.

1. LE VILLAGE AFRICAIN "MODERNE".

La configuration spatiale d'un tel village se traduit dans presque tous les cas, par deux rangées claires de cases aléatoirement plantées de part et d'autre d'une allée, le long de laquelle l'on trouve invariablement des tréteaux bancals supportant, qui un régime de bananes, qui des boîtes de conserve périmées depuis des temps immémoriaux, qui encore des débris de poisson séchés grouillant d'asticots, qui enfin, des paquets de cigarettes, d'allumettes, des bonbons, des comprimés de médicaments aux origines inconnues, également périmés...

Des "marchandises" que l'on a pris l'habitude d'y placer chaque matin, par réflexe et que l'on va de même récupérer le soir venu. Elles n'ont pas besoin de surveillance particulière, puisqu'elles ne répondent plus, dans leur totalité, à aucune demande. On prend seulement soin de les mettre hors de portée des animaux domestiques. Dans certains cas exceptionnellement heureux, la case de quelque villageois "fortuné" sert d'échoppe pour fournir la collectivité en denrées de "luxe" : sel, huile, sucre, tabac, savon, alcool, pétrole lampant, ainsi que bien d'autres produits d'importation.

C'est cela, le prototype du village africain, tel qu'on peut en rencontrer par milliers, tenaillés par la famine, la soif et les maladies. Et il y a bien souvent pire ! Les agglomérations de ce type n'ont de contacts avec la "civilisation" que de très lointains échos : un avion que l'on suit avec des yeux émerveillés, dans un ciel de plomb ; une radio à transistors "made in l'autre tiers-monde" (le bon !) et qui débite en longueur de journées des messages incompréhensibles ; quelques rares véhicules automobiles (quand il existe une piste carrossable) charriant des passagers à l'esprit sans doute suicidaire.

Exceptionnellement aussi, une école que ne fréquentent que les petits garçons, les filles étant réduites à seconder leurs mères dans les travaux ménagers. Une autre ségrégation, secrétée par des habitudes séculaires. C'est cela, le contexte socio-économique généralement rencontré dans ces villages où, comme l'on peut le voir, les gens ont perdu toute notion de marché, jusqu'au simple esprit de troc, qu'ils possédaient pourtant au naturel. Quant aux écoles, dont les programmes d'enseignement n'ont aucune raison d'être conçus autrement, elles incitent les jeunes à partir à la ville.

Rien de ce qu'on y apprend aux enfants n'a trait à la campagne. On y vante seulement les normes de la "civilisation" et d'un certain bien-être social ; c'est-à-dire en Afrique, les maisons à étages, la télévision, les jeux vidéo, les supermarchés, les costumes trois-pièces, les voitures et les moyens de locomotion autres que les jambes d'un homme. Jamais l'on n'entend parler de l'importance des terres, de leur rentabilisation ; de tous les progrès technologiques qui s'y rattachent ; des trésors qu'elles recèlent ainsi, à l'insu de tous... Et l'on voudrait quand même arriver à retenir des gens dans les campagnes ?

Faut-il à ce point être niais, pour croire au miracle ? *« Mais alors, s'interrogent les esprits sceptiques, de quoi vivent réellement ces gens ? »*. Eh bien de rien ! Dans ces villages, l'on ne peut que végéter, pour risquer ce mauvais jeu de mots. Et encore, faut-il être de constitution solide pour se hisser jusqu'à la moyenne de l'espérance de vie à la naissance. En principe, c'est à eux que sont destinés tous ces élans de générosité en provenance de l'extérieur et qui ne profitent dans les faits, qu'à des pouvoirs urbains.

Le paysan africain ne produit plus rien pour assurer, ne serait-ce qu'en partie, sa propre survie, parce que dans l'ensemble des cas, il manque d'informations utiles. Les "marchandises" que l'on voit sur ces tréteaux boiteux ne relèvent nullement d'une volonté de produire de sa part, pour créer un quelconque marché. En général, elles sont arrivées de la ville (par simple esprit de mimétisme) et ainsi, jusqu'aux denrées alimentaires les plus élémentaires, le paysan africain consomme, lui aussi, entièrement étranger. Tout au long de journées interminables, il est tenaillé par la faim ; mais en dépit de ses souffrances, il préfère "vendre", parce qu'un "beau" jour, il a pris conscience de ce que le plus important, est de posséder de l'argent.

Dans ce bout de poisson séché, qu'il se garde de manger – et il fait certainement très bien ! –, il fonde l'espoir d'un capital fictif qui, croit-il secrètement, lui permettra d'accéder au bien-être. Car quelque part dans son esprit sans défense, a été astucieusement semé l'attrait des villes et de la "civilisation", au détriment de la campagne. L'espoir qui fait mourir !

Les campagnes africaines n'ont plus d'âme ; et les villages n'y sont plus que de simples lieux de transit, où des gens attendent naïvement, que s'opère le miracle de l'exode rural. Sur les différentes échelles sociales de la Planète, il doit être impossible de descendre plus bas. Tout ce qui subsiste dans ces villages, ce n'est que cet instinct grégaire qui permet encore de trouver, dans les fonds de brousse et de savane, des semblants de communautés humaines ; ce même instinct qui pousse inexorablement à la destruction de l'environnement ; à la disparition du plus fort de notre patrimoine, à savoir la destruction des terres cultivables, la raréfaction des forêts et la désertification d'un continent.

2. LES RÉFLEXES DANS LES CONTRAINTES.

Dans ce contexte peu reluisant, l'on continue de travailler farouchement pour produire des biens destinés à être exportés ; toujours en vertu de cet argent à posséder. Et c'est également de ce choix sans appel que naît le mal. Car en effet, quelles sont concrètement les données auxquelles sont confrontés les paysans ? Elles sont de plusieurs ordres :

- l'essentiel de leurs efforts va vers des productions qu'ils ne savent pas commercialiser ;
- ils sont donc sous-employés par les pouvoirs urbains et ne possèdent de ce fait aucun pouvoir d'achat ;
- peu de terres restent disponibles pour les cultures vivrières, maraichères et céréalières ;
- la faune et la flore disparaissent irréversiblement...

Quatre points qui font que tous les espoirs des paysans sont tournés vers les inaccessibles produits d'importation inondant les marchés des villes. Pour ceux d'entre eux qui n'ont pas encore les moyens de migrer vers cette "oasis de prospérité", il s'agit donc de pouvoir "s'accrocher en attendant". Pour y parvenir, leur calcul est très simple, qui consiste à faire beaucoup d'enfants. Plus que jadis et mieux que naguère, l'enfant est devenu leur seul investissement valable, en même temps qu'il est la preuve matérielle de ce que malgré tout, ils sont eux-aussi capables d'être productifs à souhait. L'enfant leur permettra en outre :

- d'avoir la fierté de posséder leurs propres intellectuels, leurs représentants dans le monde "évolué" ;
- de posséder une main-d'œuvre qu'ils ne peuvent pas toujours s'offrir, autrement ;
- d'exploiter le maximum possible de terres.

Comme de bien entendu, ce genre d'exploitation n'est jamais aisée et ce, non seulement à cause des difficultés économiques, mais aussi en raison des différentes catégories de paysans que l'on rencontre.

L'exemple de la défunte région du N'Zi-Comoé en Côte d'Ivoire, illustre très bien cette situation. Les terres y sont en effet la propriété de paysans ivoiriens, ayant bénéficié, de rares fois, d'une titularisation établie pendant les temps coloniaux. Sur ces terres, l'on cultive essentiellement deux sortes de produits : ceux de rente (qui rapportent de l'argent : café, cacao, ananas, bananes, hévéa, palmier à huile...) et ceux pour manger. Dans le cas des cultures vivrières, le paysan et les membres de sa famille mettent directement la main à l'ouvrage (et encore, seules les femmes y participent vraiment !), alors que dans l'autre, le chef de la famille devient le "patron" d'une entreprise embryonnaire, employant une main-d'œuvre souvent étrangère, avec laquelle il établit généralement deux types de contrats dits "au tiers" *(aboussan)*, ou à la moitié" *(abougnon).*

Que signifient les termes de ces contrats ? Ne disposant d'aucun pouvoir d'achat et par conséquent, ne pouvant normalement rétribuer ses employés, le propriétaire terrien confie à ces derniers l'exécution des travaux dans les plantations, jusqu'à la vente des récoltes, dont il n'est jamais sûr, ni de la qualité, ni de la quantité et encore moins du prix qui sera fixé par le décideur économique étranger. Après quoi et selon le type de contrat établi verbalement (et donc souvent source de conflits), la somme perçue sera divisée, soit en trois parts, soit en deux[105].

Dans cette forme de symbiose, le "patron" est entièrement responsable de ses "employés", à qui il doit assurer gratuitement le clos, le couvert, la nourriture, les soins, le matériel d'exploitation, les vêtements... ; ce qui revient immanquablement à l'endetter auprès de certains opérateurs économiques (la plupart du temps, des Levantins). Tant et si bien qu'au bout de l'an, il se retrouve sans la moindre économie, mais au contraire, avec des charges de plus en plus pesantes, étant donné que dans la majorité des cas et après avoir réussi à faire renouveler le contrat, les métayers rapportent l'argent à leurs familles d'origine, en prenant soin de laisser femmes et enfants aux bons soins du "patron"[106].

À qui profite donc cette situation ? On le devine aisément, aux intermédiaires entre les producteurs et les consommateurs (acheteurs de produits, transporteurs, exportateurs) et au secteur tertiaire, c'est-à-dire, essentiellement à certains commerçants. En général, il s'agit de quincailliers, de vendeurs de grains, d'engrais, de tissus, de tabac, de denrées alimentaires de première nécessité. En Côte d'Ivoire, cela se situe dans des compagnies telles que la S.C.O.A, PEYRISSAC, la CHAINE AVION, la C.F.C.I., la C.F.A.O..., dont l'approvisionnement en marchandises est régulièrement assuré par des compagnies ou sociétés solidement implantées en Afrique : S.A.M.O.A, CACOMIAF, SO.CO.PA.O, U.T.A, TRANSAFRIC[107]...

À ces véritables trusts constitués, il faut adjoindre d'autres intermédiaires au rôle non négligeable. Ce sont en général des Levantins (Libanais et Syriens surtout qui, à l'occasion, savent

---

105 Dans le premier de ces cas, l'employé est preneur du tiers des parts, dans le second, de la moitié.

106 Ce qui contribue fortement à inverser de plus en plus les rôles : les propriétaires s'endettent auprès de leurs employés, qui prennent finalement les affaires en main et à leur compte.

107 La plupart de ces sociétés ou compagnies ont apparemment disparu du circuit. En réalité, elles n'ont fait que changer d'étiquette, pour se retrouver sous d'autres formes, plus finement organisées, dans des multinationales... Ainsi, il y a quelques années, la S.C.O.A., la plus grande société commerciale française de la place, tombait-elle sous le contrôle du groupe PARIBAS, qui devait lui-même être immédiatement privatisé !...

faire preuve d'une entente cordiale !), qui détiennent l'essentiel du reste de tous les commerces[108].

Tel est le contexte économique réel dont est prisonnier le paysan ivoirien en particulier, et africain en général ; et l'on comprend dès lors mieux que certains paysans se laissent facilement prendre au piège, en devenant à leur tour des employés, dans des plantations appartenant à des multinationales, ou dans des entreprises de travaux publics, dans lesquelles ils ne possèdent aucune qualification et par voie de conséquence, aucun avenir. Ils y perçoivent des traitements ridicules, pour des emplois ardus et sans couvertures sociales, car sitôt les travaux ponctuels terminés, ils se retrouvent au "chômage", avec en prime, des conséquences auxquelles ils ne pourront plus faire face :

- ils n'ont plus de terres à cultiver et ont même perdu leur statut social initial ;
- leurs charges familiales se sont accrues, parce que dans bien des cas, ils se sont mariés et ont fait des enfants ;
- se croyant désormais au-dessus de la condition de "paysan", ils resteront dans les villes, avec l'espoir vain d'y trouver un quelconque emploi rémunéré, aggravant ainsi l'exode rural et compliquant les problèmes d'hygiène et de santé communautaire, dans des habitats précaires. Le ghetto !

C'est par conséquent tout ce contexte d'ensemble qu'il faudrait arriver à changer : MAINTENANT !

II - LA SITUATION SOUHAITABLE.

Au niveau de la paysannerie africaine, les problèmes sont de deux ordres : les raisons économiques et l'inégalité dans le partage et l'utilisation des terres.

1. ÉVITER LES ÉCUEILS ÉCONOMIQUES

Pour toutes les raisons que nous venons d'évoquer, l'on peut admettre que les dirigeants fassent en sorte que nos paysans aient davantage de responsabilités. Pour cela, il ne suffirait que de leur consentir un peu de pouvoir d'achat réel ; qu'ils puissent

---

[108] Toujours dans l'exemple de la Côte d'Ivoire, les Mauritaniens sont devenus un autre groupe constitué, dans ce sens, démontrant que l'Ivoirien est oisif et paresseux.

non seulement s'équiper sans passer par des dettes insurmontables, mais qu'ils arrivent à vendre eux-mêmes leurs récoltes et mieux ! En d'autres termes, cela équivaudrait à mettre sur pied des coopératives agricoles en quantité et en qualité suffisantes (aux plans des techniques agricoles, des circuits de commercialisation et des ressources humaines), pour couvrir certains des besoins de la campagne, sans avoir constamment à recourir à l'autorité urbaine. Il s'agit en clair, de les aider à s'organiser à leur avantage (un peu !), plutôt que de les livrer à des escrocs finement organisés !

L'on devrait, dans ce même temps, prendre en ligne de compte, que la paysannerie africaine, en comparaison avec ses "homologues" des pays avancés, n'en est encore qu'au stade du moyen-âge, alors même qu'on exige d'elle la production de biens de consommation destinés aux temps modernes. C'est cela le drame. Il ne s'agit donc pas de lui mettre à disposition des moissonneuses-batteuses, ou des tracteurs, dont le fonctionnement et l'entretien lui échappent totalement (dans l'immédiat), mais de lui trouver des techniques de transition, adaptées à son niveau.

Des techniciens africains existent, qui ne demandent sans doute qu'on les sollicite enfin ; qui voudraient qu'on les mette à l'épreuve dans la conception d'outils nouveaux. Au demeurant, entre la daba et la charrue mécanique, il y a très certainement de bons intermédiaires à trouver, à commencer par le paysan lui-même, qui ne fait aucun effort pour améliorer ses conditions de vie et de travail.

2. La redistribution des terres

Après avoir réorganisé géographiquement la campagne et attribué des vocations aux régions, il faudrait impérativement en arriver à une redistribution plus équitable des surfaces cultivables, selon deux modalités :

- d'abord entre paysans, en faisant en sorte que les bonnes terres ne soient pas la propriété exclusive de certains privilégiés, en les mettant donc à la disposition du plus grand nombre susceptible de les rentabiliser ;
- ensuite, consacrer davantage de terres aux cultures vivrières, maraichères et céréalières, au regard de celles condamnées

par les cultures de rente et les monocultures. Ces terres, morcelées en parcelles, seraient attribuées aux femmes.

Pour arriver à ces fins, tout le monde doit savoir se mobiliser, comme une seule et même personne. Tirer le paysan africain de ce moyen-âge ne sera en effet pas chose aisée, à cause notamment, d'habitudes que rien ni personne ne semble plus pouvoir concilier : d'un côté la lignée paysanne profonde, respectueuse des traditions ancestrales, auxquelles elle est fermement accrochée ; et de l'autre, la lignée nouvelle de gens dits "civilisés" qui, après avoir opté pour des modèles de sociétés hors de leurs frontières africaines, ne viennent au contact des paysans qu'en seigneurs (en saigneurs sans doute aussi !). C'est entre ces deux positions antinomiques que se trouvent certaines de nos "raisons d'État".

L'intellectuel africain a tort de se faire l'inconditionnel disciple de Montesquieu, et de croire qu'à cause de son analphabétisme, le paysan ne sait ni raisonner, ni réfléchir. Son attitude sectaire est à la base de la plupart de nos échecs en milieu rural, où l'on considère à juste titre que *« puisque ce sont les "commis" qui sont partis vers d'autres civilisations, c'est à eux de savoir revenir dans les leurs »*.

Or donc, revenir avec un tel esprit dominateur équivaut, aux yeux du paysan, à se poser en conquérant. Et comme il n'a pas encore les moyens stratégiques de s'y opposer (il est économiquement dépendant des intellectuels), il se réfugie dans l'attentisme et refuse de coopérer à tout projet auquel il ne se sent pas concerné. Depuis les programmes gouvernementaux jusqu'aux actions des O.N.G., en passant par les opérations privées, cette attitude tutélaire est mauvaise et condamnable ; et les exemples en Afrique ou ailleurs, dans le tiers-monde, ne manquent pas pour illustrer ces nombreux inconvénients.

Retenons pour notre part, les expériences malheureuses en Tanzanie, au Kenya, ou dans certains pays du Sahel, où des tentatives de collectivisation sous forme de fermages étatisés, ont lamentablement échoué. Certains autres pays semblent par contre avoir compris la nécessité d'une mobilisation des masses populaires et plus particulièrement, de la jeunesse ; et des résultats positifs commencent à se dessiner à leur base, où ils évitent cependant de tomber dans le fanatisme qui mène inévitablement au totalitarisme, pour tuer la démocratie...

Retenons aussi que les difficultés résident surtout dans ces deux faits, que l'on doit sans cesse se répéter :

- l'esprit de clan, qui anime les villageois ;
- l'impossibilité de rassembler ceux-ci pour en faire des communautés plus importantes, plus compétitives et donc plus viables.

III - DES SOLUTIONS PRAGMATIQUES.

1. LES PROBLÈMES ET LEURS CONTEXTES

Dans les efforts de développement diversement consentis, l'erreur consiste à vouloir regrouper de force des populations, en brandissant comme argument fort des "nécessités". L'on oublie que ces populations, étant déjà habituées à leurs misères, peuvent s'en accommoder et partant, ne pas participer effectivement aux différents projets. Les rapports de force sournoisement tissés par les pouvoirs urbains vont à l'encontre de tout véritable développement, parce qu'à l'encontre de l'émancipation de la paysannerie.

Les paysans fuient les campagnes, quelquefois par simple réaction vis-à-vis de leurs concitoyens des villes. *« Comme ça, disent certains, ils ne trouveront pas sur place des manœuvres pour exécuter leurs décisions et ils viendront eux-mêmes montrer ce qu'ils savent faire ! »*. Ce langage sous-entend une expertise de leur part, qu'ils refusent de partager, à juste raison. Ces mots témoignent bien d'un état d'esprit, et posent même le problème fondamental de savoir "comment faire accepter les idées utiles aux paysans ?" En sachant "revenir aux sources", telle en est la réponse recevable par tous.

L'intellectuel africain devrait faire preuve de pragmatisme, afin d'arriver à inverser le courant de pensée, qui consiste à croire que le vrai bonheur vient toujours de la ville. Il devrait se dire qu'en l'état actuel de nos réalités, le paysan se sent légitimement floué et trahi, aussi bien par les faits coloniaux, que par ceux inventés par ses propres concitoyens, sur qui il croyait savoir compter.

Avant d'en arriver aussi simplement à confier le sort de nos campagnes à des magiciens étrangers, il faudrait d'abord donner la parole au paysan. Nous comprendrions dès lors que les problèmes de la paysannerie nous obligent, une fois encore, à penser à ré-cartographier l'Afrique.

Pour cause, l'exemple de la Côte d'Ivoire – à qui l'on continue de reconnaître quelques bonnes dispositions – nous permet de réaliser que ce pays est constitué d'un agrégat de microcosmes ethniques, c'est-à-dire, d'autant de communautés tribales dont la reconstitution intégrale déborderait largement du cadre de son territoire national. Au nord, elle se confond avec des peuples Maliens, Guinéens, Burkinabè, Sénégalais... ; à l'est avec les Ashante et les Fanti du Ghana, les Togolais, les Béninois, les Nigérians... ; à l'ouest avec des Libériens, des Sierra-Léonais... ; au sud enfin, avec le colon Européen et les Levantins, arrivés de l'infini de l'Océan.

Tous ces gens peuplent de la même manière une nation qui au départ, était déjà très hétéroclite. Régionaliser ce pays ne devrait donc pas consister à dire *« Nous ferons ceci dans le Nord, ceci encore dans le Centre et cela dans le Sud »*. Cette façon de procéder ne peut contribuer qu'à provoquer des tensions sociales (voire tribales), qui plus tard, ne manqueront pas d'entraver une marche harmonieuse vers le progrès et le développement. Décentraliser en Côte d'Ivoire, c'est avant tout donner de bonnes vocations agro-pastorales (ou autres), aux régions, notamment frontalières.

Le "déplacement des populations" se ferait ensuite de lui-même, dans la mesure où les gens chercheraient à se regrouper par affinité, non pas seulement tribale, mais également dans le but de trouver des intérêts, dans la même vocation. Au demeurant, le Mossi de Côte d'Ivoire ne différant en rien de celui du Burkina-Faso, ce peuple se sentirait sans doute plus concerné, si on lui attribuait des responsabilités précises entre ces deux pays, à leur frontière ; par exemple, en y créant une zone bétaillère, ou des vocations agricoles communes. L'intégration, c'est aussi cela. On oublie trop vite que par un récent passé, ces deux pays n'en faisaient qu'un ! Cet exemple vaut pour la majorité des pays africains.

Au-delà des frontières arbitrairement imposées par le colonisateur pour diviser les peuples africains, il ne faut pas oublier que ces derniers possédaient leurs propres codes, ainsi que leurs règles de vie, sur des territoires dont les limites naturelles ne se situaient qu'entre les différentes tribus. Celles-ci étant des clans fermés, constitués de cellules familiales plus hermétiques encore, l'erreur est de s'obstiner à transgresser continuellement les traditions profondes et de vouloir leur substituer, contre nature, des habitudes nouvelles, d'autant plus inadmissibles qu'elles sont dictées par des experts non africains.

Hors d'Afrique, les exemples sont fréquents, dans ce même sens ; et un pays tel que la France possède des populations très mitigées. Ainsi, dans le Nord, Flamands et Wallons sont aussi bien Belges ou Néerlandais, que Français. Dans le Sud, l'on est pareillement Catalan, de Barcelone en Espagne, à Perpignan en France. Lorsque les Basques revendiquent leur autonomie, ils ne se préoccupent guère de leur appartenance à l'Espagne ou à la France ; ils ne parlent que de leur identité et de leur entité, en tant que groupe humain homogène. Il en va de même pour la Corse, la Bretagne ou l'Alsace...

Dans tous ces cas, seuls des faits de guerres ont brutalement séparé ces peuples, pour leur conférer des nationalités qu'ils n'ont pas toujours souhaitées. Sans avoir connu les mêmes faits, dans les mêmes conflits, les territoires africains ont été victimes, eux-aussi, de cet esprit de division. Ré-cartographier l'Afrique correspondrait ainsi à lui permettre de retrouver en partie son âme d'antan ; l'aider à reconstituer son patrimoine originel. Loin d'être sot et ignorant, le paysan est très conscient de tous ces aspects. Tout ce dont il a besoin pour se motiver et se mettre définitivement au travail, c'est que l'on daigne enfin se mettre un peu à son écoute.

Dans la manière d'aborder les problèmes de la paysannerie africaine, l'on a par omission, trop allègrement sauté la "case départ", en croyant qu'il y aurait toujours la possibilité politique d'obliger ces "arriérés" à prendre en marche le train du progrès. Il y a tout lieu de croire qu'au contraire, la campagne est précisément le terminus d'un tel train, où l'on devra dans tous les cas, prendre le temps nécessaire d'y installer le paysan, avant le départ.

En tout état de cause, elle est hautement irresponsable, cette conception qui voudrait *« qu'on s'occupe d'abord séparément de ceux qui ont envie de faire quelque chose »*, au détriment des groupes. Africains ou étrangers, ses adeptes oublient que, plus que les frontières entre nos nations, celles entre les tribus et les clans sont réellement intangibles.

Ignorer un paramètre aussi primordial, ce serait tout simplement ne rien comprendre aux problèmes africains qui, de ce fait, n'ont pas encore fini d'user les compétences et la patience de leurs experts. Au contraire, en tenir compte permettrait de focaliser les efforts sur les autres points sensibles que constituent :

- l'alphabétisation de ces masses paysannes ;
- l'alimentation ;
- l'eau ;
- la santé.

2. L'ALPHABÉTISATION DES MASSES PAYSANNES.

Dans les différentes politiques gouvernementales, l'on a trop tendance à confondre les problèmes d'alphabétisation des masses populaires, avec ceux de l'éducation dans l'école instituée ; et donc avec la formation préalable de formateurs que sont les enseignants. En fait, il faut faire le distinguo entre :

- d'une part, les campagnes d'alphabétisation "classiques" qui, sous la tutelle directe d'un ministère de l'éducation, mènent à construire des écoles pour y recevoir une partie de la jeunesse ; ce qu'on pourrait appeler, par la force des choses, "la filière bureaucratique" ;
- d'autre part, l'instruction et l'information des populations rurales, c'est-à-dire, la filière utilitaire.

Des écoles du premier type se rencontrent aussi bien à la ville qu'à la campagne et concernent toujours un monde antiparallèle à celui des paysans. Ce qui fait défaut, c'est la seconde forme ; celle qui semble la plus accessible dans les apparences, puisqu'elle ne requiert ni des enseignants particulièrement formés, ni des locaux spéciaux. Elle ne demande, pour se réaliser, qu'un peu de bonne volonté et une mobilisation générale, notamment de la jeunesse.

Par manque de réalisme, les Africains sont en train de perdre toute possibilité d'investissements humains... Alphabétiser les masses paysannes revient (en théorie et pour peu qu'on daigne y mettre un minimum de bonne volonté) à des choses assez simples.

a) - Trouver des "enseignants"

Ils sont déjà tout indiqués, en la personne de tous ceux qui un jour, ont appris à lire et écrire. Ce sont donc d'abord les étudiants et les écoliers, qui sont dans leur grande majorité (et à ce titre seulement) de véritables assistés. Leur formation coûte très cher au contribuable, mais en retour, ils ne rapportent rien aux collectivités. Plus tard, les études terminées, ils chercheront seulement à profiter égoïstement de leurs connaissances. Ils préfèreront eux-aussi renier les villages et invariablement, les intellectuels africains sont tous nés à la ville.

II y a ensuite des gens qui sont constamment en contact avec les paysans. Parmi eux, l'on peut citer les missionnaires qui, pour les raisons que l'on sait, ont perdu leur enthousiasme. Dans ce même temps, ils continuent de faire des traductions de la Sainte Bible et du Missel en dialectes ; on se demande vraiment à quel usage !

Les enseignants enfin, ce sont tous ces techniciens qui pourraient se débarrasser de leurs complexes, pour venir conseiller ces populations en se mettant à leur niveau ; techniciens de l'agriculture et corps soignants, sont de ceux-là.

b - Les lieux de rencontre.

Peut-on rêver de meilleur endroit pour la discussion et la concertation, que le cadre d'un village ? Cela paraît difficilement faisable. Le village, par essence et pourvu que l'on lui en donne les moyens, a encore une certaine âme ; il respire toujours cet air vivifiant des réminiscences. Le village, lieu de réflexion dans le calme et la sérénité, où le confort moral doit l'emporter sur le matériel.

Les intellectuels ont le devoir d'y retourner laver l'affront qu'ils ont fait aux paysans, afin que demain, une seule et même dignité préside aux destinées de l'Afrique. Le Club Méditerrané, le match de football ou les boîtes de nuit, c'est à n'en pas douter très agréable à vivre ; mais rien ne peut valoir une séance de diapositives apprenant des gestes simples mais vitaux à des gens qui, blessés dans leur amour-propre, n'osent plus rien demander à personne. Jamais rien ne vaudra ces bouffées d'air pur, une fin de semaine, au cours de promenades à travers champs, à communier avec la terre. Quoi que l'on fasse, rien ne remplacera le gage d'amour que le paysan attend de ses frères citadins...

3. L'EAU ET L'ALIMENTATION.

Il est pour le moins paradoxal que des pays où l'on meurt régulièrement de faim et de misères, occupent par moments de si bons rangs sur le plan mondial, dans la production de biens à exporter, aussi bien miniers qu'agricoles. C'est ce constat qui devient révoltant à la longue.

Toutefois, il serait injuste d'inscrire toutes les responsabilités au passif des estrangers. Pour cause, l'on peut relever le fait que malgré tout, les cultures vivrières et céréalières sont des activités traditionnellement consacrées dans les campagnes africaines. Partant, si l'insuffisance alimentaire est quand même de mise dans nos pays, c'est en très grande partie parce que les Africains refusent de modifier certaines de leurs habitudes.

En effet et quitte à y insister lourdement, les productions agricoles, à leur niveau, sont encore trop une fonction directe des saisons ; c'est-à-dire de cette eau qui "arrive du ciel", alors même que les puissances multinationales procèdent du contraire, sous leurs yeux, en irriguant et en arrosant leurs plantations. Il y a donc, à ce stade des traditions, une notion fondamentale à estomper et pourquoi pas, toute une révolution agricole à faire. Si elle tarde à venir, c'est seulement à cause de cet appât du gain qui fait que l'on préfère "gagner de l'argent". Le paysan africain est loin de se douter que cette finalité commence d'abord par "cultiver son propre jardin", afin d'économiser justement une partie de l'argent qu'il est obligé de céder sur les marchés. Il n'a pas besoin d'être spécialement informé pour le comprendre.

Le plus écœurant est de savoir qu'il dispose parfois de bons moyens pour y parvenir, tant en investissement humain, qu'en terres cultivables. L'autosuffisance alimentaire n'a pas besoin de gigantisme pour s'accomplir de façon acceptable. Le tout pour le paysan reste d'arriver à effectuer des travaux plus judicieux.

Que la vue de sols craquelés sous l'ardente sècheresse ne lui fasse pas trop peur ; et surtout, qu'il puisse se convaincre de ce que, si les dieux lui deviennent défavorables et que l'eau lui arrive si peu du ciel, il peut encore la trouver ailleurs. Il doit davantage se tourner vers la terre et y creuser. Chercher avec les moyens du bord à tirer un meilleur parti de l'eau qu'il en extrait. S'il ne veut y consentir, ce n'est souvent que par pure paresse et quelquefois, à cause d'habitudes nouvelles. Car aujourd'hui, puiser son eau dans un puits, même derrière une case tenant miraculeusement debout, peut être considéré comme déshonorant et avilissant.

Ce jeu est d'autant plus encouragé, que des "fonctionnaires" de la ville expédient sporadiquement à leurs familles, des casiers d'eau minérale importée, qu'ils achètent à prix d'or. Cela fait "bien", plus "civilisé" ; et l'idée de faire creuser des puits qui, en étant plus utilitaires, leur reviendraient moins cher à terme, ne leur effleure jamais l'esprit ; l'esprit de clan.

Même si consommer de l'eau minérale peut s'avérer précieux dans certains cas (préparation de biberons), il serait une fois encore difficile de tomber plus bas dans la graduation des valeurs humaines. Plutôt que d'acheter de l'eau venant de si loin, il serait tellement plus judicieux d'apprendre au paysan des opérations aussi simples que la filtration, la stérilisation ou l'appertisation. Il n'est pas si compliqué d'obtenir de l'eau potable. Simple question de pratique.

Le cadre africain se dit sans raison valable, que tout ce qui provient de l'étranger est forcément meilleur que ce qu'il pourrait produire lui-même. Et comme il sert de modèle à sa famille de paysans, le dommage ne fait que se répercuter au sein des populations à la campagne, où l'aliénation devient totale...

Que sont donc nos puisatiers devenus ? Tout mène à croire qu'ils existent pourtant. Seulement, personne ne fait plus appel à leur compétence, surtout depuis l'avènement du puits étranger plus beau et recelant une eau sans doute meilleure... Pour retrouver leurs traces, il faut parfois que des personnalités étrangères viennent battre fortuitement les campagnes africaines. Seuls, ils ont perdu tout marché et ne servent plus à rien. Drôle de moyen-âge !

La réalité pour nous devrait consister à dire que les robinets d'eau chaude ou froide à volonté, dans les cabanes-bambou, ce n'est certainement pas pour demain la veille ! L'incompatibilité paraît évidente. Il faut d'abord chercher à faire plus simple et moins cher, avec les moyens existants. Creuser dans la terre avec les outils dont nous disposons ; c'est-à-dire ceux élaborés par nos habiles forgerons, qui existent encore eux-aussi[109]. Après quoi

---

[109] En 1980, lors de la friction militaire entre le Mali et le Burkina-Faso, une célébrité française du monde du spectacle, réussit à faire fi de l'intangibilité de la frontière entre ces deux pays (notion alors à son paroxysme en ce qui

seulement, l'on pourrait envisager d'améliorer la qualité de l'eau, en faisant appel à des techniques éventuellement étrangères.

Mais de grâce, ne nous obstinons pas à vouloir bruler les étapes et sauter à pieds joints du moyen-âge au vingt-et-unième siècle. Les déchirures occasionnées par cette violence pourraient s'avérer irréparables.

4. La santé

Décidemment, l'Afrique entière n'est plus qu'un amalgame de paradoxes. Et celui-ci n'est pas des moindres. En effet, à l'heure où les médecines dites "alternatives" de tous les crus prolifèrent dans les pays avancés, les Africains continuent de tout miser sur la médecine "conventionnelle", néanmoins étrangère, qui se résume encore pour beaucoup en Afrique, dangereusement à la triade aspirine/pénicilline/quinine. Ce paradoxe est d'autant plus incompréhensible que la phytothérapie, qui tire ses lettres de noblesse d'Afrique et d'Amérique du Sud, est à bien des égards, la mère de la chimiothérapie actuelle, pour en avoir longtemps constitué la base essentielle dans la recherche des différents principes actifs.

Quand, il y a seulement quelques années de cela, l'on découvrit les propriétés antibiotiques de certaines plantes du bassin du Congo, le monde médical possédant la science infuse, tomba à la renverse tout en sachant qu'il tient la pénicilline d'un certain Sir Alexander Fleming, qui la tenait lui-même du banal champignon qui donna son nom à la substance chimique, c'est-à-dire du règne végétal. De même, aujourd'hui, le VIH fait des siennes ; et fléau désormais incontournable, il use la science de chercheurs qui veulent à tout prix trouver les "bonnes solutions" dans des éprouvettes, où un capricieux virus se joue de leurs intelligences[110].

Dans leurs louables efforts pour sauver l'humanité entière, ils ne se disent pas que la solution se trouve sans nul doute dans la nature, quelque part en Afrique noire, où la gent simiesque et des chauves-souris semblent s'accommoder, depuis de nombreuses

---

les concernait !) et à imposer un jeune puisatier Malien aux populations nécessiteuses de cette région du Burkina-Faso...

[110] Il est heureux de voir avec quelle célérité un vaccin vient d'être validé contre le virus d'Ebola. L'éthique médicale devient très sélective, dès lors que les pathogènes franchissent les frontières !...

années, d'une cohabitation sans grands dégâts avec toutes sortes d'agents pathogènes. Or ces bêtes-là ne vont pas à l'hôpital. Au reste, ils n'ont pour seuls remèdes que quelques parties de végétaux, instinctivement prélevées en cas de besoin.

Alors pourquoi pas la complémentarité ? Pourquoi vouloir tout solutionner au Nord, en sachant que des possibilités existent sans doute ailleurs dans la simplification des données ? À cause de la seule volonté de refuser à l'Afrique toute possibilité d'émergence ?

Dans le domaine médical, les Africains peuvent chercher à mieux composer avec leurs ressources. Contrairement à ce qu'ils croient, ce ne serait pas contracter du retard, mais progresser. Ils doivent pouvoir accorder de leur confiance à nos phytothérapeutes, dont certains continuent de réussir là où la médecine "conventionnelle" a parfois du mal à faire ses preuves. Dans bien des cas, ils sont les mieux placés pour effectuer une meilleure approche thérapeutique, non pas qu'ils soient plus compétents, mais parce qu'ils sont davantage au contact de populations et de patients chez qui "la maladie" trouve souvent ses fondements dans des facteurs psychologiques non négligeables.

Ces deux médecines n'ont rien d'incompatible ; et ces guérisseurs ont parfaitement leur place dans nos sociétés. Plutôt que de les considérer comme de vulgaires charlatans – comme il en court du reste partout –, l'on devrait trouver en eux de véritables auxiliaires médicaux pouvant aider à "stabiliser" la vie dans les campagnes.

La "médecine de brousse", appellation par trop laxiste dans des pratiques difficiles, trouverait sa vraie raison dans des campagnes de vaccination de masse, ou dans l'éradication de certaines endémies. Ses cibles seraient précisées, alors que les affections "bénignes" seraient confiées à ceux-là mêmes qui, par un récent passé, étaient nos seuls médecins. Tout ce qu'on pourrait leur apporter, ne serait qu'une amélioration des conditions d'hygiène entourant certaines de leurs pratiques.

Tout le monde ayant les mêmes droits à la santé, ces propos ne sont pas faciles à tenir ; et nous sommes conscient de tous les dangers auxquels ils ne manqueront pas d'exposer ceux qui s'en approprieraient. Mais qu'à cela ne tienne, car la santé à quel prix ?

En l'absence de tout pouvoir d'achat pour s'offrir des consultations suivies chez des praticiens privés, les masses populaires s'agglutinent dans des centres de santé, où elles ne peuvent pas toujours bénéficier des meilleurs soins, faute de personnel, de matériel et de temps. Alors les mêmes droits à la santé, d'accord, mais dans quelle mesure deviendraient-ils également des droits à la mort ? Dans la démarche, et au-delà du lieu où l'on reçoit les soins, l'essentiel est de pouvoir rester en bonne santé.

L'on doit également prendre en compte les nombreuses incidences bénéfiques qu'apporteraient des interventions plus actives de la part des tradithérapeutes, en concordance avec le cadre médical dans son ensemble. Mentionnons entre autres :

- une participation indirecte (mais réelle) à la lutte contre l'exode rural ;
- une considérable réduction des charges financières dans les hôpitaux, dispensaires et centres de santé, notamment en ce qui concerne la disponibilité des locaux et le coût d'exploitation du médicament. L'on sait en effet que le vrai guérisseur laisse souvent le montant de ses "honoraires" à la discrétion (à la hauteur de la bourse) du patient ;

Il en résulterait :

- une économie conséquente pour celui-ci, car en plus des frais médicaux, ceux suscités par la vie à la ville seraient épargnés ;
- une amélioration des services dans ces lieux de soins, consécutive à leur désencombrement ;
- la réduction de la corruption et de la fraude dans les services hospitaliers où, dans la majorité des cas, une partie du personnel soignant rançonne le tout-venant et exploite à son profit des médicaments et des prestations destinés au public ;
- enfin, le fait d'être encouragés à vivre sur place à la campagne inciterait les paysans à améliorer leurs conditions de vie et plus spécialement leur habitat[111].

En plus de cette contribution, le tradithérapeute, de par ses connaissances ethnobotaniques, peut être un partenaire efficace dans certaines recherches scientifiques, notamment en ce qui

---

[111] Dans les conditions actuelles, il est révoltant que l'on ne puisse pas envisager de placer la moindre perfusion en milieu rural

concerne la mise au point de nouveaux médicaments à partir de nos substances naturelles. La bonne santé, c'est avant tout ces "petits détails" qui pourraient avantageusement peser dans la balance. Leur réalisation passe par la volonté politique et par une prise de conscience collective de ces problèmes.

Ces quatre rubriques de l'alimentation, l'eau, l'alphabétisation des masses paysannes et la santé étant très étroitement liées, l'on devrait éviter de toujours leur chercher des solutions séparées. Les différents gouvernements ont trop à cœur cette tendance séparatiste et se croient obligés d'attribuer des parts "énormes" de budgets mal équilibrés, à des ministères de l'Agriculture, des Eaux et Forêts, de l'Éducation Nationale, de l'Enseignement Supérieur et de la Recherche Scientifique, de la Santé Publique... Ce genre de séparation ne fait qu'accentuer la bureaucratie, l'assistance technique et les aspects caméléon de nos gouvernements.

Dans ces excès de mimétisme, l'on ne se dit pas assez que, si un ministère de l'Agriculture concerne toutes les couches de populations dans les pays avancés, en Afrique, il exclue presque toujours les masses paysannes qu'on ne consulte jamais avant de prendre les décisions (qui les concernent pourtant au premier chef) et sur qui les éventuels progrès glissent sans les toucher. L'état actuel de notre évolution en tant que peuples ne nous permet pas encore de faire point pour point, ce que nous observons ailleurs. Ailleurs où tous les citoyens ont exactement les mêmes droits, jusque dans les nations à régime totalitaire.

Quels qu'en soient les résultats, la multitude ministérielle n'est pas souhaitable dans nos pays. Elle ne fait que disperser les efforts et compliquer les problèmes. Ou bien alors et pendant que nous y sommes, pourquoi donc ne pas aller au fond des choses, en créant en Afrique des ministères de la Condition Paysanne ?

ooo

Pour de multiples raisons, les solutions à la base de la pyramide sociale ne peuvent plus émaner des masses populaires et paysannes qui, trop attentistes, ont perdu toute volonté de production et de créativité. Dans leur passivité, elles n'ont rien de mieux à faire, que de venir gonfler les effectifs des villes, où quoiqu'il advienne, l'on trouve au moins la consolation de mourir de ses misères, après avoir eu la "chance" de côtoyer un temps la vraie "civilisation".

C'est ce cordon ombilical reliant la ville à la campagne, dans un sens aussi univoque, qu'il faudrait arriver à sectionner, afin que revivent nos villages. Comme dans toute vivisection, la blessure fera certainement très mal au début, il n'y a pas à s'y tromper. Mais au-delà de cette douleur et une fois la plaie bien cautérisée, l'on verrait que, faite adroitement, l'opération constituerait la véritable base de notre véritable développement.

Notre éveil nationaliste en Afrique, c'est de nous tourner résolument vers la campagne, la soigner, la faire revivre. Pensons-y avant qu'il ne soit trop tard. Et surtout, n'en laissons plus l'exclusivité à des gouvernants qui ont toutes les peines du monde à contrôler les "problèmes en milieux urbains". Ne laissons plus nos racines se perdre à jamais, seulement parce qu'un jour, nous avons été mis en contact avec les trompeurs reflets d'ailleurs.

XI

PAR-DELÀ LES FRONTIÈRES

ooo

Nous avons situé cette part d'ajustement à trois niveaux :

- la lutte contre la désertification ;
- la recherche de capitaux moins chers ;
- la formation de techniciens africains adaptés à leurs réalités.

I - LA LUTTE CONTRE LA DÉSERTIFICATION

Notre patrimoine foncier disparaît trop rapidement ; tout le monde en est conscient et s'accorde même à le reconnaître officiellement. Mais à l'opposé, nous affichons trop peu d'enthousiasme pour le préserver. Résoudre le crucial problème de la désertification en Afrique commence donc par la réduction de cet écart.

Dans la pratique, contrer ce fléau revient logiquement à reboiser les territoires et par conséquent à disposer d'assez d'eau pour faire repousser des plantes. Tout ce processus est en cours dans de nombreux pays et plus particulièrement, dans ceux les plus sévèrement touchés par la sécheresse : les pays du Sahel.

L'erreur consiste à penser que "ce n'est que leur affaire !". La désertification concerne tout le continent et au-delà, toute la Planète ; et ces reboisements doivent impérativement s'intensifier en aval, c'est-à-dire dans les zones forestières. Car le fond du problème est que l'Afrique ne connaît plus de saisons. Les écrits de certains explorateurs sont très édifiants à ce sujet. Voici ce qu'en disait Paul Du Chaillu en 1863[112] :

« ... *La côte occidentale d'Afrique a deux saisons : la saison sèche et la saison pluvieuse. Leur époque et leur durée dépendent des degrés de latitude et de longitude sous lesquels chaque pays est placé ; c'est-à-dire que le soleil règle les saisons : partout où il se trouve au zénith, il amène la saison pluvieuse. Ainsi, quand les pluies sont dans toute leur force en Sénégambie, la saison sèche règne sous l'Équateur.*

---

[112] Cf. Voyages et aventures dans l'Afrique Équatoriale.

« Mais la durée des pluies dépend aussi de la configuration générale du pays. Sur un vaste terrain bien découvert, ou dans un désert sablonneux, il tombe moins de pluie et la saison pluvieuse est plus courte que dans une contrée boisée. Ce sont les régions montagneuses qui reçoivent les pluies les plus abondantes ; ainsi, dans les montagnes de l'intérieur il pleut bien plus et bien plus longtemps que sur les points qui avoisinent le littoral et qui pourtant sont situés sous la même latitude.

« La saison pluvieuse se déclare d'abord dans les montagnes de l'intérieur et gagne peu à peu le littoral ; en revanche, la saison sèche commence au bord de la mer et s'étend de là dans l'intérieur. Il y a plus d'un mois de différence dans les rapports des saisons entre ces deux régions dont la latitude est la même, et que sépare seulement une distance d'environ cinquante miles[113].

« Des deux parts, les points les plus voisins de l'Équateur ont la saison pluvieuse la plus longue ; et au contraire, à mesure qu'on se rapproche des tropiques, les pluies diminuent et la saison sèche se prolonge. Près de l'Équateur, les pluies commencent vers le milieu ou à la fin de septembre et finissent au commencement de mai, ou même quelquefois après ce mois révolu. La saison sèche dure par conséquent de mai à septembre.

« Mais sous l'Équateur ou dans le pays qui l'avoisine, la longue saison pluvieuse est interrompue par un court intervalle. Cette "petite saison sèche intercalaire" dure un mois ou six semaines ; elle survient au milieu ou à la fin de décembre et dure tout le mois de janvier, quelquefois encore pendant les premiers jours de février. Durant cette période, il ne pleut presque plus ... »

Brave Monsieur Du Chaillu ! S'il pouvait savoir que désormais en Afrique, tout n'est plus que nadir ! S'il pouvait voir tous ces bouleversements survenus en si peu de temps ! S'il pouvait apprendre que le Fouta-Djalon, l'un des plus grands réservoirs d'eau d'Afrique, est réduit à néant[114]...

Et dire que tout ce gâchis est occasionné par intérêt et par négligence ! Parfois aussi, à cause d'habitudes de vie venant amplifier des phénomènes naturels.

---

[113] Environ 250 à 300 kilomètres.
[114] Les fleuves Sénégal et Niger y prennent leurs sources.

1. LES CAUSES DE LA DÉSERTIFICATION.

Elles sont nombreuses, naturelles ou provoquées.

• ***Les causes naturelles*** sont essentiellement représentées par l'érosion éolienne et l'érosion par les eaux de ruissellement. Deux phénomènes difficilement contrôlables, surtout en ce qui concerne le premier, qui provoque cette impressionnante avancée des dunes, du désert vers le Sud. Quant aux eaux de ruissellement, elles ont pour inconvénient d'entraîner sur leur passage les couches arables des terres, et de rendre celles-ci arides et difficiles à travailler et donc à rentabiliser. Elles ne laissent pas l'espoir de déposer des limons à leurs estuaires, au bord de l'océan.

Face à ces deux formes de dégradation, nous disposons de très peu de moyens de lutte, la main-d'œuvre exceptée ; et en tout état de cause, les efforts en cours au Niger, au Mali, au Burkina-Faso, au Sénégal ou en Mauritanie, s'avèrent encore insuffisants. D'où la nécessité absolue de chercher des voies complémentaires dans les pays limitrophes qui, répétons-le, ont parfois grand tort de croire que ces problèmes ne les concernent qu'indirectement. L'intangibilité des frontières n'est qu'une simple notion abstraite, qui ne saurait influencer les phénomènes atmosphériques.

• ***Les autres causes***, provoquées et plus nombreuses, sont relativement plus contrôlables.

Il y a en tout premier lieu certaines habitudes de vie dans nos foyers, où l'on cuisine au feu de bois (fagots ou charbon de bois). Ce qui a pour conséquence d'inévitables prélèvements qui concernent non seulement le bois mort, mais également – et surtout – les arbres sur pied, dont la coupe est plus aisée. C'est à cet égard que toute une éducation et une information de masse restent à pourvoir.

Vient ensuite, dans les pays d'élevage intensif, le problème du surpâturage. Condamnés à la divagation, les troupeaux dévorent jusqu'à la racine le moindre brin d'herbe. Enfin, une autre habitude condamnable reste la pratique des feux de brousse.

À ces pratiques "traditionnelles" viennent s'ajouter d'autres faits non négligeables :

- Exploitation d'essences nobles, dont la coupe, tout en étant abusive, ne prévoit aucun plan de renouvellement ; loin de là, des bureaucrates dans des ministères encouragent la pratique à grands coups de corruption.

- Grands travaux d'aménagements condamnant d'immenses superficies à des cultures de rente et en monocultures, dont l'entretien exige l'épandage de grandes quantités de produits chimiques nocifs, aussi bien pour la faune et la flore, que pour les populations humaines.

- Certaines compétitions sportives (rallyes Paris-Dakar, du Kenya, du Bandama) qui, dans les faits, ne rapportent pas autant de devises qu'ils causent de dégâts... Leurs incidences sur notre environnement sont condamnables et devraient nous inciter à prendre des mesures conservatoires, à tout le moins.

2. LE REBOISEMENT DES TERRITOIRES.

Dans cette perspective, l'essentiel échappe normalement aux hommes et relève de faits climatiques naturels : sitôt qu'il se remet à y pleuvoir, le Sahel reverdit. Toutefois, la "normalisation" des données climatiques est loin de suffire à la reconstitution de cette partie de notre patrimoine. Il lui faut en complément, l'effort des hommes dans deux directions : reboiser progressivement ces territoires, tout en réglementant mieux leur déboisement.

Les problèmes de reboisement étant au départ très compliqués à circonscrire (techniques d'irrigation, de drainage, d'établissement de courbes de niveau, choix des espèces végétales, etc...), il est erroné de n'en vouloir confier les solutions qu'à des experts – trop nombreux pour avoir des points de vue convergents – à l'imagination fertile certes, mais à qui l'on peut reprocher d'accorder la priorité aux travaux gigantesques.

Le tout premier gigantisme à mettre en œuvre en Afrique est le grand nombre de nos populations. Il conviendrait donc d'apprendre des gestes simples à nos masses paysannes qui, par la force des choses, ont pris l'habitude de confier ce genre de réalisation à des "gouvernements".

II faut également combattre le déboisement, qui est d'abord le fait d'habitudes remplaçables. Cela reviendrait à trouver et à exploiter d'autres sources d'énergie que le bois. Elles sont nombreuses et parmi elles, l'on pourrait retenir la biomasse, l'éolienne et surtout l'énergie solaire.

Un effort particulier est à consentir par les sociétés d'exploitation forestière, que l'on devrait non seulement obliger à pratiquer des coupes plus raisonnables en évitant les trop nombreuses fraudes, mais également, à remplacer systématiquement les espèces prélevées. Les complicités dont elles bénéficient à tous les niveaux sont pour le moins scandaleuses !

Qu'il s'agisse de reboiser ou d'empêcher de déboiser, il faudrait en outre arriver à exploiter plus judicieusement l'eau dont nous disposons, sur ou sous terre ; arriver à "ré-cartographier" l'Afrique, d'une certaine manière.

3. Le creusement de canaux.

Bien qu'ayant toujours fait rire avant d'être reprise avec davantage de sérieux, l'idée de creuser des canaux sur le continent remonte à la plus haute antiquité :

* Au XIIe siècle avant notre ère, Ramsès II fit commencer le creusement d'un canal reliant le Nil à la Mer Rouge ; les travaux en furent terminés par les Ptolémée, seulement au IIIe siècle avant J.C. Mais enfoui sous le sable au Ve siècle, ce canal ne laisse plus aucune trace visible de nos jours.

* Au début du XVIe siècle, Albuquerque Le Grand (dit le Mars Portugais), aidé par le Négus d'Abyssinie, détourna les eaux du même Nil, ruinant ainsi la toute puissante Égypte, qui disputait au Portugal et à son Roi Manoel 1er, l'Empire Commercial d'Asie.

* Sans oublier tous ces aqueducs de la Rome antique, à travers l'Europe, l'Afrique et l'Asie.

* Creuser un canal à Suez fut à l'origine l'idée d'un certain Savary, sujet de Louis XIV ; idée reprise par Gratien Lepère sous Napoléon Bonaparte, puis par Ferdinand De Lesseps, sous Napoléon III. Le temps mis à l'exécuter : dix années (de 1859 à 1869), à cause notamment de la farouche opposition de l'Angleterre et de la Turquie...

* De nos jours existent, de par le monde avancé, des canaux de toutes sortes : maritimes, de navigation fluviale, d'irrigation, de drainage...

Alors pourquoi ne pas tenter l'expérience dans le reste de l'Afrique ? Pourquoi pas un canal tout au long de l'intraitable Sahel, alimenté par les eaux des fleuves Sénégal et Niger, jusqu'à l'Atlantique, ainsi que partout ailleurs où l'exigent nos nécessités ? Même si son exemple ne concerne que des territoires plus modestes en étendue, le Qatar nous démontre la possibilité de telles réalisations. Alors pourquoi le pétrole aurait-il moins de vertus miraculeuses en Afrique ?

En dehors de la configuration du tracé de ses cours d'eau les plus importants, de la rareté de ceux-ci en bien des endroits stratégiques et des tracés géographiques pouvant entraver une bonne canalisation des eaux, que faut-il pour creuser des canaux en Afrique[115] ? De finances bien sûr, mais aussi d'investissements humains.

Or, il se trouve que si le premier de ces deux éléments nous fait défaut en grande partie, nous bénéficions du plus grand plateau mondial de la main-d'œuvre bon marché. Ils ne sont en effet que légions, tous ces désœuvrés qui fuient la campagne africaine, viennent encombrer les villes, prennent un jour clandestinement quelque navire, pour aller se faire jeter en pâture à toutes sortes de requins.

À tous ces gens, qui ne demandent qu'à être occupés à des tâches pouvant les retenir et les responsabiliser, on pourrait adjoindre une partie des effectifs de nos armées, plutôt que de leur apprendre la haine dans des tueries insensées. Pour instruire à un niveau souhaitable ces contingents de l'utile, nous pourrions faire appel à tous ces élèves et étudiants, qui refusent de regagner les villages en période de vacances scolaires, alourdissant les charges des nations, en végétant dans les villes.

Enfin, le travail de ce potentiel humain inutilisé pourrait effectivement démarrer, grâce aux efforts financiers des masses salariales, à la récupération de cet abominable impôt de capitation, à la contribution des entreprises étrangères ayant des intérêts en Afrique, aux capitaux que les décideurs politiques africains dilapident aussi largement aux quatre vents et à la bonne volonté de certains autres étrangers, hors d'Afrique. Oui, de tels projets sont réalisables, à condition de les rendre intéressants aux yeux des bailleurs, qui en tireraient toujours un grand profit.

Ainsi, bien des gens pourraient participer activement à entreprendre ces travaux utilitaires, aussi "gigantesques" puissent-ils paraître. Il suffirait pour cela, de le vouloir en groupe ! Un rôle de pionniers est là, tout indiqué, qui nous nargue avec ostentation ; cessons donc d'être égoïstes et oisifs, et jouons-le sincèrement, en

---

115 Excepté le Nil, la plupart des grands fleuves africains n'ont pas créé de vallées facilement exploitables : chutes du Zambèze, boucle du Niger, marais miasmatiques du Congo, îlots et nappes marécageuses le long du fleuve Sénégal...

pensant seulement que les générations à venir d'Afrique vivraient mieux grâce à leurs aînés.

4. La dénonciation des mauvaises volontés.

À chaque fois que se posent de telles possibilités de concertation, il faut malheureusement prendre en considération le revers de la médaille. Celui-ci est malencontreux, quand l'on pense que si les choses demeurent en leur état actuel, c'est en partie parce que des gens le veulent ainsi. Des gens dont la volonté première est au contraire de favoriser le *statu quo* dans "l'establishment".

Parmi eux, il y a curieusement des Africains et en tout premier lieu des Maghrébins. Pour ceux de l'Afrique du Nord, "l'Afrique" concerne tout particulièrement les territoires situés au-dessous du Sahara ; et lorsqu'ils parlent "d'Africains", ils entendent "Noirs". Dans cette déformation de vue, ils doivent certainement sous-entendre leur appartenance à une entité raciale différente ; probablement arabe ou blanche.

I.es faits historiques du passé les confortent dans cette prise de position : le Maroc s'est longtemps comporté comme un pays "colonisateur", en étant l'ambassadeur de l'Islam en Afrique noir. D'autre part, en plus des conflits contre Rome, Carthage a été une cible privilégiée au cours des croisades. Enfin, la proximité du Maghreb avec les pays méditerranéens a resserré ses rapports avec l'Europe et le Moyen-Orient.

Il semble donc aujourd'hui légitime qu'il renie cette Afrique, qui ne lui a, après tout, rien apporté de positif, sinon des guerres ou des produits commerciaux sans grande valeur. Le Maghrébin peut donc revendiquer son appartenance au monde arabe, de la même manière que des raisons économiques rattachent la Libye, le Soudan et l'Égypte au Moyen-Orient. C'est sans doute l'une des raisons pour lesquelles les problèmes posés dans le Sahel ne le préoccupent pas outre mesure, puisqu'aussi bien, plus le désert s'étendra vers le sud et plus la ligne physique de démarcation jouera en faveur de cette farouche volonté de ne pas être "Africain".

À l'heure actuelle, la jonction géographique est tant bien que mal maintenue, d'un côté par la Mauritanie (que son passé colonial rattache encore au reste du continent, malgré les échauffourées avec le Sénégal) et de l'autre, par une Libye qui se plaît à trop jouer sur plusieurs échiquiers. Autrement, il est symptomatique de voir que si peu d'efforts soient consentis aux frontières entre l'Algérie, le Mali et le Niger...

La seconde constatation relève d'un niveau plus général et part de plus loin. Tout le monde sait que dans les pays industrialisés, les espaces vitaux, tout comme les ressources énergétiques, commencent à disparaître à une allure pour le moins inquiétante ; à telle enseigne que des chercheurs vont jusque sous les abysses, essayer de récupérer du pétrole ou des nodules polymétalliques, pour subvenir à certains de leurs besoins[116]. Ce qui, bien entendu, nécessite des technologies nouvelles plus lourdes et par voie de conséquence, des efforts financiers plus soutenus dans des pays dont la plupart connaissent déjà de graves problèmes socio-économiques. De plus, les grandes puissances trouvent de moins en moins d'espaces pour procéder à leurs essais nucléaires...

Alors, revenons un instant en arrière et reconsidérons ce rêve fou. Celui qui verrait l'Afrique devenir un continent inhabitable ; totalement désertifié. Pendant ce temps, imaginons tout ce que l'on pourrait extraire de dessous le sable brûlant du Sahara.

En observant bien le continent sud-américain en face, l'on se rend bien évidemment compte que par rapprochement, la pointe maritime du Brésil viendrait s'encastrer dans le Golfe de Guinée. En établissant des parentés orogéniques logiques entre les deux continents, il n'y aurait pas de raison que l'on ne trouve pas le long du Sahel, tout ce que contient le Minas Gérais, ainsi que tous les autres territoires brésiliens s'étendant jusqu'à la frontière du Venezuela. Dans leur sous-sol encore incomplètement inexploré, on trouve à profusion du fer, du manganèse, de la bauxite, de l'or, du diamant, du pétrole..., c'est-à-dire, à peu de chose près les mêmes ressources minières que dans les pays du Sahel (justement !), sans compter l'uranium nigérien.

Ces faits permettent d'affirmer qu'au bout du compte, pour les Africains, le problème se pose dans les termes d'un choix fort simple :

- faire de cette partie de l'Afrique une zone condamnée à la désertification et à être laissée pour compte, au profit des puissances industrielles, qui sauront y trouver des matières premières en réserve (à grands coups de baux emphytéotiques !).

---

[116] Cela fait longtemps que les pays avancés ont pris conscience que les sources de nos matières premières sont tarissables.

- Ou bien alors faire reverdir progressivement le Sahel en attendant de pouvoir l'exploiter à meilleur escient, face aux enjeux futurs.

Continuer à enrichir une infime partie de l'humanité à nos dépens, ou bien sauver un patrimoine ? Dans un cas comme dans l'autre, les moyens existent pour arriver aux fins que l'on voudra. II faudrait seulement éviter de tomber dans des facilités aliénantes.

II - DES CAPITAUX MOINS CHERS.

Creuser des canaux, ou entreprendre d'autres travaux utilitaires, demande que l'on dispose au préalable de l'argent nécessaire à se promouvoir soi-même. En tout état de cause, ce n'est pas en tournant en rond, avec des dettes de plus en plus assommantes, qu'on pourra déboucher sur la vraie indépendance et sur des voies rapides de progrès. Certes, il serait utopique de vouloir tout mener à bien, à l'aide des seuls "moyens" africains, mais il faut se dire que des capitaux meilleur marché, l'on pourrait en obtenir, pour la bonne raison qu'ils sont déjà en partie "entre nos propres mains".

L'important pour nous reste de pouvoir créer un circuit financier et monétaire interne, pour retenir ces moyens le plus longtemps possible à demeure. En soi, la marche à suivre en est assez simple (en apparence du moins !), puisqu'elle consiste en un premier temps à localiser cet argent. Facile en effet ! Il n'y a pour cela qu'à se référer au schéma ci-dessous, que l'on pourrait intituler "les pyramides inversées des valeurs socio-économiques africaines".

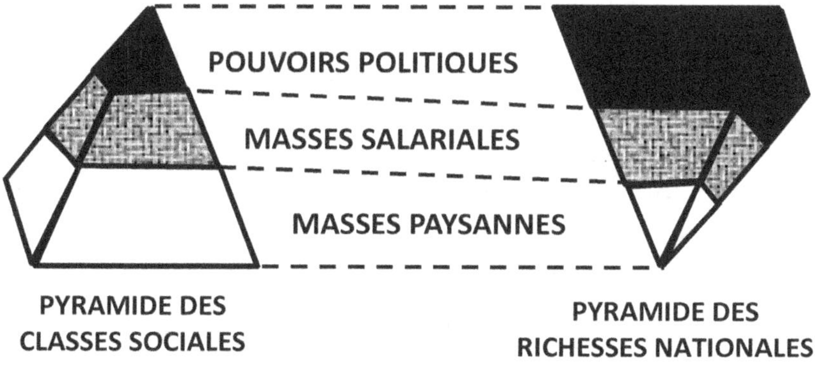

Figure 5 : Classes sociales et répartition des richesses nationales en Afrique.

Ce schéma montre que plus l'on grimpe dans l'échelle sociale, et plus l'on détient de pouvoir financier ; c'est commun à toutes les nations. Seul distingue les Africains, le trop grand écart entre les deux extrémités de ces pyramides : les moins nombreux jouissent de la plus grosse part des productions nationales.

Chercher à placer ces deux édifices dans le même sens ne serait pour l'heure qu'une illusion de plus. La seule véritable "révolution" à faire doit nécessairement provenir de ceux qui se trouvent précisément au sommet social. Le pouvoir politique africain devrait enfin admettre que la seule façon efficace pour son pays de réunir des "fonds propres", c'est de "prendre la bête par les cornes" et d'aller chercher l'argent là où il se trouve effectivement ; c'est-à-dire, le cas échéant, entre ses propres mains. Ensuite seulement, entre celles des masses salariales qui n'en font pas toujours un meilleur usage.

L'une des voies sûres d'y parvenir serait de créer dans chaque pays un impôt proportionnel sur les revenus (et pourquoi pas sur les fortunes !), exclusivement destiné au financement de projets de développement dans un contexte d'intégration économique.

Une autre possibilité reste la récupération de cet argent que des pays européens continuent de nous voler impunément, depuis si longtemps. Ici encore, la chose est réalisable, à condition d'avoir les garanties pour échapper à la concupiscence et aux fraudes habituelles.

III - DES TECHNICIENS AFRICAINS ADAPTÉS À LEURS RÉALITÉS

Dans ce bicéphalisme qu'elle a engendré, nul ne s'est jamais préoccupé de ce qu'un jour, l'alphabétisation viendrait compliquer nos problèmes existants, et pire encore, nous en créer d'autres. Au cours de ce grand bouleversement de tous leurs modes de vie, les sociétés africaines d'origine ont rapidement évolué vers cette affreuse image d'une réussite sociale bâtie dans un bureau, le crayon derrière l'oreille et le téléphone collé à celle-ci en longueur de journée.

Il en a résulté ce paradoxe qui établit qu'il ne semble plus y avoir de bon lendemain, là où nous avons misé l'essentiel. Et il est infiniment triste de constater que l'unique "entreprise nationale" qu'ait généré l'État africain soit la "Fonction Publique", qui comme telle, se voit elle-aussi dans l'obligation de procéder à des licenciements salutaires, en vue de redresser une économie nationale. Peut-on réellement s'occuper d'une éventuelle reconversion de tous ces gens ? Rien de moins sûr. Cependant, parallèlement à cette amputation, les mêmes systèmes éducatifs et scolaires continuent de "fabriquer" des intellectuels exactement dans le même moule.

Ceci doit signifier que la scolarisation, à partir d'un certain niveau, n'est pas adaptée à nos réalités. Si à l'origine le colonisateur, peu apte à vivre continuellement sous des climats hostiles, avait besoin de former sommairement des "lettrés" pour vaquer à des occupations subalternes, aujourd'hui, ce stade ne vaut plus. Il faut au contraire chercher à sortir définitivement de cette africanisation au rabais, pour former des techniciens susceptibles de prendre en main la destinée de leurs pays.

Cette susceptibilité ne doit pas être vaine ; elle devrait faire comprendre que si l'Afrique souffre d'une assistance technique aussi lourde, c'est parce que les moyens manquent à ses enfants de s'assumer pleinement. Ils ont à comprendre par-dessus tout, que tant que des étrangers détiendront aussi fermement toutes les clés de leur expansion future, ils resteront encore longtemps sous-développés. Car en toute logique, aucun pays industrialisé, aussi philanthrope soit-il, ne commettra jamais la bêtise de se départir de ses meilleurs techniciens pour venir contribuer à leur développement. Ce serait tout simplement faire preuve de masochisme.

Nos relations avec l'extérieur doivent trouver des bases autres que les actuelles, qui défavorisent l'Africain en tout. Il est urgent de clarifier et d'assainir les rangs de coopérants trop nombreux et dont l'efficacité réelle se résume parfois à l'amélioration du taux de chômage dans leurs pays d'origine. Sans aller jusqu'à supprimer brutalement toutes les formes d'assistance, il faudrait penser à actualiser les accords de coopération et définir d'autres domaines de compétence.

À bien des égards, les techniciens africains existent, qui ont l'inestimable avantage de pouvoir mieux approcher nos problèmes, parce que malgré tout, ils ont quelque part en eux, une fibre profondément africaine qui leur permet de mieux les appréhender. Quelle que soit leur portée, il serait injuste de taxer ces propos d'un quelconque racisme ou de xénophobie. Ils ne sont que l'expression d'une vérité trop longtemps camouflée. Pourquoi payer aussi cher tant de personnes pour si peu de résultat ?

Le problème pour les Africains ne doit cependant pas être ramené à la formation de techniciens condamnés à tourner en vase clos, à l'intérieur des territoires nationaux, mais de leur trouver des utilités au plan continental. Les mêmes nécessités communes voudraient, ici encore, que l'on daigne estomper sensiblement la rigidité de nos frontières, ainsi que le cloisonnement de nos États. Cela fait partie d'une certaine forme d'intégration.

La formation de techniciens à la bonne hauteur, c'est d'abord de jouer de beaucoup d'intelligence, en se servant de la multiplicité des influences coloniales, sans trop mettre en avant la notion de frontières qui, au demeurant, sont très perméables.

Sans vouloir tomber dans le narcissisme d'expériences personnelles, nous voudrions partager celle-ci, qui semble bien situer à sa manière les relations d'ensemble, entre certaines de ces frontières.

En 1968, nous étions étudiant à l'université de Dakar-Fann, qui regroupait dans ses amphithéâtres les ressortissants d'une cinquantaine de nations. L'année précédente, nous étions à celle d'Abidjan qui, à peu de chose près, en comptait autant. À cette époque, l'on ne trouvait pas d'étudiants Guinéens officiellement admis en Côte d'Ivoire, tout comme l'université de Dakar-Fann n'accueillait pas d'Ivoiriens[117].

Si bien qu'avec les sept autres compatriotes étudiants dont nous avions syndicalement la charge, nous arrivâmes au Sénégal à titre d'essai, en vue d'une éventuelle "ouverture" des relations à ce niveau. Les choses se passèrent relativement bien, jusqu'au mois de mai, lorsque l'université de Fann subit les interférences de l'onde de choc partie de France.

Ce fut alors qu'au moment venu de notre rapatriement, de huit que nous étions officiellement, nous nous trouvâmes une cinquantaine, à bord du coucou militaire qui nous ramena frileusement à Port-Bouët. Exceptés les "officiels", la majorité des membres de ce contingent étaient des lycéens ou des familles entières, sans passeport, que nous avions été autorisé à "récupérer"

---

[117] En l'absence de relations diplomatiques entre les deux pays, les intérêts de la Côte d'Ivoire au Sénégal étaient représentés par le Consulat de France, et vice versa.

à travers la ville, malgré le couvre-feu. À deux exceptions près, tous ces gens étaient arrivés au Sénégal par voie routière ou maritime[118].

Comptez donc un peu toutes les frontières terrestres séparant la Côte d'Ivoire du Sénégal, à quoi on ajoutera que nombreux étaient les étudiants Guinéens non forcément dissidents à Abidjan, et vous aurez une idée quant à l'imperméabilité des frontières en question[119].

L'intangibilité des frontières en Afrique n'est que théorique et sert souvent de prétexte pour alimenter des querelles de personnes, au sommet de nos États. Et sans plus de raison, nous préférons envoyer les jeunes étudier plus loin, en sachant que cela coûte beaucoup plus cher. Nos nécessités devraient nous obliger à savoir nous placer au-dessus des querelles partisanes pour créer, en matière d'enseignement et de recherche, des pôles pour la multitude, là où les possibilités sont réelles.

Des établissements dans lesquels l'on ferait jouer à loisir cette multiplicité coloniale, en provoquant une gigantesque émulation au niveau des nations développées. L'Afrique des gigantismes trouverait enfin une bonne raison d'être. Des universités à vocation, avec des spécialités au sein desquelles interviendraient directement de vraies compétences étrangères. Nous avons le profond sentiment qu'en confiant (par exemple) la recherche médicale aux soins d'Ibadan, Dakar ou Abidjan, Anglais et Français, au demeurant très orgueilleux et fiers de leurs connaissances technologiques, consentiraient les efforts nécessaires pour se montrer les meilleurs, chacun de leur côté ; et l'Africain, pour une fois, n'en tirerait que des bénéfices, tout en restant chez lui. En procédant de même à Tananarive, Accra, Luanda ou Nairobi (toujours par exemple),

---

118 Au Consulat de France, où nous étions allé chercher conseil quant à l'attitude à tenir, un fonctionnaire autorisé nous répondit en toute honnêteté : *« nous ne savons même pas quoi faire en ce qui concerne les étudiants Français dans cette histoire, alors ! ... »*. Cependant, grâce à un laissez-passer que nous avaient délivré les autorités militaires du pays, il nous fut alloué un camion militaire et les services de six soldats, qui nous permirent de rassembler sur le campus, ceux de nos compatriotes récupérés au hasard, à travers la ville. Quant à l'avion pour notre rapatriement, en l'absence de relations diplomatiques, il nous fallut recourir à celles de l'Ambassade du Ghana à Dakar, afin de pouvoir lancer un S.O.S. à notre propre Ambassade, à Accra...

119 Une autre preuve officiellement reconnue, est donnée par les réseaux du commerce parallèle, la plupart du temps mis en place par des Levantins.

Français, Américains et Russes donneraient le meilleur d'eux-mêmes.

Le transfert des technologies ne transite pas nécessairement par des idéologies. L'étudiant africain aurait du même coup l'esprit plus libre, puisqu'il serait ainsi soulagé de tous ces tracas sociaux sous-jacents, qu'il rencontre ailleurs, dans des modèles de sociétés dont les normes de base lui échapperont encore longtemps. Sans compter que sa formation coûterait moins cher, en même temps que le niveau de l'enseignement se trouverait rehaussé, aussi bien chez les étrangers que dans nos écoles. Quant aux études et aux choix dans les nécessités, ils seraient mieux opérés et plus adaptés, parce que réalisés sur des terrains plus appropriés. Le chemin de l'intégration en Afrique passe obligatoirement par là.

Puisque l'Afrique se veut la terre des compétitions, pourquoi donc ne pas susciter celle-ci, qui irait davantage dans le sens de ses besoins ? Pourquoi s'entêter à rester cloisonnés à l'intérieur de nations trop petites, pour se promouvoir seules, alors même qu'en Occident et ailleurs, dans les pays avancés que nous copions, la volonté politique tend de plus en plus vers l'union et la complémentarité ? Les Africains seraient-ils condamnés au point de ne pouvoir rien entreprendre par eux-mêmes ? Du fond du puits des vérités, il ressort qu'il n'en est heureusement rien. Tout ce qu'il leur manque, c'est juste un peu de courage pour briser les chaînes qui entravent leur marche vers le développement. Il ne leur faudrait pour cela, que d'un peu d'esprit des lois, dans une ferme volonté d'indépendance et en groupe.

CONCLUSION GÉNÉRALE

AUJOURD'HUI AU BORD DU GOUFFRE ! DEMAIN, LE PAS EN... AVANT ?

°°°

Dans le face-à-face entre le Nord et l'Afrique, certains dogmes symboliques deviennent caducs et ne pourront plus, à eux seuls, assurer le maintien durable des rapports dans leur état actuel. L'opportunité s'offre donc aux pays africains – et au tiers-monde dans son ensemble – de se ressaisir pour obliger à amender des accords aliénants qui font que, longtemps après leur première tentative d'accéder à une forme d'autonomie dans la gestion de leurs affaires, ils en sont toujours au stade de la stagnation.

Tout ce qui s'offre concrètement à de tels pays, c'est de distinguer entre deux tiers-mondes : l'un au seuil de son développement (Amérique du Sud, Indochine...) et à qui il ne manque qu'un meilleur ajustement économique pour sortir la tête de l'eau ; l'autre, dans un contexte parfois pire que celui des temps coloniaux (Afrique), et qui met tant de gens dans l'embarras.

Dans ce monde sans entité qu'est le tiers-monde, faudrait-il, par la faute des Africains, en arriver réellement à constituer deux autres blocs ? Bien que louable et noble en soi, la présence de multinationales sécrétées par le "bon tiers-monde" dans les pays sous-développés témoigne hélas, en faveur de cet autre partage. Ce qui, à terme et sans avoir à être alarmiste à l'excès, ne peut que contribuer à instaurer une forme de ségrégation bien plus sévère encore que l'actuelle.

À terme, rien n'empêcherait en effet le monde industrialisé de se décharger de certaines de ses responsabilités – une fois épuisées les réserves de matières premières dont il a besoin –, et confier le relais à ce "bon tiers-monde". Il serait de ce fait légitime de craindre qu'un jour, ces accords de coopération ne restent que de simples accords d'exploitation. À moins que ce ne soit déjà fait ! Tel est, en tous les cas, le grand danger qui menace l'Afrique et face auquel elle doit dès à présent réagir, en manifestant à travers ses dirigeants, une volonté collective de procéder autrement.

Dans ce face-à-face déséquilibré, aider le "mauvais tiers-monde" ne demande plus qu'un simple petit déclic de la part de ses dirigeants. C'est du moins ce que n'hésitent plus à soutenir ouvertement et à juste raison, des responsables des pays avancés, qui estiment que *« cette affaire-là ne dépend plus que des Africains eux-mêmes »*. Il serait donc incongru de considérer que, eu égard aux accords existants, ces pays ont le devoir de tirer l'Afrique de ses misères, sans que les premiers concernés aient à fournir le moindre effort. Cette attitude ne fait que les conforter dans leur naïveté, au moment même où ces pays avancés attendent d'eux qu'ils osent enfin "bouger".

L'importance des pays africains aux yeux du Nord est bien posée par Jean Ziegler en ces propos[120] :

« ... Il existe aujourd'hui sur le continent africain trois types de sociétés politiques : les nations, les appareils de contrainte et les protonations...[121] *!*

« La nation naît de l'effort catégorique, issu de l'instinct de justice, d'une avant-garde décidée à briser la domination impérialiste d'un peuple. Sa construction est achevée lorsque la société politique, l'État qu'elle engendre ont rompu avec les déterminismes du marché capitaliste mondial ; ou bien, en d'autres termes, lorsqu'elle est la seule source de ses décisions, de ses choix, de son destin, et que le capital financier multinational n'a plus prise sur elle.

« L'appareil de contrainte est l'exact contraire d'un État national. Cet appareil mis en place par l'impérialisme dans l'actuelle phase d'apogée de son développement abolit toute négociation entre groupes différents. La société hétérogène est abolie, il n'y a même plus d'État au sens étymologique, puisque l'appareil n'a plus aucune fonction d'arbitrage à remplir entre classes, régions ou groupes.

---

120 Cf. J. Ziegler : Main basse sur l'Afrique.

121 La protonation est une nation primitive et rudimentaire.

« Cet appareil n'a dès lors qu'un seul but : briser l'identité de revendication et assurer aux sociétés multinationales bancaires, industrielles et militaires qui l'ont mis en place, l'exploitation la plus rationnelle possible du pays et du peuple. L'appareil est administré non pas par une oligarchie autochtone, ou une classe politique indigène si minoritaire soit-elle, mais par des mercenaires indigènes formés, instruits, programmés par le capital financier multinational.

« La protonation n'a rien à voir avec une nation authentique, non plus qu'avec un appareil de contrainte (...). C'est une société hétérogène. Le pouvoir politique y fait l'objet de luttes, de négociations, de transactions permanentes. La protonation opère, au niveau de la conscience collective, une sorte de consensus contractuel (...).

« La protonation possède une identité collective. Celle-ci n'a rien à voir avec une conscience nationale. Elle n'est pas une conscience alternative, rompant le système de violence symbolique du capital financier multinational. Au contraire la conscience proto-nationale comporte une forte tendance à l'imitation, à la reproduction des habitudes de consommation, des schémas de pensée étrangers.

« La protonation est le produit d'une conjoncture particulière du devenir de l'impérialisme : elle est elle-même engendrée par cette réorientation, ce redéploiement, ce rééquilibrage du système impérialiste apparu au sortir de la Seconde Guerre mondiale (...).

L'impérialisme décide d'opérer un transfert formel de pouvoirs aux classes "autochtones" qu'il a lui-même créées et qu'il continue de dominer par la violence symbolique... »

Cherchez donc l'erreur ! En clair, cela revient à dire qu'aux yeux des experts des pays avancés, l'Afrique est toujours un continent primitif, sur lequel continuent de régner des tyrans qui, ayant perdu leur personnalité propre, se sont placés à la solde des puissances impérialistes. Et l'on ne peut que féliciter Monsieur Ziegler, pour la clarté de son jugement et son honnêteté intellectuelle.

Pour l'heure, il ne s'agit pas d'entreprendre à l'aveuglette des "révolutions" auxquelles des populations mal préparées ne comprendraient rien, mais d'être plus réaliste et de conjuguer calmement les efforts, à la recherche de solutions convenables pour le plus grand nombre. L'Afrique doit d'abord apprendre à devenir une force tranquille qui... va.

"Bouger", c'est avant tout savoir se situer ; se dire que des "protonations" et des "appareils de contrainte" ne doivent pas indéfiniment servir de réservoirs de matières premières à des "nations" dénuées de toute humanité. Ces ressources sont tarissables et très largement entamées pour la plupart d'entre elles. Si nous n'arrivons pas encore à réagir dans la bonne direction, c'est parce que nos aspirations face à cette situation sont antagonistes. En Afrique noire en effet, il faut distinguer entre deux catégories de dirigeants politiques à cet égard :

* Ceux, trop nombreux, dont le raisonnement consiste à considérer que le Nord possédant tous les savoirs, nous devons lui laisser le soin d'exploiter sans discontinuer nos ressources, afin de lui permettre d'élaborer des produits finis et des instruments de progrès, dont il pourrait éventuellement nous faire bénéficier sur le tard. Cette conception est à bannir, parce qu'irresponsable. Elle est surtout l'émanation d'hommes de main, serviteurs inconditionnels de systèmes dirigistes qui ne contribuent, en Afrique, qu'à ériger la puissance et le bien-être d'une minorité. C'est une conception "proto-nationaliste".

* L'autre catégorie de dirigeants fait valoir que, ces ressources nous appartenant en propre, il n'est plus question que des étrangers les exploitent indéfiniment à leur seul profit. Elle considère donc que nous ne bénéficions pas assez des différents progrès réalisés ailleurs.

Ce dernier point de vue, plus "nationaliste", est de loin plus défendable : il est juste et légitime. Toutefois, l'on peut lui reprocher son manque de réalisme ; car en nous plaçant dans l'impossible hypothèse de nous voir réellement maîtres de ces ressources, qu'en ferions-nous concrètement demain, si nous sommes incapables de les exploiter à un bon niveau ?

D'autre part, en dehors de cette considération purement technologique, ne devrions-nous pas craindre qu'en laissant le développement de certains secteurs industriels clés entre les mains de quelques Africains, nous ne débouchions sur des systèmes politiques plus totalitaires que ceux déjà en place, et par conséquent plus dangereux pour l'équilibre mondial ?

Le passage en force de protonations à des appareils de contrainte ? Pourra-t-on parler de paix dans le monde si demain, certains pays africains bénéficiaient de l'exclusivité d'une prolifération de l'armement nucléaire ? L'exemple n'est pas unique ; il concerne également le développement de certaines industries chimiques. Entre ces deux extrémités, il existe bien entendu la voie de la souplesse et de la raison, qui voudrait que tous nos progrès majeurs, lourdement hypothéqués par le Nord, ne puissent désormais se réaliser qu'en passant par des compromis et des compositions complémentaires.

La levée d'une telle hypothèque nous impose en conséquence beaucoup d'organisation et de préparation dans la rigueur, ainsi qu'un esprit de méthode, afin d'arriver à reconstituer progressivement un patrimoine qui nous devient de plus en plus lointain. Une levée d'hypothèque à opérer au choix, sur des tas d'or vrai ou d'or...dures, ce sera selon !

L'Afrique s'inscrivant désormais dans un contexte universel, cette complémentarité est indispensable. "L'Afrique aux Africains" soit, mais l'on doit se dire que plutôt que de rechercher une couleur locale exclusive, c'est dans les mentalités qu'il faut aller puiser les bonnes bases de définitions : il existe sans doute des étrangers plus "Africains" dans leur âme que des Nègres nés et demeurant sur le continent.

La rigueur, c'est donc de savoir discerner le vrai et le faux ; la méthode, de pouvoir effectuer les meilleures approches et le bon choix au bon moment. Si l'Afrique a également besoin d'une bonne image, il faut croire que c'est parfois hors de ses territoires que nous devrions la bâtir.

La rigueur et la méthode, c'est aussi de savoir comment nous sommes perçus à l'étranger. En dehors des faits simples de xénophobie propres à toute la Planète, le Nègre est toujours répertorié selon trois registres géographiques : il est Africain, Américain, ou "Îlien". Dans ces trois cas, l'on a volontairement toujours tendance à en faire l'élément d'une "minorité" ; et l'Afrique, tout comme les Amériques ou les Îles, passe aux yeux de beaucoup pour un simple pays ; un État.

Inconsciemment donc, ces gens conçoivent à notre place une certaine forme d'unité africaine ; voire, une sorte "d'entité" raciale. Malheureusement, cette façon non réfléchie de concevoir les choses n'est que péjorative ; et en Europe ou ailleurs, être Africain, c'est d'abord passer pour le sujet d'un quelconque président de l'une de nos républiques ; et donc indirectement le sujet d'une puissance impérialiste. À une certaine époque, lorsque le malheur vous prenait de dire à ces gens que vous étiez Ivoirien, Sénégalais ou Zaïrois, l'on cherchait immédiatement à faire montre de la bonne teneur de ses connaissances et à vérifier si Houphouët, Senghor ou Mobutu était bien votre président.

Aussi amusant que cela puisse paraître, c'est bien la preuve que dans les pays dits avancés, nous n'existons que sous le couvert d'un chef d'État. La bonne image pour l'Afrique, c'est également de commencer par expliquer à ces gens que les nations africaines sont constituées, comme ailleurs, de l'ensemble de leurs citoyens, qui jouissent individuellement des mêmes droits républicains ; même lorsqu'on y déplore l'absence de démocratie, une apatridie de plus en plus affirmée, la suppression de la notion sacrée de nationalité... ; toutes ces situations assassines, réalisées sous le couvert du tripatouillage des constitutions. La reconstitution de notre patrimoine, c'est d'abord la recherche d'une mémoire personnifiée, au sein de nos collectivités territoriales.

La rigueur et la méthode enfin, c'est d'arriver à arracher aux puissances impérialistes le contrôle effectif de certains secteurs clés, qui nous permettraient de gérer de façon un tant soit peu autonome, nos propres affaires...

Tout ce qu'il faut espérer à travers ces quelques pages, c'est qu'elles contribuent à mieux approcher certains des problèmes africains ; à éveiller les consciences. Il paraît dans tous les cas, simpliste de ne vouloir attribuer leurs causes qu'aux seules évolutions de nos relations avec le colonisateur, ou bien encore, des données climatiques.

Il est bien plus simpliste encore de vouloir trouver de bonnes solutions dans des formes d'aides internationales, conçues la plupart du temps (rappelons-le), pour appauvrir un peu plus les pays nécessiteux. Les réalités de ces problèmes reposent sur des habitudes insensées, qu'il est impératif de changer.

Nous avons essayé de montrer combien sont absurdes et discordants les comportements des individus, aux trois niveaux fondamentaux de nos pyramides sociales ; combien, depuis les villages (régis par un étroit esprit de clan), jusqu'au pouvoir politique et économique urbain (corrompu et subjugué par l'étranger), l'Africain a besoin qu'on le secoue sans ménagement, afin qu'il aille sur la margelle du puits des vérités, prendre lui-même conscience de ces réalités. Contrer ses misères exige une modification profonde de ses attitudes sociales. Il doit par ailleurs avoir une grande foi en lui-même et arriver à croire qu'il détient une large part du potentiel nécessaire et indispensable à sa vraie réussite de demain.

La légendaire hospitalité africaine ne s'appliquant plus de l'intérieur, l'Africain doit également réapprendre à être altruiste envers ses concitoyens, qu'il a trop tendance à considérer à tort, comme des adversaires sociaux à battre sur un indéfinissable terrain de compétition. Dans ses conceptions, voir plus malheureux autour de lui, fait partie d'une certaine réussite, qui contribue à son bien-être apparent. Nos seuls et véritables adversaires sociaux s'appellent les puissances coloniales, qui font de notre sous-développement, notre peau de chagrin !

Sauver l'Afrique voudrait que les Africains mettent enfin quelque chose en commun ; les biens comme les misères ; la négritude sans doute aussi. Une négritude qui doit savoir dépasser les discours théoriques. L'Afrique doit "pratiquement" savoir bien "bouger". Pour y arriver, ses enfants ne doivent plus faire de l'intangibilité des frontières un écueil infranchissable, dans le sens du progrès. Ils ne doivent plus faire de la violence politique une systématique méthode de gouvernement ; car en tout état de cause, ce ne sera jamais en voulant soumettre les peuples, que l'on les gouvernera le mieux.

En plus de la modification des comportements, l'Afrique entière est à ré-cartographier. Les civilisations étrangères sont, sans doute aucun, douces à copier, mais à quel prix ? En acceptant l'aliénation jusqu'à l'avilissement ? Certes non, il va de soi. Mais d'un autre côté, existe-t-il des approches valables pour faire autrement ? L'Africain peut-il encore trouver le courage de réagir et élaborer des solutions par lui-même ? Pourrait-il un jour se placer en équilibre stable entre ses valeurs d'origine et celles plus lourdes de l'extérieur ? Telles sont les questions que devrait se poser tout un chacun, soucieux de maintenir, ne serait-ce que très partiellement, des traditions sans lesquelles il nous sera impossible d'évoluer sur des bases saines. Si le XXIe siècle s'avère d'ores et déjà impitoyable pour lui, il lui appartient quand même encore – et à lui seul – de préparer de bonnes parades pour son avenir.

Ré-cartographier l'Afrique noire, à la recherche de telles bases, c'est prendre dès à présent une série de mesures, dont la plus urgente serait de préconiser la mise en valeur de nos terres ; encore une fois, la seule vraie révolution que l'Africain doit faire pour l'heure est agricole. Ce n'est que de la sorte qu'il pourra mettre en route les autres mécanismes essentiels que nous évoquions plus haut, à savoir : aux plans national et continental.

- ***Au plan des nations***

La redéfinition d'un certain nombre de concepts tels que :

- l'aménagement de communautés villageoises plus conséquentes, après une concertation à la base, avec les paysans ; ce qui aurait pour effet de ralentir considérablement l'exode rural. D'autre part, donnons au paysan un réel pouvoir socio-économique, un habitat salubre et des responsabilités plus concrètes, et il fera en sorte que l'étendue de sa famille ne déborde pas du cadre de ses moyens ; la croissance démographique en Afrique est également l'enfant de l'ennui et du désespoir ;
- la décentralisation, la déconcentration et le développement régional ;
- des vocations pour les régions ;
- l'amélioration des services de santé, par un élargissement du concept médical africain ;
- une amélioration des voies et moyens de communication ;
- le développement de l'esprit d'émulation et de création ...

- ***Au plan continental***

La mise en place impérative d'une stratégie d'intégration concertée, notamment par la création de marchés entre pays africains et par voie de conséquence :

- la mise en place d'un circuit financier et monétaire interne ;
- l'obligation d'entretenir de meilleures relations de voisinage...

Toutes ces mesures auraient pour effet, à court et à moyen termes, de maîtriser les problèmes de la faim et de la santé, et donc d'économiser une part non négligeable des capitaux nécessaires à la réalisation de structures nouvelles et surtout plus simples à contrôler. Quels que soient les termes des accords de coopération nous liant aux pays avancés, tout ceci peut parfaitement se réaliser, sans ne nullement irriter des susceptibilités. "Bouger", c'est sans doute cela, dans bien des esprits.

Ainsi, sauver l'Afrique se résume également à exhorter nos chefs d'État à oser manifester une volonté politique de groupe ; à daigner enfin conjuguer au pluriel toutes les misères d'Afrique ; à ne plus laisser pour toutes réalisations concrètes que les résultats de conflits inutiles, qu'ils savent toujours engendrer pour assouvir des vengeances tribales et pour mieux asseoir les puissances étrangères dans nos contrées.

Jusqu'à présent, nous avons trop recours à des solutions "clés en main" préconisées par des étrangers, et que nous n'avons eu qu'à appliquer à la lettre, sans discuter. Rien d'étonnant qu'elles soient mauvaises pour la plupart d'entre elles, au point que certains poussent le ridicule, dans cette inefficacité, jusqu'à traiter le pauvre paysan "d'insoumis" et de "réactionnaire". L'heure est venue pour l'Africain de se servir enfin de sa tête et de son cœur, et de se dire que la porte séparant tous les pays africains du vrai développement est UNIQUE, comme le sont également la clé et la combinaison pour l'ouvrir. Elle a nom, la concertation dans la conjugaison des efforts ! Elle pourrait s'appeler de même : la volonté de décision et de détermination politique !

Ce langage, que d'aucuns trouveront séditieux, n'est pas que le nôtre ; des experts hautement éminents l'ont tenu avant nous et de meilleure façon, l'on s'en doute. Si nous le tenons quand même à notre tour, c'est tout simplement parce que nous considérons qu'il doit d'abord émaner de ressortissants du tiers-monde. Car tout en se complaisant béatement dans la mendicité, l'Africain omet, sans doute volontairement, de parler de ses problèmes, de peur de ne plus être "pris en charge" et de n'avoir à les affronter et les résoudre lui-même.

Face au gouffre, le choix pour lui est tout simple qui consiste : soit à redonner un sens à la vieille comptine coloniale et faire en sorte qu'il retrouve de la substance à piler dans nos mortiers ; soit au contraire, à continuer d'acheter des armes, de nous appauvrir et nous détruire au moyen d'autres mortiers... Dans ce dernier cas, il pourrait fièrement dresser des barricades aux frontières de nos "protonations", ajouter un couplet supplémentaire à la même chanson, et l'actualiser en ces termes :

Le jour se couche, tout disparaît,
L'Afrique se meurt sans intérêt.
Pour que sa destruction soit entière,
Soldats en avant et à nos frontières,
Pilonnez pan ! pan ! Pilonnez pan ! pan ! Pilonnez pan ! pan !
Pilonnez longtemps !

LISTE DES TABLEAUX ET FIGURES

ooo

- **TABLEAUX**

- **FIGURES**

BIBLIOGRAPHIE

ooo

- **OUVRAGES**

1 - A. Jr. ALLAND

La danse de l'araignée. Terre Humaine : PLON, Paris, 1984.

2 - J.F. AMON D'ABY

Croyances religieuses et coutumes juridiques des Agni de la Côte d'ivoire. Larose Éd. : Paris, 1960.

3 - ATLAS MELIN.

A. Paris Éd., 1897.

4 - G. BALANDIER

Afrique ambiguë. Terre Humaine : PLON, Paris 1983.

5 - BERTHELOT.

La Grande Encyclopédie dictionnaire ; Lamirault Éd. ; Paris. 1885 - 1902

6 - P. CHAILLU (Du)

Voyages et aventures dans l'Afrique Équatoriale.

Levy Frères Éd. : Librairie Nouvelle ; Paris. 1863.

7 - R. DUMONT

Pour l'Afrique j'accuse. Terre Humaine - PLON, Paris 1986.

8 - R. DUMONT

L'Afrique Noire est mal partie. Éditions du Seuil - Paris 1973.

9 - R. DUMONT

Mes combats. Terre Humaine – PLON Ed. - Paris 1989.

10 - S. FEIKOUMO

Les conflits armés en Afrique subsaharienne, un défi pour la communauté internationale. Mémoire Sciences politiques – Institut numérique : 2013

11 - D. & M. FREMY

Tout pour tous. QUID. - R. Laffont Éd. - Paris, 1987.

12 - J. KABLAN Brou

L'autre Côte d'Ivoire ou l'alter-émergence, L'Harmattan Éd. - Paris, 2015.

13 - G. LECOFF

Angola l'indépendance empoisonnée. Presses de la Cité - Paris, 1976.

14 - R. LENOIR
Le tiers-monde peut se nourrir. Fayard ; Paris, 1984.
15 - NATIONS UNIES : ANNUAIRE DÉMOGRAPHIQUE 1960
L'évolution de la population
Bureau de statistique de l'Organisation des Nations Unies.
Département des affaires économiques et sociales.
16 - H. RAULIN & E. RAYNAUD
L'aide au sous-développement. P.U.F. ; Paris 1980.
17 - A.-C. ROBERT
L'Afrique au secours de l'Occident. Les Éditions de l'Atelier/Les Éditions Ouvrières, Paris 2006.
18 - A. G. VINOGRADOV
The population of the countries of the world, from most ancient times to the present days – Demography - Statistical tables. National economy of Russia 1515-2015
19 - J. ZIEGLER
Une Suisse au-dessus de tout soupçon ; Le Seuil ; Paris, 1976.
20 - ZIEGLER J.
Main basse sur l'Afrique. Le Seuil ; Paris, 1980.

- **REVUES**

21 - CENTRAL INTELLIGENCE AGENCY (C. I. A.)
The World Factbook
List of countries by external debt - 2016
22 - ÉTUDES COLONIALES : Revue en ligne
La colonisation française en Afrique - Juillet 2007.
23 - GROUPE DE DÉMOGRAPHIE AFRICAINE (IDP- INED - INSEE -MINCOOP- ORSTOM)
L'évaluation des effectifs de la population des pays africains.
Tome 1 – 1982 / Tome 2 – 1984.
24 - KARTHALA : Po1itique Africaine N° 2
25 - KARTHALA : Politique Africaine N° 9
26 - KARTHALA : Politique Africaine N° 14
27 - KARTHALA : Politique Africaine N° 20
28 - KARTHALA : Po1itique Africaine N° 24
29 - M. R. KOUTONIN

Le Grand Soir – Journal Militant d'Information Alternative

Le saviez-vous ? 14 pays africains contraints par la France à payer l'impôt colonial pour les "avantages" de l'esclavage et de la colonisation.

Source : Centre de recherche sur la mondialisation : février 2014.

30 - P. LEYMARIE

Le Monde Diplomatique – Diplomatie des armes

La chasse aux milliards – Avril 2016.

31 - LE MONDE ÉCONOMIQUE : Dossiers et Documents : 1986 & 1987.

32 - LE MONDE ÉCONOMIQUE : Dossiers et documents : janvier 1993.

33 - TRICONTINENTAL

N° Spécial : La France contre l'Afrique ; Maspero ; Paris, 1981.

- **RÉFÉRENCES ÉLECTRONIQUES**

34 - B&S Éditions

Les grandes nations en 1900.

Histoire : 1900, l'Europe domine le monde

35 - CADTM (Comité pour l'Annulation de la Dette du Tiers-monde)

D. Millet 2005 – La Dette de l'Afrique aujourd'hui

CADTM.org – Comité pour l'abolition des dettes illégitimes - Addis Abéba 2005

36 - CIA World Factbook

Dette extérieure : comparaison des pays – 2014

37 - https://fr.wikipedia.org/wiki/Afrique

L'Encyclopédie libre - Archives de documents de la FAO

Département économique et social

Le rôle de l'agriculture dans le développement des pays les moins avancés.

38 - Institut national d'études démographiques (INED).

Démographie des pays développés – 2015

39 - Mays Mouissi.com

Analyses économiques, financières et budgétaires orientées vers l'Afrique

Les pays d'Afrique les plus endettés en 2016

Sources : Données statistiques de la Banque mondiale et du FMI
40 - SlateAfrique : http://www.slateafrique.com
Les 10 pays africains les plus prospères 2016
Source : British Legatum Institute.
41 - Nations Unies
Perspectives d'urbanisation du monde. 1960 – 2015
42 - United Nations
Demographic yearbook – 1960
43 - United Nations Africa Renewal – 2016
Africa Section, Strategic Communications Division
Department of Public Information.
Dette de l'Afrique : une nouvelle urgence.
45 - www.Worldometers. info
Elaboration of data by United Nations, Department of Economic and Social Affairs, Population Division. World Population Prospects : The 2015 Revision.
46 - Wikipedia – Encyclopédie libre
Les empires coloniaux.
47 - Wikipedia – Encyclopédie libre
Franc CFA.

LISTE DES ABRÉVIATIONS ET ACRONYMES

ooo

A.C.P. : Afrique, Pacifique, Caraïbes (pays signataires des accords de Lomé)
A.E.F. : Afrique Équatoriale Française
A.O.F. : Afrique Occidentale Française :
A.Q.M.I. : Al Qaïda au Maghreb islamique
ASCOFAM : Association Mondiale de Lutte Contre la Faim.
BPF : Bonnes Pratiques de Fabrication.
BRGM : Bureau de Recherches Géologiques et Minières
BRICS : Bloc économique comprenant le Brésil, la Russie, l'Inde, la Chine et l'Afrique du Sud.
C.A.D. : Comité d'Aide au Développement
C.E.A. : Commissariat à l'Énergie Atomique
C.E.E. Communauté Économique Européenne
C.I.A. : Central Intelligence Agency
C.S.F. (Thompson) : Compagnie Générale de Télégraphie Sans Fil.
CADTM : Comité pour l'Abolition des Dettes illégitimes.
CEDEAO : Communauté Économique des États de l'Afrique de l'Ouest
CEMAC : Communauté Economique et Monétaire d'Afrique Centrale.
CFA (franc) : Colonies Française d'Afrique / Communauté Financière d'Afrique / Coopération Financière de l'Afrique (centrale)...
CFAO : Comptoir Français de l'Afrique de l'Ouest.
CFCI : Comptoir Français de la Côte d'Ivoire.
CNUSED : Conférence des Nations Unies sur le Commerce et le Développement.
COGEMA : Compagnie Générale des Matières (nucléaires).
COMECOM : Conseil d'Assistance Économique Mutuelle
COMINAK : Compagnie Minière d'Akouta.
ENUSA : Empresa Nacional del Uranio, SA.
F.A.O. : Food and Agriculture Organization.

F.E.D. : Fonds Européen de Développement.
FAMAS : Fusil d'Assaut de la Manufacture d'Armes de Saint-Etienne.
FANCI : Forces Armées Nationales de Côte d'Ivoire.
FARDC : Forces Armées de la République Démocratique du Congo.
GFP : Global Force Power.
I.N.E.D. : Institut National d'Études Démographiques.
I.N.S.E.E. : Institut National de Statistiques et d'Études Économiques.
I.S.T. : Infections Sexuellement Transmissibles.
IDP : Individual Development Plan.
J.C. : Jésus Christ.
KM^2 : Kilomètres carrés.
O.A.M.C.E. : Organisation Africaine et Malgache de Coopération Économique.
O.C.A.M. : Organisation Commune Africaine et Mauricienne
O.G.M. : Organisme Génétiquement Modifié.
O.N.G. : Organisation Non Gouvernementale.
O.P.E.P. : Office des Pays Exportateurs de Pétrole.
O.U.A. : Organisation de l'Unité Africaine.
OIG : Office of Inspector General.
OMS : Organisation Mondiale de la Santé.
ONAREM : Office National des Ressources Minières (du Niger)
ONUCI : Opération des Nations Unies en Côte d'Ivoire.
ORSTOM : Office de la Recherche Scientifique et Technique Outre-Mer.
OTAN : Organisation du Traité de l'Atlantique Nord.
OURD : Organization of Uranium Rresource Development
P.U.F. : Presses Universitaires de France.
PARIBAS (BNP) : Banque Nationale de Paris.
PIB : Produit Intérieur Brut.
PNB : Produit National Brut.
RDC : République Démocratique du Congo.
RFA : République Fédérale Allemande.

S.N.E.C.M.A. : Société Nationale d'Étude et de Construction de Moteurs d'Aviation.

S.N.I.A.S. : Société Nationale Industrielle de l'Aérospatiale.

SCOA : Société Commerciale Ouest Africaine.

SIDA : Syndrome d'Immuno Déficience Acquise

SMIG : Salaire Minimum Interprofessionnel de Croissance (SMIC)

SO.CO.PA.O. : Société Commerciale des Ports de l'Afrique de l'Ouest.

SOMAIR : Société Minière de l'Aïr.

SOMINA : Société des Mines d'Azelik

SOPAMIN : Société du Patrimoine des Mines (du Niger).

TRANSAFRIC : Société de Transport Africain (radié le 02 juin 2015).

U.A. : Union Africaine.

U.A.M. : Union Africaine et Malgache.

U.R.S.S. : Union des Républiques Soviétiques Socialistes.

U.S.A. : United States of America.

UE : Union Européenne.

UEMOA : Union Économique et Monétaire Ouest Africaine.

USD : United States Dollar.

UTA : Union des Transports Aériens.

VIH : Virus de l'Immunodéficience Humaine.

Table des matières

Structures éditoriales du groupe L'Harmattan

L'Harmattan Italie
Via degli Artisti, 15
10124 Torino
harmattan.italia@gmail.com

L'Harmattan Hongrie
Kossuth l. u. 14-16.
1053 Budapest
harmattan@harmattan.hu

L'Harmattan Sénégal
10 VDN en face Mermoz
BP 45034 Dakar-Fann
senharmattan@gmail.com

L'Harmattan Cameroun
TSINGA/FECAFOOT
BP 11486 Yaoundé
inkoukam@gmail.com

L'Harmattan Burkina Faso
Achille Somé – tengnule@hotmail.fr

L'Harmattan Guinée
Almamya, rue KA 028 OKB Agency
BP 3470 Conakry
harmattanguinee@yahoo.fr

L'Harmattan RDC
185, avenue Nyangwe
Commune de Lingwala – Kinshasa
matangilamusadila@yahoo.fr

L'Harmattan Congo
219, avenue Nelson Mandela
BP 2874 Brazzaville
harmattan.congo@yahoo.fr

L'Harmattan Mali
ACI 2000 - Immeuble Mgr Jean Marie Cisse
Bureau 10
BP 145 Bamako-Mali
mali@harmattan.fr

L'Harmattan Togo
Djidjole – Lomé
Maison Amela
face EPP BATOME
ddamela@aol.com

L'Harmattan Côte d'Ivoire
Résidence Karl – Cité des Arts
Abidjan-Cocody
03 BP 1588 Abidjan
espace_harmattan.ci@hotmail.fr

Nos librairies en France

Librairie internationale
16, rue des Écoles
75005 Paris
librairie.internationale@harmattan.fr
01 40 46 79 11
www.librairieharmattan.com

Librairie des savoirs
21, rue des Écoles
75005 Paris
librairie.sh@harmattan.fr
01 46 34 13 71
www.librairieharmattansh.com

Librairie Le Lucernaire
53, rue Notre-Dame-des-Champs
75006 Paris
librairie@lucernaire.fr
01 42 22 67 13

www.ingramcontent.com/pod-product-compliance
Lightning Source LLC
LaVergne TN
LVHW011312061026
849535LV00005B/1525
* 9 7 8 2 3 3 6 4 2 2 0 2 2 *